道路桥梁设计与施工管理

陈传胜　李　锐　张永刚　著

吉林科学技术出版社

图书在版编目（CIP）数据

道路桥梁设计与施工管理 / 陈传胜，李锐，张永刚
著 . -- 长春：吉林科学技术出版社，2022.11

ISBN 978-7-5578-9896-0

Ⅰ . ①道… Ⅱ . ①陈… ②李… ③张… Ⅲ . ①道路工
程－设计②道路施工－施工管理③桥梁工程－设计④桥梁
施工－施工管理 Ⅳ . ① U41 ② U44

中国版本图书馆 CIP 数据核字（2022）第 214693 号

道路桥梁设计与施工管理

著	陈传胜 李 锐 张永刚	
出 版 人	宛 霞	
责任编辑	潘竞翔	
封面设计	树人教育	
制 版	树人教育	
幅面尺寸	185mm×260mm	
开 本	16	
字 数	290 千字	
印 张	13.25	
印 数	1-1500 册	
版 次	2022 年 11 月第 1 版	
印 次	2023 年 3 月第 1 次印刷	
出 版	吉林科学技术出版社	
发 行	吉林科学技术出版社	
地 址	长春市南关区福祉大路 5788 号出版大厦 A 座	
邮 编	130118	

发行部电话 / 传真　0431—81629529　　　81629530　　　81629531
　　　　　　　　　　　81629532　　　81629533　　　81629534

储运部电话　0431—86059116

编辑部电话　0431—81629520

印　　刷　三河市嵩川印刷有限公司

书　　号　ISBN 978-7-5578-9896-0

定　　价　85.00 元

前　言

在新时期的发展下，我国的城市交通行业得到了迅猛的发展，而道路桥梁作为交通中的重要环节之一，其总体质量的好坏直接决定着交通的存在价值，并且从目前的道路桥梁施工管理现状来看，仍然存在着质量较差、施工管理不到位及设计不科学不合理等问题，这对建筑工程的总体质量都会带来一定不利影响。

随着各级交通基础设施建设力度的不断加大，从公路到铁路，从铁路到航空，交通基础设施建设不断得到加强。作为公路交通重要组成部分的道路桥梁在工程中的地位十分突出，有些甚至是控制性工程，决定着公路交通建设的质量，因此，必须要高度重视道路桥梁的设计与施工，提高桥梁设计标准，确保桥梁施工质量，不断提升公路交通的建设质量和水平。

在道路桥梁工程的施工管理过程中，加大管理力度，有效预防施工质量问题的产生是目前施工单位的主要任务之一，并且道路桥梁的施工人员和相关单位也应提高自身的认识，找出自身存在的问题和缺陷，进而对施工材料、管理制度及施工人员等多个方面展开有效的管理措施，保证道路桥梁的整体质量安全，为车辆和人们的出行安全提供保障。

本文主要讲述了道路以及桥梁的设计和施工管理两方面内容，对道路桥梁的设计与施工管理进行探讨，以期探讨道路桥梁设计与施工管理的有效途径与方法，提高设计与施工管理的效益。

本书在编写过程中，参考和借鉴了很多专家和学者的相关研究成果，在此对他们表示衷心的感谢。由于时间仓促，本书在编写过程中难免有不足之处，欢迎广大读者朋友们批评指正，以便进一步的改进和提高。

目 录

第一章　绪论

　　道路桥梁是促进经济交流的主要连接通道，也是一个国家发展的重要基础设施。本章主要详细讲解了交通组成、道路分类、我国道路现状与发展以及道路设计等方面的内容。

第一节　现代交通运输系统的组成与各运输方式的特点

一、现代交通运输系统的组成

　　1.现代交通运输系统的结构

　　现代交通运输系统是由铁路、公路、水运、航空和管道五种运输方式构成的立体化综合系统，由运载工具运输线路和运输经营管理系统组成。运载工具亦称活动设备，是运输对象（旅客和货物）的承载体和形成动态交通流的基本单元。

　　运输线路是运载工具的载体，为提高运载工具的通达性，运输线路一般呈网状布局，线路之间的交叉点形成所谓的交通结点，而在大城市和区域经济中心，各种运输方式的结合部，多形成所谓的交通枢纽。以运输线路和交通枢纽为主体，构成交通运输的固定设备。

　　运输经营管理系统则是为保证交通工具和运输通道相互配合、安全有效运行而设置的管理系统，不仅要对交通流实行及时正确的动态监测、疏导、调整和控制，而且要经济合理地整合运输资源，科学有效地组织运输生产过程，保证高质量和高水平的运输服务。

　　2.现代交通运输系统的功能

　　现代交通运输系统的功能可以概括为：实现人流、物流经济有序的流动；满足社会生产和生活中多样化的运输需求；促进人类活动空间和经济空间的形成和拓展。

　　实现人流、物流经济有序的流动，是交通运输系统微观层次的基本功能；不断地满足社会生产和生活所提出的多样化运输需求，是交通运输系统宏观层次的基本功能；而促进人类活动空间和经济空间形成和拓展的功能，则是从交通运输与社会发展和人类文明进步的角度，审视交通运输系统的历史作用。

3. 现代交通运输系统的特征

从社会特征看，生产过程的运输是社会物质资料生产过程中的组成部分，而流通过程的运输则是社会流通领域的专业化运输。

从技术特征看，交通运输系统的运行鲜明地呈现出人流、物流、交通流和信息流四位一体的特征。交通通道和运载工具相互作用、不可分离；固定设备、活动设备和运输组织三者综合形成运输能力。

从市场特征看，是运输企业、用户、中介机构（运输代理）和政府之间的相互作用，运输企业提供运输服务，组织并实现运输过程；用户提出运输需求，通过需求的变化影响运输企业的生产组织和资源配置；运输代理是用户与运输企业的联系媒介，通过运输代理，实现用户对运输方式的合理选择，不仅获得高效方便的服务，而且降低了流通成本；政府则是运输市场的监督者与管理者。

从产品特征看，运输产品是人和物的空间位移，以吨公里和人公里计量。从运输过程开始到结束，运输对象（人和物）的基本属性没有改变，改变的只是其空间位置。因此，运输产品是一种无形产品。其中，人的位置改变，最初是为了满足经济活动而产生的派生性需求，随着现代社会旅游业的发展，旅客运输逐渐表现出满足本源性需求的新特点。物的位置改变产生的增值作用，是运输劳动消耗的物化。运输产品边生产边消费，既不能存储，也不能调拨。运输生产组织和运输市场营销过程同步进行，是运输产业区别于其他产业的鲜明特点。

二、各运输方式的特点

我国现代运输主要有铁路、公路、水运、航空、管道五种运输方式。

1. 铁路运输的特点

铁路运输具有规模大能耗低，安全、舒适、适应性较强等特点，适用于大宗货物和一般货物的长中途运输、城市间的客运运输。铁路运输的优点在于：

（1）运输能力大。

（2）运行速度较快。

（3）受天气等自然条件限制较小，运输的连续性强，能实现全天候运营。

（4）通用性能好，既可载运旅客，也可以运输各类不同的货物。

（5）安全、准时、平稳、可靠。

（6）运输成本较低，平均运距较长。

（7）能耗较低。

铁路运输的不足在于：投资大，回收期长，短途运输成本高。

铁路运输技术的发展和变化基本上围绕着重载化和高速化这两个主要内容来进行。

2. 公路运输的特点

公路运输的优点为：机动灵活，可达性好，运送速度快，可以实现门到门运输，可以避免中转换装环节，减少货损和货差。

公路运输的主要缺点在于：运输能力小、运输能耗大、运输成本高、劳动生产率低、占地多。

公路运输在技术方面的发展主要体现在两方面：一是运输载体车辆技术性能的优化；二是基础设施道路等级的不断提高。交通管理系统、公路通信技术的发展同样对促进公路运输发展起到了十分重要的作用。

公路运输在技术上的发展主要体现在：拖挂化（拖挂运输载质量大、油耗省、运营成本低）、专用化、柴油化和高速化。

高速公路具有设计速度高、立体交叉、通行能力大控制出人、行车安全、平稳舒适等特点。它体现了公路运输的发展方向和趋势。

3. 水路运输的特点

水运是人类最早使用的运输方式，在现代交通运输体系中，它仍然发挥着十分重要的作用，具有无法替代的优势。水运运输的优点在于：

（1）运输能力大。

（2）运输通用性能较好，既可载运旅客，也可运送各种货物，在运送大件货物方面具有较明显的优势。

（3）相对其他运输方式来说，水运建设投资较少。

（4）运输成本低，水运是各种运输方式中成本最低的。

（5）劳动生产率高，水运的劳动生产率高于铁路。

（6）平均运距长，水运的平均运距高于铁路、公路和管道。

（7）远洋运输在对外经济贸易方面作用明显，我国有超过90%的外贸货物采用远洋运输。

水路运输的主要缺点是：受自然条件影响较大，内河航道和某些港口受季节影响较大，冬季结冰，枯水期水位变低，难以保证全年通航；运送速度慢，货物在途时间长，增加了货主的流动资金占有量。

水运运输的技术发展主要表现为：水上货运专业化、高效化，内河航运航道标准化运输顶推化和水运管理系统的电子化。

4. 航空运输的特点

航空运输是伴随着现代科学技术而产生和发展起来的交通运输方式，它体现了现代科技的高度综合和利用。航空运输运行速度快，一般为800~900km/h，大大缩短了到达目的地的时间；机动性能好，几乎可以飞越各种天然障碍，可以到达其他运输方式难以到达的地方；占用土地较少。

航空运输的主要缺点是：成本和运价较高，能耗大，运输能力小，受天气等自然因素影响较大。

航空运输的技术发展表现为：运输工具大型化、超高速化，安全保证系统自动化，运输管理和服务电脑化。

5.管道运输的特点

管道运输技术源于美国，第二次世界大战后，随着石油和天然气产量的增长，管道运输迅速地发展起来，成为石油、天然气煤炭等产品的主要运输工具，目前已成为陆上油、气运输的主要运输方式。输送固体物料的管道，如输煤、输精矿管道，也有很大发展。

管道运输的优点在于：运输量大；占地少；能耗小，安全可靠，无污染，成本低；不受气候影响，可以全天候运输，送达货物的可靠性高。

管道运输的缺点是：专用性强，只能运输石油、天然气及固体料浆（如煤炭等）；管道运输量与最高运输量间的幅度小。因此，在油田开发初期，采用管道运输困难时，还要以公路、铁路、水陆运输作为过渡。

管道运输技术的发展主要体现为：高压力、大口径化和管道运输自动化。除原油、天然气、煤炭等产品以外，人们还在积极探索利用管道运输矿石、粮食、水泥等，这些技术如获成功，对运输市场的影响将是十分明显的。

第二节　道路的分类与分级及基本组成

一、道路的分类

供各种无轨车辆和行人通行的工程设施称为道路。按其使用特点可分为公路、城市道路、厂矿道路、林区道路及乡村道路等。各类道路由于其位置交通性质及功能不同，在设计时，相应的标准及具体要求也不相同，要加以区别。

1.公路

公路是指连接城市、乡村，主要供汽车行驶的具备一定技术标准和设施的道路。公路按其重要性和使用性质又可分为国家干线公路（简称国道）、省干线公路（简称省道）、县支线公路（简称县道）、乡支线公路（简称乡道）及专用公路等。

（1）国道

在国家干线网中，具有全国性的政治、经济、国防意义，并经规划确定为国家级干线的公路。

（2）省道

在省公路网中，具有全省性的政治、经济、国防意义，并经规划确定为省级干线的公路。

（3）县道

具有全县性的政治、经济意义，并经规划确定为县级干线的公路。

（4）乡道

主要为乡（镇）村经济、文化、行政服务的公路，以及不属于县道以上公路的乡与乡之间及乡与外部联络的公路。

（5）专用公路

工矿、农林、国防等部门投资修建，主要供部门使用的公路。

在城市、工矿、林区港口等内部的道路，以及旅游区内部的道路都不属于公路范畴，但穿过城镇的路段仍属公路。

2.城市道路

城市道路是指在城市范围内，供车辆及行人通行的，具备一定技术条件和设施的道路。城市道路是城市组织生产、安排生活、发展经济、物质流通所必需的交通设施，也是城市市政设施的重要组成部分。

3.厂矿道路

厂矿道路是指主要供工厂、矿山运输车辆通行的道路，通常分为厂内道路、厂外道路和露天矿山道路。厂外道路为厂矿企业与公路城市道路、车站、港口相衔接的道路或是连接厂矿企业分散的车间、居住区之间的道路。

4.林区道路

林区道路是指修建在林区的主要供各种林业运输工具通行的道路。由于林区道路的位置、交通性质及功能不同，林区道路的技术要求应按专门制订的林区道路工程技术标准执行。.

5.乡村道路

乡村道路是指修建在乡村、农场，主要供行人及各种农业运输工具通行的道路，由县统一规划。由于乡村道路主要为农业生产服务，一般不列入国家公路等级标准。

二、道路的分级

1.公路等级的划分

（1）高速公路

专供汽车分向、分车道行驶并应全部控制出人的多车道公路。依据它所能适应交通量的不同，可以划分为三种类型：四车道高速公路应能适应将各种汽车折合成小客车的年平均日交通量为25000~55000辆；六车道高速公路应能适应将各种汽车折合成小客车的年平均日交通量为45000~80000辆；八车道高速公路应能适应将各种汽车折合成小客车的年平均日交通量为60000~100000辆。

（2）一级公路

供汽车分向、分车道行驶，并可根据需要控制出人的多车道公路。依据它所能适应的交通量不同分为两种：四车道一级公路应能适应将各种汽车折合成小客车的年平均日交通量为15000~30000辆；六车道一级公路应能适应将各种汽车折合成小客车的年平均日交通量为25000~55000辆。

（3）二级公路

供汽车行驶的双车道公路，一般能适应将各种汽车折合成小客车的年平均日交通量为5000~15000辆。

（4）三级公路

主要供汽车行驶的双车道公路，一般能适应将各种车辆折合成小客车的年平均日交通量为2000~6000辆。

（5）四级公路

四级公路为主要供汽车行驶的双车道或单车道公路。根据其所能适应的交通量不同分为两种：双车道四级公路应能适应将各种车辆折合成小客车的年平均日交通量在2000辆以下；单车道四级公路应能适应将各种车辆折合成小客车的年平均日交通量在400辆以下。

公路等级应根据公路功能、路网规划、交通量，并充分考虑项目所在地区的综合运输体系、远期发展等，从全局出发，结合公路的使用任务、性质综合论证确定。一条公路，可分段选用不同的公路等级。但不同等级公路间的衔接应协调，过渡应舒适顺畅。预测的设计交通量介于一级公路与高速公路之间时，拟建公路为干线公路，宜选用高速公路；拟建公路为集散公路，宜选用级公路。干线公路宜选用二级及二级以上公路。

2. 城市道路的分级

根据城市道路在道路网中的地位、交通功能以及对沿线建筑物的服务功能等，将道路分为四类，即快速路、主干路、次干路、支路。各类道路除城市快速路外，根据城市规模、设计交通量、地形等分为Ⅰ、Ⅱ、Ⅲ级。通过对国内外城市道路、公路的分类或分级对比，以及国内目前使用情况的调研，认为原来的分级只是在道路分类的基础上规定了不同规模的城市可采用的设计速度。不同的设计速度对应不同的通行能力和服务水平，而设计速度是道路线形设计指标的基础，更多地受地形条件的控制，按城市规模确定道路分级，再选用相应的设计速度是没有实际意义的。因此，在编制中，将原来的分类与分级综合考虑,将原来的"分类"采用"分级"表述,取消原来的分级。这样规定与目前我国公路及国外采用分级表述的方式统一。

按照《规范》的规定,根据在道路网中的地位、交通功能以及对沿线的服务功能等,城市道路分为快速路、主干路、次干路、支路四个等级。

（1）快速路

快速路应为中央分隔、全部控制出入口间距及形式,实现交通连续通行,单向设置不少于两条车道,并设有配套的交通安全与管理设施的城市道路。为大运量、长距离、快速交通服务。

快速路两侧不应设置吸引大量车流、人流的公共建筑物的出入口,一般建筑物的出入口应加以控制。

（2）主干路

主干路应为连接城市各主要分区的干路,以交通功能为主。主干路两侧不宜设置吸引大量车流、人流的公共建筑物的出入口。

（3）次干路

次干路应与主干路结合组成干路网,起集散交通的作用,兼有服务功能。

（4）支路

支路宜与次干路和居住区、工业区、交通设施等内部道路相连接;解决局部地区交通,以服务功能为主。

城市道路的等级是道路设计的先决条件,是确定城市道路功能、选择设计速度的基本条件。每条城市道路在路网中承担的作用应由整个路网决定。因此,城市道路等级一般在规划阶段确定。在设计阶段,需要对规划道路等级提高或降低时,均需经规划或相关主管部门审批后方可变更。

当道路作为货运、防洪、消防旅游等单一功能使用时,由于在道路的设计车辆交通组成、功能要求等方面存在一些特殊性需求,因此规定有规划等级时除按相应的技术要求执行外,还需满足其特殊性的使用要求。

三、道路的基本组成

1.公路的基本组成

公路是建设在大地表面供各种车辆行驶的带状空间三维结构物,它主要由几何线形、路基路面排水及跨越结构物、支挡与特殊构造物、附属设施五部分组成。

（1）几何线形

公路因受自然条件的限制,在平面上有转折、纵断面上有起伏,这就说明它必然是三维的带状结构物。公路线形是指公路中线（或路面边缘线）的平面与纵断面的形状和尺寸，而公路线形设计除此之外，一般还包括公路横断面设计和交叉（平面交叉及立体交叉）设计。

1）路段的几何线形

公路路段的几何线形，一般被分解为平面、纵断面和横断面三个方面来分析和设计，这是本课程的基本内容之一。对于高等级公路几何线形设计，还应采用透视图法进行检查。

2）公路交叉几何设计

公路交叉包括平面交叉和立体交叉两大类。对于一般公路平面交叉，应确定交叉的桩号、交叉形式交角等交叉要素；对于复杂的平面交叉（环形、渠化等），应设计相交公路的纵断面和横断面，必要时还应进行交叉口竖向设计。对于公路立体交叉，应对相交公路、匝道等分别进行平面、纵断面和横断面设计。大型复杂立体交叉、位于城郊及风景名胜附近的立体交叉，应采用透视图法对立体交叉的几何线形进行视觉效果检查。

（2）路基路面

公路路基是行车部分的基础，是按照路线位置和一定技术要求修筑的具有特定结构尺寸要求的带状土石构造物。路基必须坚实、稳定，以抵御车辆和自然因素对路基的作用和影响。根据公路分级，公路路基有单幅与双幅两种类型。当路线高于天然地面时，路基填筑成路堤形式；当低于天然地面时，路基挖成路堑形式；当公路路基一部分为填方形式，另一部分为挖方形式时，称为半填半挖路基。

路面是在路基之上用各种材料分层铺筑的构造物，它应达到所要求的强度、稳定性、平整度和抗滑能力，以保证车辆能够以一定速度安全而舒适地行驶。

路面的宽度取决于车道的数量和每条车道的宽度。在路面两侧各设置一条定宽度的路肩，其作用是从两侧横向支持路面，并在必要时做临时停车使用而不阻碍其他车辆的正常运行。

路面是公路最重要的组成部分，应结合交通量及其组成情况、公路等级、使用任务、性能、当地材料及自然条件对路面进行综合设计。路面结构按层位功能的不同划分为面层、基层和垫层，《标准》中对路面面层类型及适用范围的规定如表1-1所示。

表 1-1　路面面层类型及适用范围

面层类型	适用范围
沥青混凝土	高速公路、一级公路、二级公路、三级公路、四级公路
水泥混凝土	高速公路、一级公路、二级公路、三级公路、四级公路
沥青贯入、沥青碎石、沥青表面处治	三级公路四级公路
砂石路面	四级公路

（3）排水及跨越结构物

1）排水系统

在自然条件中，水对路基稳定的威胁最大，因此应重视公路排水系统的规划、设计与施工。公路排水系统按排水方向分为纵向排水系统和横向排水系统。纵向排水系统常采用边沟、截水沟和排水沟等形式；横向排水系统一般采用桥涵、路拱、过水路面、渗水路堤等形式。排水系统按其排水位置不同又可分为地面排水和地下排水两种形式。地面排水主要是排除路基范围内的雨水、积水及由地形等原因汇集而又受到公路阻隔的地表水；在地下水位较高或有地下水露头的路段，还应设置地下排水系统，盲沟就是常用的地下排水系统结构物。

2）桥涵

公路往往需要跨越大小不同的河流沟谷以及其他障碍物，这时一般采用桥梁和涵洞等结构物。当桥涵结构物的标准跨径大于或等于 5m，多孔跨径大于或等于 8m 时称为桥梁，否则称为涵洞。桥梁按其跨径及全长又可分为小桥、中桥、大桥及特大桥。公路立体交叉中也常采用桥梁来跨越其他公路、匝道、铁路等设施或障碍物。

3）隧道

公路穿越山岭、置于地层内的结构物称为隧道。山区公路为了跨越垭口、避免过大的工程量、改善平纵线形和缩短里程，采用隧道方式穿越往往是较理想的方案。但由于长期以来受施工条件和资金的限制，公路隧道应用尚不广泛。随着高等级公路建设水平的提高，对公路平纵线形提出了更高的要求施工条件和投资等问题也逐步得以解决，因此，目前隧道的方案已被广泛采用。

（4）支挡与特殊构造物

1）支挡构造物

在横坡陡峻的山坡上或沿河一侧路基边坡受水流冲刷威胁的路段，为了保证路基稳定和减少填方数量，用来加固路基边坡的构造物通常称为支挡构造物。常见的支挡构造物有：挡土墙、护脚、填石路基和砌石护坡等。

2）特殊构造物

除上述常用的支挡构造物外，在山区地形、地质特别复杂路段，为了保证公路连续、路基稳定并克服特殊地形条件，有时需要修建一些山区特殊构造物，如悬出路台明洞等。

（5）附属设施

为了保证行车安全提高舒适水平、改善路容、方便公路使用者，根据有关规定和实际需要，公路上一般还设有如下各种附属设施。

1）交通安全设施

为了保证行车及行人安全，充分发挥道路快速、安全、经济与舒适等作用，而设置的设施，包括：交通标志、交通标线、护栏、诱导设施、隔离设施、防眩设施等。

2）交通管理设施

为保障良好的交通秩序，防止事故发生而设置的各种设施，包括：监控设施、收费设施、通信设施、配电设施、照明设施、养护设施等。

3）交通服务设施

为方便公路使用者并保证行车安全，在公路沿线适当地点应设置必要的服务设施，主要包括：服务区、停车区和公共汽车停靠站。

4）防护设施

在公路上易发生塌方、泥石流、坠石、滑坡积雪、积沙、水毁等妨碍交通或损坏公路的路段，需设置必要的安全防护设施，如碎落台、防雪走廊等。

5）绿化与环境保护设施

绿化与环境保护设施是公路不可缺少的组成部分。绿化有稳定路基、荫蔽路面、美化路容、降低路基含水量、诱导行车方向、增加行车安全等功能；在某些特殊地区还有减轻积雪和洪水对公路危害的作用。

2. 城市道路的基本组成

在城市，沿街两侧建筑红线之间的空间范围为城市道路用地，该用地由以下各个不同功能部分组成：

（1）供各种车辆行驶的车行道。其中，供汽车、无轨电车、摩托车行驶的为机动车道；供有轨电车行驶的为有轨电车道；供自行车、三轮车、平板车行驶的为非机动车道。

（2）专供行人使用的人行道。

（3）起防护与美化作用的绿化带。

（4）用于排除地面水的排水系统，如街沟或边沟、雨水口、雨水管、窨井等。

（5）为组织交通、保证交通安全的辅助性交通设施，如交通信号灯、交通标志、交通标线、交通岛、护栏等。

（6）交叉口和交通广场。

（7）停车场和公共汽车停靠站台。

（8）沿街的地上设备，如照明灯柱架、空电线杆、给水栓、接线柜等。

（9）地下的各种管线，如电缆、煤气管给水管、污水管等。

（10）在交通高度发达的现代城市，还建有高架道路地道桥、人行过街天桥、地下人行道、轻轨交通和地下铁道等。

第三节　我国道路交通发展现状与发展规划

一、我国道路交通发展现状及问题

我们城市交通现状特点是：城市交通基础设施建设速度跟不上迅速增长的交通需求，常规公共交通萎缩、出租车和私家车迅速增加、轨道交通开始起步、交通管理技术水平低。

以经济迅速发展的上海市为例，机动车的数量每年以 10% 以上的速度递增。截至 2020 年年初，全市机动车的保有量已达 70.6 万多量。其中出租车约 4.2 万辆，除此之外，还有 40 多万辆的助动车和 700 多万辆的自行车。市区交通空间饱和度已超过 0.8，特别是在城市核心地段的黄埔、卢湾等地区，饱和度已接近甚至超过 1.0，交通堵塞非常严重。

对比国外的情况可以看出，目前是我国城市交通具有以下特色：

（1）车型种类复杂、混合交通严重

中国是一个发展中的国家，经济还不是很发达，因而适应不同人群、不同消费需求的各种车辆混杂在道路交通中。各类交通混行的结果。既相互影响、发生冲突，又使得出行困难、效率低下。另外人们对道路的使用权和通行术等观念不强，从而交通违纪现象比较普遍，时常造成人为的交通拥挤和阻塞。

（2）自行车等非机动车辆数量惊人

目前，全国自行车的拥有量约 4 亿多辆，其中城市居民拥有量约占全国总量的一半以上，大部分城市数量已接近饱和。由于自行车具有方便灵活、适应性强等特点，适合大众需求，因此在各类城市交通中，自行车负担了工作出行中很重要的任务。但是由于自行车安全性差、运效不高，单个体占用道路面积大，使得原本紧张的交通条件更加恶劣，特别是交叉路口，机动车和非机动车混行现象严重，尤其是高峰时间更加严重。

（3）城市布局和交通不相适应

城市是经济活动的中心，是绝大部分交通运输的终端或枢纽。随着经济的发展，城市建设规模都在扩大，但是多数城市并没有把交通规划纳入城市总体规划中，使得城区越扩张，人们生活、工作的距离越远。普遍存在的现象是：上班出行距离普遍增长，造成局部地段或高峰时段的车辆严重堵塞。

（4）步行困难，事故多发

在现代交通系统中，步行交通系统无论是作为满足人们日常生活需要的一种独立交通方式，还是作为其他各种交通方式相互连接的桥梁和补充，都是其他方式无法代替的辅助系统。不少干道、市中心的地区人行道狭窄、缺少必要的过街设施，这样的步行环境，势必影响机动车、非机动车通行，造成事故频繁。这也是发达国家车内人员伤亡事故多，而我国是车外人员伤亡事故多的原因。

以上四个方面的问题集中体现了现阶段我们城市交通的突出特点，具体表现在车辆混杂、非机动车占优、设施落后、车速下降，交通拥挤与堵塞的趋势逐渐恶化，这也要求我国必须及早分析造成城市交通问题存在的原因，采取积极有效的策略，改善城市交通状况。

二、我国道路交通发展规划

1. 公路发展规划

（1）交通运输发展规划

《交通运输发展规划》从完善公路交通网络、加强公路养护管理、提升公路运输服务水平和完善公路市场管理四方面，对我国的公路交通进行了发展规划。其中，在完善公路交通网络方面，具体从以下方面给出了规划。

1）完善公路网规划

根据"统筹规划、条块结合、分级负责、联合建设"的公路建设原则，全面完善公路网规划，推进国家公路网规划建设，形成层次清晰、功能完善、权责分明的干线公路网络系统。重点建设国家高速公路，实施国省道改造，继续推进农村公路建设，加快国家公路运输枢纽等专项建设。贯彻落实新一轮区域发展规划，重点扶持西部地区、"老少边穷"地区，特别是西藏、新疆等重点区域的公路交通建设。截至2020年，已经形成适应综合运输体系发展要求的公路交通网络，公路网结构明显趋于合理，区域公路发展差距明显缩小，城乡之间路网衔接更加顺畅。积极探索建立高速公路与普通公路统筹发展的新机制，逐步形成以高速公路为主体的收费体系和普通公路为主体的不收费体系。

2）加快形成高速公路网

积极推进国家公路网规划中的国家高速公路新增路线建设；支持纳入国家区域发展规划，对加强省际、区域和城际联系具有重要意义的高速公路建设，提高主要通道的通行能力；继续完善疏港高速公路和大中城市绕城高速公路等建设；全国高速公路的网络化程度和可靠性显著提高，有力促进综合运输体系的协调发展。

3）强化国省道改造

加大国省道改造力度，着力提升技术等级、服务能力和水平。重点提高国省道二级及以上公路比例，加快实施二级公路建设，国道二级及以上公路比例达到70%以上。按照国家公路网规划，重点推进国道网建设，增强国道对县级及以上行政节点的连接和覆盖。进一步加大危桥改造力度，按照技术规范要求严格实施安保工程。

4）继续推进农村公路建设

农村公路建设坚持"扩大成果、完善设施、提升能力统筹城乡"的总体思路，为广大农村地区提供更完善的公共服务。一是推进以西部建制村通沥青（水泥）路为重点的全国通达、通畅建设任务，满足农民群众的基本出行需求；二是完善农村公路基础设施，包括桥梁新改建工程、安保工程等，提高农村公路的抗灾能力和安全水平；三是改善农村公路网络状况，包括县乡道改造、连通工程等，提高农村公路的网络化水平和整体服务能力。

5）加快公路运输场站建设

加快推进国家公路运输枢纽站场建设，公路客、货运输站场建成率力争达到50%和40%。重点建设一批集铁路、公路、城市交通客运中转换乘功能于一体，实现"零距离换乘"的综合客运枢纽，大力推进一级公路客运站建设，地级市至少拥有一个一级客运站。继续推进农村客运站场建设。

6）加快口岸公路等专项建设

推动口岸公路建设，构建国际大通道，支持亚洲公路网、上海合作组织、东盟区域合作及中俄地区合作规划等涉及的口岸公路建设。全面提高口岸公路技术等级和路面状况，通往国家重要陆路口岸的公路基本实现高等级化。此外，继续支持红色旅游公路建设。同时结合国省道和农村公路建设，加强旅游公路建设。

（2）国家高速公路网规划

1）7条首都放射线

北京 - 上海、北京 - 台北、北京 - 港澳、北京 - 昆明、北京 - 拉萨、北京 - 乌鲁木齐、北京 - 哈尔滨。

2）9条南北纵向线

鹤岗 - 大连、沈阳 - 海口、长春 - 深圳、济南 - 广州、大庆 - 广州、二连浩特 - 广州、包头 - 茂名、兰州 - 海口、重庆 - 昆明。

3）18条东西横向线

绥芬河 - 满洲里、珲春 - 乌兰浩特、丹东 - 锡林浩特、荣成 - 乌海、青岛 - 银川、青岛 - 兰州、连云港 - 霍尔果斯、南京 - 洛阳、上海 - 西安、上海 - 成都、上海 - 重庆、杭州 - 瑞丽、上海 - 昆明、福州 - 银川、泉州 - 南宁、厦门 - 成都、汕头 - 昆明、广州 - 昆明。

此外，规划方案还有：辽中环线、成渝环线、海南环线、珠三角环线、杭州湾环线，共 5 条地区性环线、两段并行线和 30 余段联络线。

国家高速公路网布局规划方案将连接全国所有的省会级城市、目前城镇人口超过 50 万的大城市及城镇人口超过 20 万的中等城市，覆盖全国 10 多亿人口；实现东部地区平均 30min 上高速，中部地区平均 1h 上高速，西部地区平均 2h 上高速，从而大大提高全社会的机动性；连接国内主要的 4A 级著名旅游城市，为人们旅游、休闲提供快速通道。规划方案加强了长三角、珠三角、环渤海等经济发达地区之间的联系，使大区域间有 3 条以上高速通道相连，还特别加强了与香港、澳门的衔接，在三大都市圈内部将形成较完善的城际高速公路网，为进一步加快区域经济一体化和大都市圈的形成，加快东部地区率先实现现代化奠定了基础；连接主要的国家一类公路口岸，改善对外联系通道运输条件，更好地服务于外向型经济的发展；连接全国所有重要的交通枢纽城市，包括铁路枢纽 50 个、航空枢纽 67 个、公路枢纽 140 多个和水路枢纽 50 个，有利于各种运输方式优势互补，形成综合运输大通道和较为完善的集疏运系统。

此外，规划方案将显著改善和优化西部地区及东北等老工业基地的公路路网结构，提高区域内部及对外运输效率和能力，进一步强化西部地区西陇海兰新线经济带、长江上游经济带、南贵昆经济区之间的快速联系，改善东北地区内部及进出关的交通条件，为"以线串点、以点带面"，加快西部大开发和实现东北等老工业基地的振兴奠定坚实基础；覆盖地区的 GDP 占到全国总量的 85% 以上，规划的实施将对促进经济增长、带动相关产业发展、扩大就业等做出重要贡献。

2. 城市交通发展规划

我国许多城市已经进行或正在进行城市综合交通规划的编制工作。城市综合交通规划是对城市范围内（包括市区和郊区）各种交通做出长期的全面合理安排的计划。城市交通规划同城市布局形式城市功能分区、城市土地利用、城市道路系统等有密切关系。城市交通规划既是城市总体规划的组成部分，又是制定城市规划布局方案的依据。广义的城市交通规划还包括交通政策的制订，交通方式的选择和交通管理体系方案的拟定等。

城市综合交通体系规划，应当包括下列主要内容：调查分析；交通需求预测；交通发展战略；综合交通体系组织；对外交通系统；城市道路系统；公共交通系统；慢行系统；客运枢纽；城市停车系统；货运系统；交通管理与交通信息化；近期建设规划；规划实施保障措施。

第四节 道路设计的控制要素

一、公路设计控制要素

1. 设计车辆

设计车辆外廓尺寸及行驶于公路上各种车辆的交通组成是公路几何设计中的重要控制因素。在公路设计过程中，设计车辆是设计所采用的有代表性的车型，其外廓尺寸、运载质量和运行性能是用于确定公路几何设计、交叉口几何设计和路基宽度的主要依据。

根据我国行驶车辆的具体情况、汽车发展远景规划和经济发展水平，出于经济和实用的考虑，设计车辆的外廓尺寸是按现有车型的尺寸进行统计后，满足85%以上车型的外廓尺寸作为设计标准。

结合公路运输主力车型的外廓尺寸出现频率和结构特征，《标准》将设计车辆分为小客车、载重汽车和鞍式列车三类，其具体外廓尺寸见表1-2，表中各项指标的含义如下。

（1）总长：车辆前保险杠至后保险杠的距离。

（2）总宽：车厢宽度（不包括后视镜）。

（3）总高：车厢顶或装载顶至地面的高度。

（4）前悬：车辆前保险杠至前轴轴中线的距离。

（5）轴距：双轴车时，为从前轴轴中线到后轴轴中线的距离；铰接车时，分别为前轴轴中线至中轴轴中线、中轴轴中线至后轴轴中线的距离。

（6）后悬：车辆后保险杠至后轴轴中线的距离。

表 1-2 公路设计车辆及其外廓尺寸

车辆类型	总长（m）	总宽（m）	总高（m）	前悬（m）	轴距（m）	后悬（m）
小客车	6	1.8	2	0.8	3.8	1.4
载重汽车	12	2.5	4	1.5	6.5	4
鞍式列车	16	2.5	4	1.2	4+8.8	2

2. 车辆折算系数

车辆折算系数的定义为：在特定的道路条件及交通组成条件下，所有非标准车相当于标准车对交通流量影响的当量值。在交通量调查中，应按不同车型进行交通量分类统计。为准确评估道路的交通运行状况，还需要把不同车型的交通量换算为标准车当量交通量。

据交调资料统计,我国大部分国道、省道的交通流以小客车为主,小客车已占汽车交通量的 36.3%,超过了中型车等其他车型所占比例,而拖拉机与人、畜力车、自行车等非机动车的比例逐年下降,分别占总交通量的 7.6%、2.2% 和 2.5%。随着全国干线公路网的逐步完善,高速公路通车里程的增加,特别是加入 WTO 后汽车产业政策与结构的调整,交通流中的小客车和大型客货车及集装箱车的比例将会随着平均运距的增加而逐年增长,而拖拉机与非机动车交通量所占比例会继续下降。因此,根据今后的交通发展趋势,同时也为与国际接轨的需要,《标准》将涵盖小客车与小型货车的"小客车"定为各级公路设计交通量换算的标准车型。

从对交通运行的影响考虑,将公路上的常见机动车归并为小客车、中型车、大型车和拖挂车四类,并根据公路上拖拉机和非机动车交通量所占比例持续下降这一趋势,将构成比例小于 5% 的行人、畜力车与自行车等非汽车交通不再作为交通流中的独立车型,仅作为路侧干扰考虑。《标准》给出的各汽车代表车型和车辆折算系数,如表 1-3所示。

表 1-3　公路各汽车代表车型与车辆折算系数

汽车代表车型	车辆折算系数	说明
小客车	1.0	≤ 19 座的客车和载质量 ≤ 2t 的货车
中型车	1.5	> 19 座的客车和载质量 > 2t~ ≤ 7t 的货车
大型车	2.0	7t < 载质量 ≤ 14t 的货车
拖挂车	3.0	载质量 > 14t 的货车

拖拉机分两种情况予以考虑:一是在行车道两侧设有慢车道的二级公路,拖拉机遇汽车向右侧避让,很少挤占机动车道,此时拖拉机对车流的运行影响,同自行车与行人、畜力车等非汽车交通一样,作为路侧干扰因素考虑而不再参与交通量换算;另一种情况是在路面较窄的三、四级公路上,拖拉机混行于机动车道内,对车流形成纵向干扰,此时拖拉机应按交通流的一部分参加折算,拖拉机每辆折算为 4 辆小客车。

需要指出的是,在具体的公路几何设计与运行管理阶段,需对公路通行能力进行详细的分析测算,此时应针对不同的公路等级公路设施类型、不同地形和不同的交通需求,采用《公路通行能力手册》推荐的折算系数。

3. 设计小时交通量

设计小时交通量是确定公路等级、评价公路运行状态和服务水平的重要参数。设计小时交通量越小,公路的建设规模就越小,建设费用也就越低。但是不恰当地降低设计小时交通量,会使公路的交通条件恶化,交通阻塞和交通事故增多,公路的综合经济效益降低。因此,将全年小时交通量从大到小按序排列,设计小时交通量的位置一般采用第 30 位小时或根据当地调查结果控制在第 20~40 位小时之间。

4 设计速度与运行速度

（1）基本概念

设计速度是道路设计时确定几何线形的基本要素。它是指在气候条件良好，车辆行驶只受道路本身条件影响时，具有中等驾驶技术水平的人员能够安全、舒适驾驶车辆的速度。运行速度是在单元路段上车辆的实际行驶速度，通常按统计学中测定的85% 位车速作为运行速度。

设计速度与运行速度有密切关系。根据国内外观测研究，当设计速度高时，运行速度低于设计速度；而当设计速度低时，运行速度高于设计速度。这也说明设计速度与运行安全有关。

（2）路线设计方法

设计速度一经选定，道路设计的所有相关要素如平曲线半径、视距、超高纵坡、竖曲线半径等指标均与其配合以获得均衡设计。目前，我国道路设计中采用基于设计速度的路线设计方法。但是，设计管理人员发现，这种设计方法本身存在一定的缺陷。因为设计速度对一特定路段而言是一个固定值，这一值作为基础参数，用于规定路段的最低设计指标；但在实际驾驶行为中，没有驾驶员能自始至终地遵守这一固定车速。实际观测结果表明，设计速度的设计方法不能保证线形标准的一致性。针对设计速度方法存在的主要问题，德国、法国等欧洲国家和美国、澳大利亚等发达国家已广泛运用了以运行速度概念为基础的路线设计方法。

运行速度的引入，可以有效地解决路线设计指标与实际行驶速度所要求的线形指标脱节的问题。但由于国内外的交通条件和驾驶员行为差别明显，欲采纳这种设计方法需对我国的运行速度进行深入的调查，确定适合我国国情的设计参数值。因此，我国仍采用设计速度的设计方法，但提出了运行速度的概念，以便设计人员在设计中对指标的运用和选取更有针对性和灵活性。运行速度设计的实质是通过控制相邻路段线形指标的协调性，使车辆实际运行速度相对均衡，达到行驶安全和舒适。

两连续平曲线或连续的曲线和直线之间平面指标应均衡，若相邻路段运行速度差超限，应进行线形调整，或增大低指标，或降低高指标。规定如下：

$|\triangle v85| < 10km/h$，运行速度协调性好。

$|\triangle v85|=10~20km/h$，运行速度协调性较好，宜适当调整相邻路段技术指标。

$|\triangle v85| > 20km/h$，运行速度协调性不良，相邻路段需重新调整平、纵断面设计。

（3）设计速度取值

各级公路的设计速度按地形条件的差别，其选用范围为 20~120km/h，具体规定如表 1-4 所示。

表 1-4　各级公路设计速度

公路等级	高速公路			一级公路			二级公路		三级公路		四级公路
设计速度（km/h）	120	100	80	100	80	60	80	60	40	30	20

高速公路的设计速度为 120km/h、100km/h 和 80km/h，目的是保证高速公路的高速、安全和舒适等特点。世界各国高速公路标准的设计速度最低为 80km/h（只有匈牙利保加利亚和日本的高速公路有 60km/h 的设计速度）也是这个道理，何况如果高速公路选在一个区域的唯一走廊带，待经济发展需改造时，采用 60km/h 设计的线形指标是很难改善的；另外，高速公路设计速度低而车辆运行速度高，极易诱发交通事故。

《标准》规定：高速公路建设通过特殊困难的局部路段，因新建工程可能诱发工程地质灾害时，经论证，该局部路段的设计速度可采用 60km/h，但长度不宜大于 15km，或仅限于相邻两互通式立体交叉之间，与其相邻路段的设计速度不应大于 80km/h。这里提到的论证，其含义是包括技术、经济、安全、环保和社会等方面的综合比选论证。

在设计速度的选用方面，《标准》贯穿了干线公路优先考虑较高的设计速度，集散公路宜选用较低设计速度的思路，即倡导按公路的功能选择设计速度。一级公路作为干线公路时，设计速度宜采用 100km/h 或 80km/h；作为集散公路时，设计速度宜采用 60km/h 或 80km/h。二级公路作为干线公路时，设计速度宜采用 80km/h；作为集散公路时，设计速度宜采用 60km/h；二级公路位于地形、地质等自然条件复杂的山区，经论证该路段的设计速度可采用 40km/h。

5. 设计路段

设计速度相同的区段，为同一设计路段。设计路段的长度不宜过短，高速公路设计路段不宜小于 15km，一、二级公路设计路段不宜小于 10km。三、四级公路的设计路段长度可视需要确定。不同设计速度的设计路段间必须设置过渡段。

6. 建筑限界

道路建筑限界指的是为保证车辆和行人正常通行，规定在道路的一定宽度和高度范围内不允许有任何设施及障碍物侵入的空间范围，这是保证车辆安全通行的最小空间要求。

二、城市道路设计控制要素

1. 设计车辆

城市道路的服务对象主要为机动车、非机动车和行人，因此只需给出对应机动车、非机动车的设计车辆及其外廓尺寸，具体见表 1-5 和表 1-6。

表 1-5 城市道路机动车设计车辆及其外廓尺寸

车辆类型	总长（m）	总宽（m）	总高（m）	前悬（m）	轴距（m）	后悬（m）
小客车	5	1.8	1.6	1.0	2.7	1.3
中型车	6	2.3	3.0	1.0	3.7	1.3
大型车	12	2.5	4.0	1.5	6.5	4.0
铰接车	18	2.5	4.0	1.7	5.8+6.7	3.8

表 1-6 城市道路非机动车设计车辆及其外廓尺寸

车辆类型	总长（m）	总宽（m）	总高（m）
自行车	1.93	0.6	2.25
三轮车	3.40	1.25	2.50

表 1-5 中的各项指标含义同表 1-2，表 1-6 中各项指标含义如下：

（1）总长：自行车为前轮前缘至后轮后缘的距离；三轮车为前轮前缘至车厢后缘的距离。

（2）总宽：自行车为车把宽度；三轮车为车厢宽度。

（3）总高：自行车为骑车人骑在车上时，头顶至地面的高度；三轮车为载物顶至地面的高度。

2. 车辆折算系数

我国城市快速路和部分以交通功能为主的主干路通常在主路一侧或两侧设置辅路系统，并通过进出口与主路交通进行转换。辅路在路段上一般与主路并行，通常情况下线形设计能满足主路的设计速度要求，但是考虑其运行的特征，以及为建成后交通管理的限速提供依据，因此有必要规定辅路与主路设计速度的关系。快速路和主干路的辅路设计速度宜为主路的 0.4~0.6 倍。

为了保证全线运行的安全性、连续性和畅通性，立体交叉范围内其主线设计速度应与路段设计速度保持一致；匝道及集散车道的取值考虑其交通运行特点，应低于主线的设计速度，而且应与主路设计速度取值有关联性，匝道及集散车道设计速度宜为主线的 0.4~0.7 倍。

城市道路中的平面交叉口多受信号控制及行人、非机动车的干扰，为保证行车安全，考虑降速行驶。平面交叉口内的设计速度宜为路段的 0.5~0.7 倍；直行机动车在绿灯信号期间除受左转车（机动车、非机动车）干扰外，较为通畅，可取高值；左转机动车受转弯半径及对向直行机动车与非机动车的干扰，车速降低较多，可取低值；右转机动车受交叉口缘石半径的控制，不论是否设置右转专用车道，都受非机动车及行人过街等干扰，需要降速甚至停车，可取低值。

3. 道路建筑限界

道路最小净高不得小于表 1-7 的规定，最小净高标准根据设计车辆总高加上 0.5m 竖向安全行驶距离确定，不包括以后加铺、积雪等因素的影响。通行特种车辆的道路，最小净高应满足特殊车辆通行的要求。特种车辆是指外廓尺寸、质量等方面超过设计车辆限界的及特殊用途的车辆。从目前的调查分析，常见的几种特种车辆总高均大于设计车辆总高的最大值，如双层公交车辆的车高限制值为 4.2m，消防车个别车高略超 4m，但不超过 4.2m。因此，如经常通行某种特殊超高车辆或专用道路时，在设计中净空高度应按实际通行车辆考虑。

表 1-7　城市道路最小净高

道路种类	行驶车辆种类	最小净高（m）
机动车道	各种机动车	4.5
	中小型车	3.5
非机动车道	自行车、三轮车	2.5
人行道	行人	2.5

道路设计中，应做好与公路及不同净高要求道路间的衔接过渡，同时应设置必要的指示、诱导标志及防撞设施。我国城市道路规范与公路规范中，设计车辆总高均为 4m，而在最小净空高度的规定上不一致，城市道路规范采用 4.5m；公路规范中高速公路、一级和二级公路采用 5m，其他等级道路采用 4.5m。因此，出现了许多起从公路驶入城市道路撞坏桥梁设施的交通事故，许多人认为是由于城市道路低于公路净高标准所致。

4. 设计年限

设计年限，包括确定路面宽度而采用的计算交通量增长年限与为确定路面结构而采用的计算累计标准当量轴次的基准年限两种。

在确定道路横断面车行道宽度时，远期交通量的年限作为道路设计年限的指标。道路等级越高，则设计年限越长。在设计年限内，车行道的宽度应满足道路交通增长的要求，保证车辆能安全、舒适、通畅地行驶。道路交通量达到饱和状态时的道路设计年限规定如下：快速路、主干路应为 20 年；次干路应为 15 年；支路宜为 10~15 年。

路面结构的设计年限是路面结构需要翻修改建的年限，不同路面类型选用不同的设计年限，以保证在设计年限内路面平整并具有足够强度。设计年限应与路面等级面层类型及交通量相适应。路面设计年限不等于使用年限或路面的使用寿命。根据国外资料，路面设计中有设计年限和分析年限之分，设计年限的概念与我国相同，分析年限用于进行路面长期性能寿命评价。各种类型路面结构的设计年限规定如下：

（1）水泥混凝土路面：快速路、主干路应为 30 年；次干路、支路应为 20 年。

（2）沥青混凝土路面：快速路、主干路、次干路应为 15 年，支路可采用 10 年。

（3）砌块路面：混凝土砌块应为 10 年，石材砌块应为 30 年。

对改扩建工程或大修、加铺工程及有特殊使用要求的道路，可根据具体情况调整设计年限。桥涵结构的设计基准期应为 100 年。

5. 荷载标准

路面上行驶的车辆种类很多，轴载大小不同，对路面造成的损害相差很大。因而，对路面结构设计来说，不单是总的累计作用次数，更重要的是轴载的大小和各级轴载在整个车辆组成中所占的比例。为方便计算，必须选用一种轴载作为标准轴载，一般来说应选用道路轴载中所占比例较大，对路面的影响也较大的轴载作为标准轴载。目前我国城市道路和公路标准中均采用双轮组单轴载 100kN 为标准轴载，相当于国际的中等水平。

标准轴载计算参数为：双轮组单轴载 100kN，以 BZZ 100 表示，轮胎压强为 0.7MPa，单轴轨迹当量圆半径 r 为 10.65cm，双轮中心间距为 3r。

快速公共交通专用道以及一些连接工业区、码头、港口或仓储区的城市道路上，其上运行的车辆以重载超载车为主，其接地压强可达 0.8~1.1MPa，相应的接地面积也有一定的增加。设计时可根据实测汽车的轴重轮胎压力、当量圆半径资料，经论证适当提高荷载参数。

桥涵的设计荷载应满足现行行业标准《城镇道路桥梁设计规范》的规定，详见第十章。

6. 防灾标准

道路工程应按国家规定工程所在地区的抗震标准进行设防。

城市桥梁设计宜采用百年一遇的洪水频率，对特别重要的桥梁可提高到三百年一遇。城市防洪标准较低的地区，若按百年一遇或三百年一遇的洪水频率设计，导致桥面高程较高时，可按相交河道或排洪沟渠的规划洪水频率设计，但应确保桥梁结构在百年一遇或三百年一遇洪水频率下的安全。

道路应尽量避开泥石流、滑坡、崩塌地面沉降塌陷、地震断裂活动带等自然灾害易发区；当不能避开时必须提出工程和管理措施，保证道路的安全运行。

第五节　道路的设计程序及文件组成

一、道路的设计程序

根据我国《公路工程基本建设管理办法》规定，公路基本建设程序为：根据公路网规划或项目建议书，进行可行性研究；根据可行性研究，编制计划任务书（也称设计计划任务书，下同）；根据批准的计划任务书，进行现场勘测，编制初步设计文件和概算；根据批准的初步设计文件，编制施工图和施工图预算；列入年度基本建设计划；进行施工前的各项准备工作；编制实施施工组织设计及开工报告，报上级主管部门审批；严格执行有关施工的规程和规定，坚持正常施工秩序，做好施工记录，建立技术档案；编制竣工图表和工程决算，办理竣工验收。

上述设计程序中，与道路设计相关的包括：可行性研究、初步设计和施工图设计。

1. 可行性研究

道路建设项目可行性研究，是对项目建设的必要性技术可行性、经济合理性和实施可能性进行综合性研究论证的工作，是公路建设项目前期工作的重要组成部分，是建设项目决策的主要依据。道路建设项目可行性研究，按其工作深度分为项目预可行性研究和工程可行性研究。

（1）编制依据

编制可预行性研究报告，应以项目所在区域的经济社会发展规划、交通发展规划和其他相关规划为依据。编制工程可行性研究报告，原则上以批准的项目建议书为依据。

（2）研究内容

道路建设项目预可行性研究要求通过实地踏勘和调查，重点研究项目建设的必要性和建设时机，初步确定建设项目可行的通道或走廊带，并对项目的建设规模技术标准建设资金、经济效益等进行必要的分析论证，编制研究报告，作为项目建议书的依据。

道路建设项目工程可行性研究要求进行充分的调查研究，通过必要的测量和地质勘查，对可能的建设方案从技术、经济、安全、环境等方面进行综合比选论证，确定项目起、终点，提出推荐方案，明确建设规模，确定技术标准，估算项目投资，分析投资效益，编制研究报告。工程可行性研究报告一经批准，即作为初步设计必须遵循的依据。

（3）报告编制内容

公路建设项目可行性研究报告的主要内容包括：项目影响区域经济社会及交通运输的现状与发展、交通量预测、建设的必要性、技术标准建设条件建设方案及规模投资估算及资金筹措、经济评价、实施安排、土地利用评价、工程环境影响分析、节能评价、社会评价等，特别复杂的重大项目，还应进行风险分析。

（4）编制要求

公路建设项目可行性研究报告，应在对可能的工程建设方案进行初步比选的基础上，筛选出有比较价值的方案（备选方案），进一步作同等深度的技术、建设费用、经济效益比选。

二级及二级以上等级公路的预可行性研究、工程可行性研究阶段的路线方案，应分别在 1 ∶ 5000、1 ∶ 10000 或更大比例尺地形图上进行研究，其中特殊工程困难路段应分别在 1 ∶ 10 000、1 ∶ 2 000 地形图上进行研究。

工程可行性研究阶段应进行必要的地质勘探，对长大桥梁、隧道等控制性工程，可采用遥感、物探等进行专项的地质勘探和调查，地质条件复杂时需进行必要的钻探分析。工程可行性研究阶段投资估算与初步设计概算之差，应控制在投资估算金额的 10% 以内。

2. 勘测设计

公路工程基本建设项目一般采用两阶段设计，即初步设计和施工图设计。对于技术简单、方案明确的小型建设项目，可采用一阶段设计，即一阶段施工图设计；技术复杂、基础资料缺乏和不足的建设项目或建设项目中的特大桥、长隧道、大型地质灾害治理等，必要时采用三阶段设计，即初步设计、技术设计和施工图设计。高速公路、一级公路必须采用两阶段设计。

（1）初步设计

初步设计阶段的目的是基本确定设计方案。必须根据批复的可行性研究报告、测设合同的要求，拟订修建原则，选定设计方案、拟订施工方案，计算工程数量及主要材料数量，编制设计概算，提供文字说明及图表资料。经审查批复后的初步设计文件，则为订购主要材料、机具、设备，安排重大科研试验项目，联系征用土地、拆迁，进行施工准备，编制施工图设计文件和控制建设项目投资等的依据。采用三阶段设计时，经审查批复的初步设计为编制技术设计文件的依据。

初步设计在选定方案时，应对路线的走向控制点和方案进行现场核查，征求沿线地方政府、建设单位及规划、土地、环保等相关部门的意见，基本落实路线布设方案。对建设条件复杂地段的路线、路基、路面、特大桥、大桥、特长隧道及长隧道、互通式立体交叉、服务设施，一般应选择两个或两个以上的方案进行同深度、同精度的测设工作和方案比选，提出推荐方案。

初步设计应完成以下内容：选定路线设计方案，基本确定路线位置；基本查明沿线地质、水文、气候地震、矿产、文物等情况；基本查明沿线筑路材料的质量、储量、供应量及运输条件，并进行原材料混合料的试验；基本确定路基标准横断面和高填深挖路基特殊路基的设计方案及沿线路基取土、弃土方案；基本确定排水系统与支挡、防护工程的方案位置、长度、结构形式和尺寸；基本确定路面设计方案、路面结构类型及主要尺寸；基本确定特大、大、中桥桥位，设计方案、结构类型及主要尺寸；基本确定小桥、涵洞等的位置、结构类型及主要尺寸；基本确定隧道位置、设计方案、结构类型及主要尺寸；基本确定路线交叉的位置、形式、结构类型及主要尺寸；基本确定交通工程及沿线设施各项工程的位置、形式、类型及主要尺寸；基本确定改（扩）

建工程施工期间的交通组织方案；基本确定环境保护措施与景观设计方案；基本确定改路改渠等其他工程的位置、结构形式及主要尺寸；基本确定占用土地、拆迁建筑物及管线等设施的数量；提出需要试验、研究的项目；初步拟订施工方案及工期安排；论证确定分期修建的工程实施方案；计算各项工程数量；计算人工及主要材料、机具、设备的数量；编制设计概算。

（2）技术设计

技术设计阶段应根据初步设计批复意见测设合同的要求，对重大、复杂的技术问题通过科学试验、专题研究，加深勘探调查及分析比较，解决初步设计中未解决的问题，落实技术方案，计算工程数量，提出修正的施工方案，修正设计概算，批准后则为编制施工图设计的依据。

技术设计应根据初步设计批复意见、测设合同和需要解决的技术问题，满足下列有关要求：

1）对初步设计所定方案详加研究，进一步补充和修改。

2）补充必要的地质、水文、气候、地震和地质钻探资料，以及土工、材料、结构或模型试验成果。

3）提出科学试验成果、专题报告。

4）提出修正的施工方案。

5）编制修正概算。

（3）施工图设计

两阶段（或三阶段）施工图设计阶段，应根据初步设计（或技术设计）批复意见、测设合同，进一步对所审定的修建原则、设计方案、技术决定加以具体和深化，最终确定各项工程数量，提出文字说明和适应施工需要的图表资料及施工组织计划，并编制施工图预算。

一阶段施工图设计，应根据可行性研究报告批复意见、测设合同的要求，拟订修建原则，确定设计方案和工程数量，提出文字说明和图表资料及施工组织计划，编制施工图预算，满足审批的要求，适应施工的需要。

施工图设计应完成以下内容：确定路线具体位置；确定路基标准横断面和高填深挖路基、特殊路基横断面绘制路基超高加宽设计图；计算土石方数量并进行调配；确定路基取土弃土的位置，绘制取土坑、弃土场设计图；确定路基路面排水系统和支挡、防护工程的结构类型及尺寸，绘制相应布置图和结构设计图；确定高填深挖、陡坡路堤及特殊路基设计的结构形式及尺寸，并绘制设计图；确定各路段的路面结构类型路面混合料类型，并绘制路面结构图；确定特大、大、中桥的位置、孔数及孔径、结构类型及各部尺寸，绘制结构设计图；确定小桥、涵洞漫水桥及过水路面等的位置、孔数及孔径、结构类型及各部尺寸，绘制布置图。特殊设计的，应绘制特殊设计详图；

确定隧道及其附属设施的形式及尺寸，绘制布置图和设计详图；确定路线交叉形式、结构类型及各部尺寸，绘制布置图和设计详图；确定交通工程及沿线设施的各项工程的位置、类型及各部尺寸，绘制布置图和设计详图；确定改（扩）建工程施工期间的交通组织设计详图；确定环境保护与景观工程的位置类型及数量，绘制布置图和设计详图；确定改路改渠（河）等其他工程的位置、结构形式及尺寸，绘制相应的布置图和设计详图；落实沿线筑路材料的质量、储藏量、供应量及运距，绘制筑路材料运输示意图；确定征用土地、拆迁建筑物及电力、电信等的数量；计算各项工程数量；提出施工组织计划；提出人工数量及主要材料机具、设备的规格及数量；编制施工图预算。

二、道路设计文件组成

设计文件是道路勘测设计的最后成果，经审查批准后作为道路施工的依据。其文件组成、内容和要求随设计阶段不同而异。

1. 公路设计文件组成

一阶段施工图设计文件的组成和内容与两阶段（或三阶段）施工图设计文件基本相同，但总说明及分篇说明应参照有关初步设计说明书的内容编写，并补充必要的比较方案图表资料。报送审批的设计文件可不报结构设计图和设计详图。

2. 城市道路设计文件组成

（1）初步设计

城市道路初步设计文件由设计说明书、工程概算、主要材料及设备表、主要技术经济指标 / 附件（可行性研究报告批复文件、勘测及设计合同、有关部门的批复及协议、纪要等）与设计图纸组成。

初步设计图纸包括：平面总体设计图，平面设计图，纵断面图，典型横断面设计图，广场或交叉口设计图，挡土墙、涵洞及附属构筑物图，交通标志、标线布置图，工程特殊部位技术处理的主要图纸，桥梁、排水、监控通信、供电、照明设施图。

（2）施工图设计

城市道路施工图设计，由设计说明书、施工图预算、工程数量和材料用量表与设计图纸组成。

施工图设计图纸包括：平面总体设计图，平面设计图，纵断面图，横断面设计图，广场或交叉口设计图，路面结构设计图，需进行特殊处理、加固的路基设计图，排水设计图，挡土墙、涵洞及附属构筑物平、立剖面结构详图，交通标志标线设计图，其他有关通用说明及标准图、通用图等。

第二章　道路勘测设计

道路在交通当中是最基本的，为满足车流量的日益增加对道路的要求，在勘察设计阶段非常需要掌握相关的最新技术，才能满足现在对于道路的需求。本章主要从平面设计、横断面设计、纵断面设计等三个方面来进行详细技术讲解。

第一节　平面设计

一、概述

1. 路线

道路是带状的三维空间结构实体，一般由线形、路基、路面、桥梁和沿线设施等组成。道路中心线是一条空间曲线，它在水平上的投影称作路线的平面；沿路中线竖直剖切，再行展开就得到路线的纵断面；过路中线上任意一点地法向切面即为该点的横断面。道路的平面、纵断面和各个横断面都是道路的几何组成，路线设计是指确定路线的空间位置和各组成部分几何尺寸的工作。为了研究和设计上的方便，通常把它分解为路线的平面设计、纵断面设计和横断面设计。三者既需要分别进行设计，又需要综合考虑。不论是公路还是城市道路，其路线的位置的选定都会受到社会经济、自然地理和技术条件等多重因素制约。需要设计者在进行充分调查、掌握大量可靠资料的基础上，利用现行的技术标准和设计规范，结合当地的地形、地质和地物等条件，设计出一条经济、实用且与自然景观相协调的路线。道路平面设计就是在平面图上确定道路中线几何形状及尺寸的过程。

2. 平面线形要素

现在道路是供汽车行驶的，在路线的平面设计中，应考察汽车行驶轨迹。只有当平面线形与这个轨迹相符合或相接近时，才能保证行车的舒适与安全，特别是在高速行驶的情况下，对行驶的轨迹的研究更为重要。行驶中的汽车其导向轮旋转面与车身纵轴的夹角有下列三种情况，行驶轨迹线各不相同。

（1）角度为零。汽车行驶轨迹线为直线。

（2）角度为常数。汽车行驶轨迹线为圆曲线。

（3）角度为变数。汽车行驶轨迹线为一种曲率半径逐渐变化的过渡缓和曲线。

现在道路平面线形就是由上述三种基本线形构成的，其既能适应地形变化又能符合汽车的行驶轨迹，被称为平面线形三要素。直线是最简单的平面线形，然而从道路的起点到终点之间往往不能用一条直线将其连接起来，由于受地形、地物等因素的制约，线路在平面上往往出现很多的转折，为了保证行车的安全性和平稳性，在转折处需要用圆曲线加以链接。如果圆曲线半径较小，就要进行曲率过渡，也即加设缓和曲线。三要素是道路平面线形最基本的组成，在道路上各要素所占比例难以量化规定，但只要各组成要素使用合理、组合得当，均可以得到较为理想的平面线形。低等级道路（如四级公路）上行车速度较低，为简化设计，也可以只是用直线和圆曲线两种线形要素，而不加设缓和曲线。现代一些高速公路也有只用曲线而不用直线的情况。

3. 平面设计的基本要求

大量的观测研究表明，行驶中的汽车，其轨迹在几何性质上有以下特征：

（1）轨迹连续。轨迹是连续的和圆滑的，即在任何一点上下不出现错头和破折。

（2）曲率连续。其曲率是连续的，即轨迹上任一点不出现两个曲率值。

（3）曲率变化连续。其曲率的变化率是连续的，即轨迹上任一点不出现两个曲率变化率值。

公路平面线形应与汽车轨迹相拟合。

二、直线

1. 直线的特点

作为平面线形要素之一的直线，在公路和城市道路中的使用最为广泛，当地势平坦、地物障碍较小时，定线人员往往首先考虑使用直线线形通过。这是因为两点之间的连接长度直线最短；汽车在直线上行驶时受力简单、方向明确、驾驶操作容易；同时路线测设简单、方便。基于直线的上述优点，其在各种等级的公路线形中都占有重要的地位。

直线线形也有其缺点：直线线形灵活性差，难以与地形、地物等周围的环境相协调；过长的直线易使驾驶人员感到单调、疲倦、注意力难以集中；直线路段上难以准确目测车辆之间的距离；长直线容易导致高速行车，引发交通事故等。

2. 直线的运用

直线的运用应注意同地形、环境的协调与配合。采用直线线形时，其长度不宜过长。

（1）适宜采用直线的路段

为了更好地与环境相协调、节约耕地和工程造价以及保证必要的视距条件，通常情况下平面线形适宜采用直线的地段有：

1）农田、河渠规整的平坦地区、城镇近郊规划等以直线条为主体时，宜采用直线线形。

2）特长、长隧道或结构特殊的桥梁等构造物所处的路段宜采用直线线形。

3）路线交叉点前后的路段宜采用直线线形。

4）双车道公路为超车所提供的路段宜采用直线线形。

（2）长直线路段的注意事项

在平面线形设计中，当采用了长直线时，应结合沿线的具体情况采取相应的技术措施，以弥补景观单调的缺陷，并需要注意以下事项：

1）长直线上纵坡不宜过大，因为长直线与陡坡相重合的路段容易导致下坡方向的高速行驶。

2）长直线下坡方向的尽头平曲线半径应尽量大一些，以保证线形的连续性，除了保证曲线超高、视距等符合相应的规定外，还必须采取设置标志，增加路面抗滑能力等必要的安全措施。

3）为了缓和长直线带来的呆板，长直线宜与大半径凹形竖曲线组合为宜。

4）道路两侧地形过于空旷时，宜采取不同的植被条件或设置建筑物、雕塑、广告牌等各种措施，以改变单调的景观。

（3）直线长度的限制

1）直线的最大长度。我国地域辽阔，各地区的地形条件差异非常大，很难统一规定直线的最大长度。我国现行公路设计规范没有明确规定最大值，只是笼统地提出直线的长度不宜过长，受地形条件或其他特殊情况限制而采用长直线时，应结合沿线具体情况采取相应的技术措施。

2）直线的最小长度。为了保证行车安全，相邻两圆曲线间以直线径相连接时，直线的长度不宜过短。

三、圆曲线

1.圆曲线的几何要素

圆曲线也是道路平面设计中常用的线形之一，各级公路和城市道路不论转角大小，在转折处均应设置平曲线，圆曲线是平曲线中的主要组成部分。圆曲线具有易与地形相适应、可循性好、线形美观、易于测设等优点，故应用十分广泛。

2.圆曲线半径

半径是圆曲线最重要的技术指标，选定了半径，圆的大小和曲率就确定了。行驶在曲线上的汽车由于受到离心力作用，其稳定性和安全性受到影响，而离心力的大小又与曲线半径密切相关，半径越小所受的离心力越大。所以，在选择平曲线半径时应尽可能采用较大的值，只有在地形或其他条件受到限制时，才使用较小的曲线半径。为了保证行车的安全与舒适，《技术标准》规定了圆曲线半径在不同情况下的最小值。

（1）圆曲线半径的计算公式与影响因素

根据汽车在曲线上行驶的横向力系数计算式可得：

$$R = \frac{V^2}{127(\mu \pm i_h)}$$

式中 R——圆曲线半径，m；

V——行车速度，km/h；

μ——横向力系数；

i_h——路拱横坡度，%；

"±"路拱横坡向曲线内侧倾斜取"+"，向外侧倾斜取"–"

当公路等级确定后，设计车速 V 也就确定了，圆曲线半径 R 的大小就只取决于横向力系数 μ 和曲线段的路拱横坡度 i_h 的取值范围。

1）横向力系数 μ 的确定

横向力的存在对行车产生不利影响，而且 μ 越大越不利，μ 值的确定主要考虑以下几方面。

①考虑汽车行驶的横向稳定性

汽车在圆曲线上行驶的稳定性包括横向倾覆稳定性和横向滑移稳定性，由于汽车在设计和制造时，充分考虑横向倾覆稳定性，将其重心定得足够低，可以保证横向倾覆稳定性高于滑移稳定性。因此，在平曲线设计过程中，只要考虑横向滑移稳定性，保证轮胎不在路面上产生滑移即可。

②考虑驾驶操作

弯道上行驶的汽车，在横向力作用下，轮胎会产生横向变形，使轮胎的中间平面与轨迹前进方向形成一个横向偏移角，增加汽车在方向操纵上的困难，尤其是车速较高时，就更不容易保持驾驶方向上的稳定。

③考虑燃料消耗和轮胎磨损

由于横向力的影响，行驶在曲线上的汽车比在直线上的燃料消耗和轮胎磨损都要大。这是因为当汽车在曲线上行驶时，除了要克服行驶阻力外，还要克服横向力对行车的作用，才能使汽车沿着正确的方向行驶，为此增加了燃料的消耗；与此同时，在曲线上行驶时，横向力的作用会使汽车轮胎发生变形，致使轮胎的磨耗也额外增加了。

④考虑乘车的舒适性

汽车行驶在曲线上，随横向力系数值的大小不同，乘客将有不同的感受。据试验，

乘客随 μ 的变化其感觉和心理反应如下：

当 μ < 0.10 时，不感到有曲线存在，很平稳。

当 μ=0.15 时，稍感到有曲线存在，尚平稳。

当 μ=0.20 时，已感到有曲线存在，稍感不平稳。

当 μ=0.35 时，感到有曲线存在，已感到不平稳。

当 μ ≤ 0.40 时，非常不稳定，站不住，有倾倒的危险感。

μ 值的采用影响行车的安全、经济与舒适等。在计算最小平曲线半径时，应综合考虑以上各方面的因素，采用一个适当的值。

经分析得出的取值范围：μ 值最好不大于 0.10，最大不大于 0.16。

2）路拱横坡度 i_h 的确定。

曲线路段内有两种可能的路拱横坡，即正常双向路拱横坡与设置超高的单向内倾横坡。设置超高后可有效地减小横向力系数值，显著降低横向力对行车的影响。因此在曲线路段，一般情况下应设置超高，超高横坡度值的取值应注意以下问题。

①最大超高横坡度 i_b, max

在车速较高的情况下，为了平衡离心力要采用较大的超高横坡度，但道路上行驶车辆的速度并不一致，特别是在混合交通的道路上，需要兼顾快、慢车的行驶安全。对于慢车，特别是因故暂停在弯道上的车辆，其离心力接近于 0 或等于 0。如超高横坡度过大，超出轮胎与路面间的横向摩阻系数，车辆有沿着路面最大合成坡度方向下滑的危险，因此必须满足：

$$i_b, \text{max} \leqslant f_w$$

式中 f_w——年中气候恶劣季节路面的横向摩阻系数。

制定最大超高横坡度 i_b, max 除需考虑道路所在地区的气候条件外，还必须给予驾驶者和乘客以心理上的安全感。对山岭重丘区、城市附近、交叉口以及有相当数量非机动车行驶的道路，最大超高横坡度比一般道路还要小些。

②最小超高横坡度 i_b, max

道路的超高横坡度不应该小于道路直线段的路拱横坡度，否则不利于道路的排水，因此有：

$$i_b, \text{max}=i_h$$

（2）圆曲线最小半径的计算

圆曲线的最小半径包括极限最小半径、一般最小半径和不设超高的最小半径。

1）极限最小半径的计算

极限最小半径是指各级公路对按设计速度行驶的车辆，能保证其安全行车的最小允许半径。它是圆曲线半径允许采用的极限最小值，只有当地形条件特殊困难或受其他条件严格限制时，方可采用。

2）一般最小半径

一般最小半径是指通常情况下各级公路对按设计速度行驶的车辆，能保证其安全性和舒适性行车的推荐采用的最小半径。它是一般情况下或地形条件限制时，采用的低限值。圆曲线的最小半径，既考虑汽车在这种半径的曲线上以设计速度或以接近设计速度行驶时有一定的舒适感，又注意到在地形比较复杂的情况下不会过多地增加工程量。

3）不设超高的最小半径

当平曲线半径较大时，离心力影响将变得非常小，仅有路面的摩阻力就可以保证汽车有足够的稳定性，此时就不需要设置超高，而在道路横向上设置与直线段上相应的双向横坡形式。

此时，不设超高，对于行驶在曲线外侧车道上的车辆来说是"反超高"。其 i 值为负，大小与路拱坡度相同。从行车的舒适和安全的角度考虑，μ 也应取尽可能小的值，以使乘客在曲线上有与在直线上基本相同的感觉。

（3）圆曲线的最大半径

选用圆曲线半径时，在地形、地物等条件允许时，应尽量采用较大曲线半径。但是，当半径大到一定程度时，其几何性质与直线区别不大，而且容易给驾驶人员造成判断上的错误，带来不良后果。因此，《规范》规定圆曲线的最大半径不宜超过 1000m。

（4）圆曲线半径的运用

圆曲线能较好地适应地形的变化，并可以获得圆滑的线形。设置圆曲线时应与地形相适应，宜尽量采用较大曲线半径，以优化线形和改善行车条件。确定圆曲线半径时，应注意以下几点：

1）在条件许可时，争取选用不设超高的圆曲线半径。

2）在一般情况下，以采用超高为 2%~4% 的圆曲线半径为宜。

3）条件受限制时，可采用大于或接近于圆曲线最小半径的"一般值"；地形条件特殊而不得已时，方可采用圆曲线最小半径的"极限值"。

4）设置圆曲线时，应同相衔接路段的平、纵线形要素相协调，使之构成连续、均衡的曲线线形，并避免小半径圆曲线与陡坡相重合的线形。

四、缓和曲线

1. 缓和曲线的作用与线形

缓和曲线是道路平面线形要素之一，它是设置在直线与圆曲线之间或两个圆曲线之间的曲率半径逐渐变化的线形。《技术标准》规定，除四级公路可不设缓和曲线外，其余各级公路在其半径小于不设超高的最小半径时都应设置缓和曲线。在高速公路和城市道路上，缓和曲线均得到了广泛的应用。

2. 缓和曲线的作用

（1）曲率逐渐变化，便于驾驶操作。当汽车从直线进入圆曲线时，司机应逐渐地改变前轮转向角，使其适应圆曲线的需要，前轮的转向是在进入圆曲线前的路段范围内逐渐完成的。直线上的曲率半径为无穷大，曲率为零；圆曲线上的半径为一定值 R，曲率为 1/R。若两种线形径相衔接，则在连接处构成了曲率的突变点，尤其是当半径较小时，这种变化就更加突然和明显。若汽车高速驶过该点附近，汽车很可能超越原来的车道驶出一条很长的过渡性的轨迹线。从安全和易于驾驶的角度出发，非常有必要设置一条曲率逐渐变化的曲线，以符合汽车的行驶轨迹。

（2）离心加速度逐渐变化，消除了离心力突变。汽车行驶在直线段上时没有离心力影响，而在圆曲线上会受到离心力的作用，并且离心力的大小与曲线的曲率成正比。汽车由直线驶入圆曲线或由圆曲线驶入直线，离心力是突然产生或消失的，这对行车的安全性和舒适性非常不利。离心力从无到有、从小到大的变化应该是逐渐产生地，所以应在直线与圆曲线之间或半径不同的两圆曲线之间设置一条过渡性的曲线以缓和离心加速度的变化。

（3）为设置超高和加宽提供过渡段。为了保证线形的顺畅、避免或减少转折的出现，当弯道上需要设置超高或加宽时，应在缓和曲线内完成超高或加宽的渐变过程，为此缓和曲线的长度应满足设置超高或加宽缓和段长度的需要。

（4）与圆曲线配合得当，美化线形。圆曲线与直线径相连接，在连接处曲率突变，视觉效果差，产生折点和扭曲现象，加设缓和曲线以后，曲率渐变，线形连续圆滑，增加线形的美观程度。同时，能产生良好的视觉效果和心理感。

3. 缓和曲线的形式

从缓和曲线的作用可以看出，其应满足汽车从直线逐渐驶入圆曲线的行驶轨迹，只有满足汽车由直线进入圆曲线行驶轨迹的线形，才可以作为缓和曲线使用。在分析汽车在这一行驶过程中的轨迹线时，首先做以下假定：

（1）汽车作等速行驶，速度为 v，单位为 m/s。

（2）方向盘转动是匀速的，转动角速度为 w，单位为 rad/s。汽车从直线开始，行驶了时间 t（单位为 s）后，行驶的距离为 l（单位为 m），方向盘转动角度为 φ，前轮相应转动角度为 φ。

为使车辆在缓和曲线上安全平稳地完成曲率的过渡与变化，保证线形顺适美观，同时为在圆曲线上设置的超高和加宽提供过渡段，应规定缓和曲线的最小长度。该值的大小需要考虑以下因素。以速度匀速行驶在缓和曲线上的汽车，其离心加速度将随着缓和曲线的变化而变化，若变化得过快，将使乘客有不适的感觉。在汽车从直线进入圆曲线的转向行驶过程中，驾驶员需要逐渐把方向盘转动一个角度，这一操作过程需要一定的时间，也就是不能因为车辆在缓和曲线上的行驶时间过短而使司机驾驶操作过于匆忙。

4. 超高渐变率

由于在缓和曲线上设置有超高缓和段，而且要求超高渐变是在缓和曲线全长范围内进行的，如果缓和段太短则会因路面急剧地由双坡变为单坡而形成一种扭曲的面，对行车和路容均不利。

在超高过渡段上，路面外侧逐渐抬高，从而形成一个附加坡度，当圆曲线上的超高值一定时，这个附加坡度就取决于缓和段的长度，这个附加坡度称作超高渐变率。超高渐变率太高不利于行车，太低又对排水不利。

5. 视觉条件

从视觉连续性的角度出发，缓和曲线长度应椭圆曲线半径的增大而增长。特别是当圆曲线半径较大、车速较高时，应特别注意选择适宜的缓和曲线长度，以调整线形适应地形与景观要求，使视觉更为顺适，为此对回旋线参数的最小允许值应作出规定。

上面各项因素的影响，取满足上述各项要求的最大值（最好取 5 的整倍数）就可得到缓和曲线的最小长度。但值得注意的是，该值只是满足各项要求的最小值，在设计中应综合考虑缓和曲线与相邻平面线形的协调性，与对应的纵面线形的组合关系及与地形、地物等自然环境的相适应，针对每一个平曲线确定出更为合理的缓和曲线长度作为设计值。

五、平面线形设计

公路线形是三维立体线形。线形设计应做好公路平面、纵断面、横断面三者间的组合，并同自然环境相协调。线形设计除应符合行驶力学要求外，还应考虑用路者的视觉、心理与生理方面的要求，以提高汽车行驶的安全性、舒适性与经济性。线形设计的要求与内容应随公路功能和设计速度的不同而各有侧重。

1. 公路线形设计基本要求

（1）高速公路和县干线功能的二级公路，应注重立体线形设计，做到线形连续、指标均衡、视觉良好、景观协调、安全舒适。设计速度愈高，线形设计组合所考虑的因素应愈周全，以提供高的服务质量。

（2）县集散功能的一二级公路，应根据混合交通情况确定公路横断面布置设计，并注重路线交叉等处的线形设计组合，以保障通视良好，行驶通畅、安全。

（3）设计速度等于或小于 40km/h 的双车道公路，在保证行驶安全的前提下，应正确地运用线形要素的规定值（含最大、最小值），合理地组合各线形要素，或采取设置相应交通工程设施等技术措施，以充分发挥投资效益。

2. 平面线形设计一般原则

（1）平面线形应直截、连续、均衡，并与地形、地物相适应，与周围环境相协调。在地势平坦开阔的平原区，路线直截舒顺，在平面线形三要素中直线所占比例较大；而在地势有很大起伏的山岭区，路线多弯曲，曲线所占比例则较大。如果在没有任何障碍物的开阔地区故意设置一些不必要的弯道，或者在高低起伏的山地硬拉长直线都将给人以不协调的感觉。路线与地形相适应，这既美化线形，也满足工程经济和保护生态环境的要求。直线、圆曲线、回旋线三种平面线形的选用与合理组合取决于地形、地物等具体条件，不应当片面强调路线应以直线为主或以曲线为主。

（2）各级公路不论转角大小均应敷设曲线，并尽量选用较大的圆曲线半径。当公路转角过小时，应设法调整平面线形，当不得已而设置了小于7°的转角时，必须设置足够长的平曲线。

（3）两同向曲线间应设有足够长度的直线，不得以短直线相连。否则，应调整线形，使之成为一条单曲线或复曲线，也可以运用回旋线组合成卵形、C形、复合形等曲线。若在互相通视的同向平曲线间插以短直线，容易产生把直线和两端的曲线看成为反向曲线的错觉，当直线过短时甚至把两个曲线看成一个曲线，这种组合破坏了线形的连续性，容易造成驾驶的操作失误，设计中应尽量避免。通常的做法是将两曲线拉开，也就是限制中间直线的最短长度。《规范》规定同向曲线间的最短直线长度以不小于6V宜。否则，就干脆不插入直线段，而形成平面线间的组合线形。

（4）两反向曲线间夹有直线段时，以设置不小于最小直线长度的直线段为宜。否则，应调整线形或运用回旋线而组合成S形平曲线。在转向相反的两圆曲线之间，考虑到为设置超高和加宽缓和段的需要及驾驶人员转向操作的需要，宜设置一定长度的直线。《规范》规定反向曲线间最小直线长度（以m计）以不小于设计速度（以上km/h计）的2倍为宜，即2V设计速度等于或小于40km/h的双车道公路，两相邻反向圆曲线无超高时可径相衔接，无超高有加宽时应设置长度不小于10m的加宽过渡段；两相邻反向圆曲线设有超高时，地形条件特殊困难路段的直线长度不得小于15m。

（5）六车道及其以上的高速公路，同向或反向圆曲线间插入的直线长度，还应符合路基外侧边缘超高过渡渐变率规定的要求。

（6）曲线线形应特别注意技术指标的均衡性与连续性。为使一条公路上的车辆尽量以均匀的速度行驶，应注意各线形要素保持连续性。在设计时应注意长直线的尽头不能接小半径曲线。长直线和长的大半径曲线会导致较高的车速，若突然出现小半径曲线，可能因减速不及时而造成事故。同时，要注意在高、低技术指标之间要有过渡。同一等级的公路或同一条公路按不同设计速度的各路段之间可能会遇到技术指标的变化。遇有这种情况时，除满足有关设计路段在长度和坡度的要求外，还应结合地形的变化，使路线的平面线形指标逐渐过渡，避免出现突变。

（7）应避免连续急转弯的线形。设计速度等于或小于40km/h的双车道公路，应避免连续急弯的线形。连续急弯的线形给驾驶者造成不便，同时也给乘客的视觉、心理和舒适性等产生不良影响。地形条件特殊不得已而设置时，应在曲线间插入规定的直线长度或回旋线，以缓解这种频繁变化。

3. 平面线形要素的组合与衔接

（1）直线与曲线的组合

直线与曲线在平面线形设计中往往是交替运用的，为保证线形设计质量，直线与曲线的组合与过渡应协调匀顺。平曲线的半径及其设计使用长度应与邻近的直线长度相适应。长直线容易导致高速行车，所以长直线的尽端应避免使用小半径的曲线，当直线长度 $L > 500m$ 时，宜有 $R \geqslant 500m$；而较短的直线与小半径的平曲线连在一起，频繁转弯，会造成驾驶员操作紧张，此时的曲线不宜太小，当 $L \leqslant 500m$ 时，宜有 $R \geqslant L$。直线和曲线组合得当，将提高道路线形设计质量和汽车行驶质量。良好的平面线形应保证其自身的协调及与周围环境的协调。

（2）曲线与曲线的组合

1）复曲线

复曲线是指半径不同的两同向圆曲线径相连接的组合形。各级公路构成复曲线应符合的条件：

①当小圆半径大于或等于"不设超高的最小半径时"。

②小圆半径大于表 2-1 中所列半径，且符合下列条件之一时：小圆曲线按规定设置相当于最小回旋线长的回旋线时，其大圆与小圆的内移植之差不超过 0.10m；设计速度 $V \geqslant 80km/h$ 时，大圆半径（R_1）与小圆半径（R_2）之比小于 1.5；设计速度 $V < 80km/h$ 时，大圆半径（R_1）与小圆半径（R_2）之比小于 2。

表 2-1　复曲线中的小圆临界曲线半径

设计速度 /km·h-1	20	100	80	60	40	30	20
临界曲线半径 /m	100	1500	900	500	250	130	——

2）回头曲线

回头曲线是指转角接近、等于或大于 180° 的圆曲线。《规范》规定，越岭路线应利用地形自然展线，避免设置回头曲线。三、四级公路在自然展线无法争取需要的距离以克服高差，或因地形、地质条件所限，不能采取自然展线时，可采用回头曲线。回头曲线前后的线形应有连续性，两端以布设过渡性的曲线为宜，并设置限速标志，采取保证通行良好的技术措施等。这样，回头曲线一般由主曲线（回头曲线）和两个副曲线（过渡曲线）组成。主、副曲线均应设置规定长度的缓和曲线，即图中 1、2 长度应至少能够满足设置两相邻圆曲线的对应缓和曲线。

两相邻回头曲线之间，应有较长的距离。由一个回头曲线的终点至下一个回头曲线起点的距离当设计速度为40km/h、30km/h、20km/h时，分别应不小于200m、150m、100m。

4.平曲线的最小长度

汽车在平曲线上行驶时，如果曲线太短，会使驾驶员操作频繁而紧张，这在高速行驶的情况下是非常危险的，同时也会给乘客带来不良反应。另外，当公路转角过小，曲线可能就会很短，也容易形成不好的平面线形。因此，设置一定长度的平曲线是很有必要的。

当条件受限时，为方便驾驶员在曲线上行驶时，不感到方向盘操作困难，按汽车6s行程设置曲线。此时回旋线在曲率相等处直接连接，圆曲线长度等于0。平曲线的最小长度是由两段回旋线构成的。一般情况下平曲线应由两段回旋线与一段圆曲线组成，中间圆曲线也宜有一定的长度，以便于驾驶操作，且圆曲线与回旋线长度均不宜采用极限指标。现行《规范》规定了平曲线（包括圆曲线及其两端的回旋线）最小长度的最小值和一般值。

路线转角的大小反映了路线的舒顺程度，正常情况下转角小一些好，但转角过小，即使设置了较大的半径也容易把曲线长看成比实际的要短，造成急转弯错觉。这种倾向转角越小越显著，以致造成驾驶者枉作减速转弯的操作。

第二节　横断面设计

一、道路横断面组成

（一）路线

公路横断面的组成和各部分的尺寸要根据公路的功能、公路等级、交通量、服务水平、设计速度、地形条件等因素确定。在保证必要的通行能力和交通安全与畅通的前提下，尽量做到用地省、投资少，使道路发挥其最大的经济效益与社会效益。

1.适宜采用直线的路段

路幅是指公路路基顶面两路肩外侧边缘之间的部分。等级高、交通量大的公路（如高速公路、一级公路），通常是将上下行车辆分开。分隔的方式有两种：一种是用分隔带分隔，另一种是将上下行车道放在不同的平面上加以分隔，前者称作整体式断面，后者称作分离式断面。

（1）高速公路、一级公路

高速公路、一级公路的路基标准横断面分为整体式路基和分离式路基两类。根据地形、地物等情况，其路基横断面形式可分段采用整体式或分离式断面。自然横坡较缓时，以整体式路基断面为宜。横坡较陡、工程地质复杂时高速公路宜采用分离式路基断面。

整体式路基的标准横断面应由车道、中间带（中央分隔带、左侧路缘带）、路肩（右侧硬路肩、土路肩）及紧急停车带、爬坡车道、变速车道等部分组成。

分离式路基的标准横断面应由车道、路肩（右侧硬路肩、左侧硬路肩、土路肩）及紧急停车带、爬坡车道、变速车道等部分组成。

（2）二级公路

二级公路的路基标准横断面应由车道、路肩（右侧硬路肩、土路肩）等部分组成。

（3）三级公路、四级公路

三、四级公路路基的标准横断面应由车道、路肩等部分组成。四级公路的单车道路基横断面还应包括错车道等。三、四级公路均应采用整体式断面。

2.路幅的布置类型

（1）单幅双车道

单幅双车道公路指的是整体式的供双向行车的双车道公路。这类公路在我国公路总里程中占的比重最大。二级公路、三级公路及部分四级公路均属这类。这类公路适应的交通量范围大，最高达 15000 辆/昼夜。设计速度可从 20~80km/h。二级公路供汽车行驶，为保证车辆行驶速度和运行安全，在混合交通量大的路段，可设慢车道供非机动车行驶；三、四级公路是指主要设计指标按供汽车行驶的要求设计，但同时也允许拖拉机、畜力车、人力车等非汽车交通使用的车道，混合交通特征明显，运行速度在 40km/h 以下。

（2）双幅多车道

四车道、六车道和更多车道的公路，中间一般都设分隔带或做成分离式路基构成"双幅"路。有些分离式路基为了利用地形或处于风景区等原因甚至做成两条独立的单向行车的道路。

这种类型的公路设计速度高、通行能力大，而且行车顺适、事故率低。我国《技术标准》中的高速公路和一级公路即属此种类型。高速公路和一级公路的主要差别在于是否需要控制出入。根据我国情况，一级公路含两种功能，但均按供汽车行驶定义一级公路。当作为集散公路时，纵横向干扰较大，为保证供汽车分道、分向行驶，可设慢车道供非机动车行驶；而作为干线公路时，为保证其运行速度、运行安全和服务水平，应根据需要采取控制出入的措施。

（3）单车道

对交通量小、地形复杂、工程艰巨的山区公路或地方性道路，可采用单车道，我国《技术标准》中规定的四级公路路基宽度为 4.50m，车道宽度为 3.50m 者就是属于此类。此类公路虽然交通量很小，但仍然会出现错车和超车。我国《规范》规定，四级公路路基宽度采用 4.50m 时，应在不大于 300m 的距离内选择有利地点设置错车道，并使驾驶者能看到相邻两错车道之间的车辆。设置错车道路段的路基宽度应不小于 6.50m，有效长度应不小于 20m。

（二）城市道路横断面组成

城市道路的交通性质和组成比较复杂，尤其表现在行人和各种非机动车较多，各种交通工具和行人的交通问题都需要在横断面设计中综合考虑予以解决，所以城市道路路线设计中的横断面设计不是矛盾的主要方面，一般都放在平面和纵断面设计之前进行。城市道路在行车道断面上，供汽车、无轨电车、摩托车等机动车行驶的部分称为机动车道；供自行车、三轮车、板车等非机动车行驶的部分称为非机动车道。此外还有供行人步行使用的人行道和分隔各种车道（或人行道）的分隔带及绿化带。

城市道路各组成部分相互联系和影响，其位置的安排和宽度的确定必须首先保证车辆和行人的安全畅通，同时要与道路两侧的各种建筑物及自然景观相协调，并能满足地面、地下排水和各种管线埋设的要求。横断面设计应注意近期与远期相结合，使近期工程成为远期工程的组成部分，并预留管线位置。路面宽度及高度均应有发展余地。

1. 布置类型

（1）单幅路

单幅路俗称"一块板"断面。各种车辆在车道上混合行驶。在交通组织上可以有以下几种方式：

1）划出快、慢车行驶分车线，快车和机动车辆在中间行驶，慢车和非机动车靠两侧行驶。

2）不划分车线，车道的使用可以在不影响安全的条件下予以调整。如只允许机动车辆沿同一方向行驶的"单行道"；限制载重汽车和非机动车行驶，只允许小客车和公共汽车通行的街道；限制各种机动车辆，只允许行人通行的步行道等。上述措施，可以是相对不变的，也可以是按规定的周期变换的。

（2）双幅路

双幅路俗称"两块板"断面。在车道中心用分隔带或分隔墩将车行道分为两半，上下行车辆分向行驶，各自再根据需要决定是否划分快、慢车道。

（3）三幅路

三幅路俗称"三块板"断面。中间为双向行驶的机动车车道，两侧为靠右侧行驶的非机动车道。

（4）四幅路

四幅路俗称"四块板"断面。在三幅路的基础上，再将中间机动车车道分割成半分向行驶。

2. 断面形式的选用

单幅路占地少、投资省，但各种车辆混合行驶，于交通安全不利，仅适用于机动车交通量不大、非机动车较少的次干路、支路及用地不足、拆迁困难的旧城改建的城市道路上。

双幅路断面将对向行驶的车辆分开，减少了行车干扰，提高了车速，分隔带上还可以作绿化、布置照明和敷设管线等。它主要用于各向两条机动车道以上，非机动车较少的道路。有平行道路可供非机动车通行的快速路和郊区道路及横向高差大或地形特殊的路段亦可采用。

三幅路将机动车与非机动车分开，对交通安全有利；在分隔带上布置绿化带，有利于夏天遮阳防晒、减少噪声和布置照明等。对于机动车交通量大、非机动车多的城市道路宜考虑采用，但三幅式断面占地较多，只有当红线宽度等于或大于40m时才能满足车道布置要求。

四幅路不但将机动车和非机动车分开，还将对向行驶的机动车分开，于安全和车速较三幅式路更为有利。它适用于机动车辆车速较高，各向两条机动车道以上，非机动车多的快速路与主干路。

一条道路宜采用相同形式的横断面。当道路横断面形式或横断面各组成部分的宽度变化时，应设过渡段。过渡段的起、止点宜选择在交叉口或结构物处。

二、车道宽度

（一）车道宽度确定

车道是指专为以纵向排列、安全顺适地通行车辆为目的而设置的公路带状部分。所谓车道宽度是为了交通上的安全和行车上的顺适，根据汽车大小、车速高低确定的各种车辆以不同速度行驶时所需的宽度。行车道的宽度要根据车辆最大宽度，加上错车、超车所必需的余宽来确定。

高速公路和一级公路有4条以上的车道，以中央分隔带将上下行车辆分开或做成分离式路基，每侧再划分快车道和慢车道。城市道路的横断面布置与公路有较大区别，如城市道路车道两侧有高出路面的路缘石，公路两侧有与路面齐平的且有一定宽度的路肩。城市道路在路幅布置上比公路更富于变化，行车规律、交通组织及管理与公路也有所不同。下面取两者有代表性的交通状况加以分析，探讨车道宽度的确定方法。

1. 一般双车道公路车道宽度的确定

双车道公路有两条车道，车道宽度包括汽车宽度和应满足错车、超车行驶所必需的余宽。汽车宽度取载重汽车车厢的总宽度，为 2.5m。余宽是指对向行驶时两车主厢之间的安全间隙、汽车轮胎至路面边缘的安全距离。

高速公路、一级公路各路段的车道数应根据设计交通量、设计速度、采用的服务水平确定。高速公路、一级公路的车道数为四车道以上时，应按双数增加。二级、三级公路应是双车道。二级公路混合交通量大，非汽车交通对汽车运行影响较大时，可画线分快、慢车道（慢车道即利用硬路肩及加固土路肩的宽度），这种公路仍属双车道范畴。

2. 有中央分隔带的行车道宽度

高速公路、一级公路有 4 条以上的车道，应满足车辆并列行驶所需的宽度，一般设置中央分隔带。分隔带两侧的行车道只有同向行驶的汽车。车速、交通组成和大型车混入率对行车道宽度的确定有较大影响。

（二）加宽的过渡

1. 加宽过渡段及其长度

平曲线半径等于或小于 250m 时，应在平曲线内侧加宽。一般在弯道内侧圆曲线范围内设置全加宽。为了使路面和路基均匀变化，设置的从加宽值为零逐渐变化到全加宽的过渡段，称为加宽过渡段。设置回旋线或超高过渡段时，加宽过渡段长度应采用与回旋线或超高过渡段长度相同的数值。不设回旋线或超高过渡段时，加宽过渡段长度应按渐变率为 1 ：15 且长度不小于 10m 的要求设置。

四级公路可不设缓和曲线，其加宽过渡段应设在紧接圆曲线起点或终点的直线上。受地形条件或其他特殊情况限制时，允许将加宽过渡段的一部分插入曲线，但插入曲线内的长度不得超过加宽过渡段长度的一半。不同半径的同向圆曲线径相连接构成的复合曲线，其加宽过渡段应对称地设在衔接处的两侧。

2. 加宽过渡的设置方法

加宽过渡的设置根据道路性质和等级可采用不同的方法。

（1）按比例过渡。二、三、四级公路的加宽过渡段的设置，应采用在相应的回旋线或超高、加宽过渡段全长范围内，按其长度成比例增加的方式。

（2）四级公路设人工构造物处，当因设置超高、加宽过渡段而在圆曲线起、终点内侧边缘产生明显转折时，可采用路面加宽边缘线与圆曲线上路面加宽后的边缘圆弧相切的方法予以消除。

三、路肩、中间带与人行道

（一）路肩的作用及其宽度

路肩是位于行车道外缘至路基边缘，具有一定宽度的带状结构部分。路肩通常包括路缘带（高速公路和一级公路才设置）、硬路肩、土路肩三部分组成。

各级公路都要设置路肩。路肩的作用如下：

1. 保护和支撑路面结构。由于路肩在紧靠路面的两侧设置，可保护行车道等主要结构的稳定。

2. 供车辆临时停放路肩行车道。

3. 提供侧向余宽，能增进驾驶的安全和舒适感。

4. 作为道路养护操作的工作场地。

5. 为设置路上设施提供位置。

6. 对未设人行道的道路，可供人及非机动车等使用。

7. 在不损坏公路结构的前提下，也可作为埋设地下设施的位置。

8. 挖方路段，可增加弯道视距。

硬路肩是指进行了铺装的路肩，它可以承受汽车荷载的作用力，在混合交通的公路上便于非机动车、行人通行。在填方路段，为使路肩能汇集路面积水，在路肩边缘应设置路缘石。土路肩是指不加铺装的土质路肩，它起保护路面和路基的作用，并提供侧向余宽。考虑我国土地的利用情况和路肩的功能，在满足路肩功能最低需要的条件下，原则上尽量采用较窄的路肩，充分挖掘路肩的作用。

（二）分隔带的作用及其宽度

1. 中间带

高速公路和一级公路的设计速度较高且车道数多，不设中间带难以保证行车安全，也难以达到该等级道路的应有功能。《技术标准》规定：高速公路和一级公路整体式断面必须设置中间带。中间带由两条左侧路缘带和中央分隔带组成，其作用如下：

（1）分隔往返车流。既可避免因快车驶入对向行车道造成严重的交通事故，又能减少公路中心线的交通阻力，从而提高通行能力。

（2）可作设置公路标志牌及其他交通管理设施的场地，也可作为行人的安全岛使用。

（3）设置一定宽度的中间带并种植花草灌木或设置防眩网，可防止对向车辆灯光炫目，还可起到美化路容和环境的作用。

（4）设于分隔带两侧的路缘带，由于有一定宽度且颜色醒目，既可引导驾驶员视线，又可增加行车所必需的侧向余宽，从而提高行车的安全性和舒适性。

（5）可以防止在不分隔的多车道公路上因认错对向车道而引起的交通事故。

（6）可以避免车辆中途掉头，消灭紊乱车流，减少交通事故。宽中间带的作用明显，但投资和占地多，不宜采用；我国原则上均采用窄分隔带，构造上高出车道表面，分隔带一般用路缘石围砌，高出路面 10~20cm。中间带的宽度是根据行车带以外的侧向余宽，防止驶入对向行车带的护栏、种植、防眩网、交叉公路的桥墩等所需的设置带宽度而定的。

整体式路基的中间带宽度宜保持等值。当中间带的宽度增宽或减窄时，应设置过渡段。过渡段以设在回旋线范围内为宜，长度应与回旋线长度相等。条件受限制时，过渡段的渐变率不应大于 1/100。整体式路基分成分离式路基或分离式路基汇合为整体式路基时，其中间带的宽度增宽或减窄时，也应设置过渡段。其过渡段以设置在圆曲线半径较大的路段为宜。

为了便于养护作业和某些车辆在必要时驶向对向车道，中央分隔带应按一定距离设置开口。另外互通式立体交叉、隧道、特大桥、服务区设施前后，以及整体式路基、分离式路基的分离（汇合）处，也应设置中央分隔带开口。中央分隔带开口间距应视需要而定，最小间距应不小于 2km，距离太小将会造成交通的紊乱。城市道路可根据横向交通（车辆和行人）的需要设置。分离式路基应在适当位置设横向连接道，以供养护、维修或抢险时使用。

2. 两侧带

布置在横断面两侧的分车带叫两侧带，其作用与中间带相同，只是设置的位置不同而已。两侧带常用于城市道路的横断面设计中，它可以分隔快车道与慢车道、机动车道与非机动车道、车行道与人行道等。两侧带的最小宽度规定为 2.0~2.25m。在北方寒冷积雪地区，在满足最小宽度的前提下，还应考虑能否满足临时堆放积雪的要求。

3. 城市道路路侧带的组成及其宽度

位于城市道路行车道两侧的人行道、绿带、公用设施带等统称为路侧带。路侧带的宽度应根据道路类别、功能、行人流量、绿化、沿街建筑性质及布设公用设施要求等确定。

（1）人行道

人行道主要是供行人步行之用，同时也是植物、立杆的场地。人行道的地下空间还可埋设管线等。

（2）种植带

可在人行道上靠行车道一侧种植行道树。行道树的株距一般为 4~6m，树池采用 1.5m 的正方形或 1.2m×1.8m 的矩形；也有种植草皮与花丛的种植带。

（3）设施带

设施带的宽度包括设置行人护栏、照明灯柱、标志牌、信号灯等的宽度。常用宽度为：护栏 0.25~0.5m，杆柱 1.0~1.5m。

按上述所求得的步行带宽、绿带宽与设施带宽之和即为人行道宽。此外，还要考虑人行道下面埋设管线所需要的宽度。为了使街道各部分宽度相互协调，符合视觉上的正常比例，再将计算的人行道宽度与整个街道宽度相比较。一般认为街道宽与单侧人行道宽之比在 5∶1~7∶1 的范围内是比较合理的。

（三）路缘石

路缘石是设置在路面与其他构造物之间的标石。在分隔带与路面之间、人行道与路面之间一般都需要设置路缘石。路缘石的形状有立式、斜式和平齐式等几种。高速公路和一级公路中央分隔带上的路缘石起导向、连接和便于排水的作用，但高度不宜太高，如果路缘石较高（高度大于 20cm 时），当高速行驶的汽车撞上路缘石时，将导致汽车飞跃甚至翻车事故。中央分隔带宽度大于或等于 3.0m 时宜采用平齐式；宽度小于 3.0m 时可采用平齐式或斜式（高度宜小于 12cm）。高速公路、一级公路中央分隔带不得采用立式（栏式）路缘石。

城市道路的人行道及人行横道宽度范围内路缘石宜做成低矮的、坡面较为平缓的斜式，便于儿童车、轮椅及残疾人通行。在分隔带端头或交叉口的小半径处，路缘石宜做成斜式。路缘石宜高出路面 10~20cm，隧道内线形弯曲路段或陡峻路段等处，可高出 25~40cm，并应有足够的埋置深度，以保证稳定。路缘石宽度为 10~15cm。

（四）路基横断面特殊组成部分

1. 加减速车道

高速公路、一级公路的互通式立体交叉、服务区、停车区、公共汽车停靠站、管理与养护设施等与主线相衔接处，应设置加速车道和减速车道。加（减）速车道宽度应为 3.50m。

2. 紧急停车带

高速公路、一级公路的右侧硬路肩宽度小于 2.50m 时，应设紧急停车带。紧急停车带的间距不宜大于 2km，宽度一般为 5.00m，有效长度一般为 50m，并设置 100m 和 150m 左右的过渡段。高速公路、一级公路的特长桥梁、隧道，根据需要可设置紧急停车带，其间距不宜大于 750m。

二级公路根据需要可设置紧急停车带，其间距按实际情况确定。

3. 避险车道

连续长、陡下坡路段，为减轻失控车辆的损失或危及第三方安全，宜在长、陡下坡地段的右侧视距良好的适当位置设置避险车道，其宽度不应小于 4.50m。

4. 错车道

四级公路路基宽度采用 4.5m 时，应在不大于 300m 的距离内选择有利地点设置错车道，并使驾驶者能看到相邻两错车道之间的车辆。设置错车道路段的路基宽度应不小于 6.5m，有效长度应不小于 20m。

（五）公路路基宽度

各级公路路基宽度为车道宽度与路肩宽度之和，当设有中间带、加减速车道、爬坡车道、紧急停车带、避险车道、错车道等时，应计入这些部分的宽度。二级公路因交通量、交通组成等需要设置慢车道的路段，设计速度为 80km/h 时的路基宽度可采用 15.00m，设计速度为 60km/h 时的路基宽度可采用 12.00m。设计速度为 80km/h 或 60km/h 的具集散功能的二级公路，需设置慢车道的路段，经技术经济论证其路基宽度可采用 15.00m 或 12.00m，利用加固后的路肩作为慢车道，并应在车道与慢车道之间采用画线分隔。

四级公路宜采用 6.50m 路基宽。交通量小且工程特别艰巨的路段，可采用单车道 4.50m 路基宽。

确定路基宽度时，其中央分隔带、路缘带、路肩等宽度的"一般值""最小值"应同类项相加。但高速公路、一级公路的六、八车道的路基宽度不采用"最小值"同类项相加。这个规定的目的是充分发挥公路端面的整体功能，避免因任意抽换而影响各部分功能应有的作用。

五、横断面设计

（一）横断面设计内容与步骤

1. 横断面设计主要内容

（1）确定路幅横断面尺寸。根据公路等级与设计速度按《技术标准》拟定路幅各组成部分的尺寸，包括行车道、硬路肩、土路肩、中央分隔带等的宽度及横坡度。如有紧急停车带、爬坡车道、变速车道、避险车道等还应拟定它们的尺寸。

（2）确定路基填挖高度（在纵断面设计中完成）。

（3）路基横断面形状设计。根据填挖方高度、地质、土质、水文等条件拟定路基边坡的形式，一般可设计为直线式、折线式、台阶式等形式。

（4）边坡坡度确定。分别拟定路堤及路堑边坡坡率，按土质与岩石边坡两大类拟定相应的坡率值。

（5）边沟、截水沟及其他人工构造物的形状与尺寸拟定。

（6）逐桩绘制横断面设计图。

（7）横断面面积计算及土石方数量计算与调配。

2. 横断面设计（绘图）步骤

（1）按比例尺点绘横断面地面线。横断面地面线图一般应在现场测绘。若为纸上定线，则可由大比例尺地形图进行等高线内插获得地面线数据，再勾绘横断面地面线。

（2）根据路线和路基设计资料，填写路基设计表，将横断面的填挖值及有关资料（如路基宽度、曲线要素等）抄于相应桩号的横断面图。

（3）根据现场调查的土壤地质资料，示出土石界线确定边沟、截水沟等，以及其他人工构造物的形状与尺寸。

（4）绘横断面的设计线，俗称"戴帽子"。设计线应示出路基（路面、路肩、边坡）、边及工程护坡道、碎落台、视距台等，在弯道上的断面还应示出超高、加宽等。

（5）计算横断面的填挖方面积。

（6）土石方数量计算与调配。

3. 横断面设计成果

路基横断面设计的主要成果是"两图两表"，即路基横断面设计图、路基标准横断面图、路基设计表与路基土石方计算表。

（1）路基横断面设计图

路基横断面设计图是路基每一个中桩的法向剖面图，它反映每个桩位处横断面的尺寸及结构，是路基施工及横断面面积计算的依据，图中应给出地面线与设计线，并标注桩号、施工高度与断面面积。相同的边坡坡度可只在一个断面上标注，挡墙等圬工构造物可只绘出形状不标注尺寸，边沟也只需绘出形状。横断面设计图应按从下到上，从左到右的顺序进行布置，一般采用 1：200 的比例。

（2）路基设计表

路基设计表严格地说不能只作为横断面设计的成果，它是路线平、纵、横设计成果的一个汇总，其前半部分是平面与纵面设计的成果，后半部分是横断面设计的成果。横断面设计完成后，再将"边坡""边沟"等栏填上。其中"边沟"一栏的"坡度"如不填写，表明沟底纵坡与道路纵坡一致；如果不一致，则需另外填写。

（3）路基土石方计算表

路基土石方是公路工程的一项主要工程量，所以在公路设计和路线方案比较中，路基土石方数量的多少是评价公路测设质量的主要技术经济指标之一，也是编制公路施工组织计划和工程概预算的主要依据。

（4）其他成果

对于特殊情况下的路基（如高填深挖路基、侵河路基、不良地质地段路基等）应单独设计，并绘制特殊路基设计图。图中应示出地质、各种防护工程设施及构造物布置大样图。比例尺用 1：100~1：1000，必要时加绘比例尺为 1：200~1：2000 的平面图及水平比例 1：200~1：2000、垂直比例 1：20~1：200 的纵断面图。

对于高等级公路还应绘制超高方式图，详细示出超高方式、布置及主要尺寸。设有中间带的公路还应绘出中间带设计图，图中应示出路缘石大样，中央分隔带开口设计图等。

（二）城市道路横截面设计

城市道路横断面设计关系到交通、环境、景观和沿线公用设施的协调安排，所以除根据道路等级、交通量确定断面形式外，还应特别注意以下要点：

路幅应与沿街建筑物相协调。从日照、通风、防震及建筑艺术考虑一般认为沿街建筑物高度与路幅宽度之比为 1∶2 左右为宜。

横断面应与路上的交通性质与组成相协调。由于城市道路主要由机动车、非机动车、行人交通及公共交通站等组成，因此横断面要依据机动、非机动车辆与行人交通量的比例，并考虑公交线路及车辆的停靠等问题进行布置设计。

横断面布置应与道路功能相适应。不同功能的道路应有不同的风貌与建筑艺术。例如商业性大街，因沿街有大型商店、影剧院等，一般以客运与行人交通为主，禁止过境载货车辆入内，断面布置时，车行道一般为四车道并应考虑车辆的沿街停靠，且人行道宜宽。

1. 横断面设计图

当按照城市道路的交通性质、地形条件及近期与远期相结合的原则确定横断面组成和宽度以后，即可绘制横断面设计图。城市道路的横断面设计图与公路横断面设计图的作用是相同的，即为指导施工和计算土石方量。

城市道路横断面设计图一般用的比例尺为 1∶100 或 1∶200，在图上应绘出红线宽度、行车道、人行道、绿带、照明、新建或改建的地下管线等各组成部分的位置和宽度，以及排水方向、路面横坡等。

2. 横断面现状图

沿道路中线每隔一定距离绘制横断面地面线。若属旧街道的改建，实际上就是横断面的现状图。图中包括地形、地物、原街道的各组成部分、边沟、路侧建筑物等。比例尺为 1∶100 或 1∶200。有时为了更明显地表现地形和地物高度的变化，也可采用纵、横不同的比例尺绘制。

3. 横断面施工图

在完成道路纵断面设计之后，各中线上的填挖高度即为已知。将这一高度点绘在相应的横断面现状图上，然后将横断面设计图以相同的比例尺画于其上。此图反映了各断面上的填、挖和拆迁界线，是施工时的主要依据。

第三节　纵断面设计

一、纵坡及坡长设计

1. 纵坡设计的一般要求

为了使纵坡设计技术上满足要求经济上又合理，纵坡设计应满足的一般要求为：

（1）纵坡设计必须满足《技术标准》的各项规定。

（2）为保证车辆能以一定速度安全顺适的行驶，纵坡应具有一定的平顺性，起伏不宜过大和过于频繁，应保持视觉连续，并与地形相适应，与周围环境相协调；应尽量避免采用极限纵坡值，并留有一定的余地。

（3）设计应对沿线地形、地质、水文、地下管线、气候和排水等综合考虑，并根据需要采取适当的技术措施，以保证道路的稳定与通畅。

（4）一般情况下纵坡设计应尽量减少土石方和其他工程数量，以降低造价和节省用地。

（5）纵坡设计应考虑填挖平衡，并利用挖方就近作为填方，以减轻对自然地面横坡与环境的影响。

（6）平原及低丘陵地区地下水埋深较浅或地表水分布较多地段，应满足最小填土高度要求，以保证路基稳定（称为包线设计）。

2. 最大纵坡

最大纵坡是指在纵坡设计时，各级道路允许采用的最大坡度值，它是道路纵断面设计的重要控制指标。在重丘、山岭地区，它直接影响路线的长短、线形的好坏、使用质量的好坏、工程数量和运输成本。

各级道路允许的最大纵坡是根据汽车的动力特性、道路等级、自然条件、车辆安全行驶及工程、运营经济等因素，通过综合分析，全面考虑，合理确定的。各级公路最大纵坡的规定见表 2-2。

表 2-2　各级公路最大纵坡

设计速度 /km·h	120	100	80	60	40	30	20
最大坡度 /%	3	4	5	6	7	8	9

城市道路最大纵坡约相当于公路按设计速度计算的最大纵坡减小 1%。

设计速度为 120km/h、100km/h、80km/h 的高速公路受地形条件或其他特殊情况限制时，经技术经济论证合理，最大纵坡可增加 1%；设计速度为 40km/h、30km/h、

20km/h 的公路，改建工程利用原有公路的路段，经技术经济论证合理，最大纵坡可增加 1%；四级公路位于海拔 2000m 以上或积雪冰冻地区的路段，最大纵坡不应大于 8%。

3. 高原纵坡折减

在高海拔地区，因空气密度下降而使汽车发动机的功率减小，汽车的驱动力降低，导致汽车的爬坡能力下降；汽车水箱中的水易于沸腾而降低甚至破坏冷却系统。为此，应将《技术标准》中规定的最大纵坡予以折减，在高原地区的道路纵坡设计中应适当采用较小的坡度。

设计速度小于或等于 80km/h 位于海拔 3000m 以上高原地区的公路，最大纵坡应按表 2-3 的规定予以折减。最大纵坡折减后若小于 4%，则仍采用 4%。

表 2-3　高原纵坡折减值

海拔高度 /%	3000~4000	4000~5000	5000~6000
纵波折减 /%	1	2	3

4. 最小纵坡

挖方路段及其他横向排水不畅的路段规定的纵坡最小值称为最小纵坡。从汽车运营的角度出发，希望道路纵坡设计得小一些为好。但是，在长路堑及其他横向排水不通畅地段，为防止积水渗入路基而影响其稳定性，各级公路的纵坡不宜小于 0.3%。

当必须设计平坡或纵坡小于 0.3% 时，边沟应作纵向排水设计。在弯道超高横坡渐变段上，为使行车道外侧边缘不出现反坡，设计最小纵坡不宜小于超高允许渐变率。干旱少雨地区最小纵坡可不受上述限制。

5. 坡长限制

（1）最小坡长限制

最小坡长的限制主要是从汽车行驶平顺性和布设竖曲线的要求考虑的。如果坡长过短，使变坡点增多，汽车行驶在连续起伏地段会产生颠簸，导致乘客感觉不舒适，车速越高不适感越突出。从路容美观、相邻两竖曲线的设置和纵面试距等方面也要求坡长应有一定最小长度。

（2）最大坡长限制

道路纵坡的大小及其坡长对汽车正常行驶影响很大。纵坡越陡，坡长越长，对行车影响也越大。主要表现在使行车速度显著下降，甚至要换较低排挡克服坡度阻力；易使水箱"开锅"，导致汽车爬坡无力，甚至熄火；下坡行驶制动次数频繁，易使制动器发热而失效，甚至造成车祸。所谓最大坡长限制是指控制汽车在坡道上行驶，当车速下降到最低允许速度时所行驶的距离。当公路上有大量畜力车通行时，在可能情况下宜在不超过 500m 处设置一段不大于 2%~3% 的缓坡，以利于畜力车行驶。城市道路的非机动车车行道纵坡宜小于 2.5%。

6. 缓和坡段

《技术标准》规定缓和坡段的纵坡应不大于 3%，其长度应不小于该级公路相应的最小坡长。缓和坡段的具体位置应结合纵向地形起伏情况，尽量减少填挖方工程数量，同时应考虑路线的平面线形要素。通常缓和坡段宜设置在平面的直线或较大半径的平曲线上，以发挥缓和坡段的作用，提高道路的使用质量。在必须设置缓和坡段而地形有困难地段，可以将缓和坡段设于半径比较小的平曲线上，但应适当增加缓和坡段的长度。如三级公路平曲线半径小于 40m，四级公路小于 20m，此时的缓坡段应予增加，所增加的长度为该平曲线的半径值。

7. 平均纵坡

平均纵坡是指由若干坡段组成的路段所克服的高差与路线长度之比，是衡量线形质量的重要指标，目的是合理运用最大纵坡、坡长及缓和坡段的规定，以保证车辆安全顺利地行驶的限制性指标。

公路定线除受地形、地质及地物等有形的制约外，还受技术标准、国家政策、社会影响、道路美学（构成优美线形的所有规则）及其他因素的制约，这就要求设计人员必须具有广博的知识和熟练的定线技巧。最好的设计者也不可能一次试线就能选出最好的线位，复杂条件下的定线可能需要多个设计方案供定线组全体人员研究比选。因为每一个方案都将是众多相互制约因素的一种折中方案。理想的路线只能通过比较的方法找出。定线应吸收桥梁、水文、地质等专业人员参加，也应听取有园林建筑知识的设计人员的意见，发挥各种专业人员的才能和智慧，使定线成为各专业组协作的共同目标。公路定线质量还在很大程度上取决于所采用的定线方法，常用有纸上定线和现场定线两种方法。技术标准高的，地形、地物复杂的路线应使用纸上定线，然后把地形图上的路线敷设在现场地面上；现场定线省去了纸上定线这一步，所以只适用于标准较低的路线。我国《规范》规定，高速公路、一级公路应采用纸上定线并现场核定的方法；三四级公路可采用现场定线。有条件或地形条件受限制时，可采用纸上定线或纸上移线并现场核定的方法。

（1）纸上定线

纸上定线就是在大比例尺（一般以 1∶1000~1∶2000 为宜）地形图上确定道路中线位置的过程。对定线来讲，不同的地形有不同的矛盾，如平原地区，地形起伏不大，路线一般不受高程限制，定线主要是正确绕避平面上的障碍，力争控制点间路线顺直短捷。山岭地区，地形复杂、横坡陡峻，定线时利用有利地形，避让艰巨工程、不良地质地段或地物，都涉及调整纵坡问题；且山岭区纵坡的限制又是较严的，因此在山岭地区选线安排好纵坡就成为首要问题了。丘陵地区路线特征介于平原区和山岭区之间，可因地形而异确定指导原则。定线条件不一样，工作重点会有所不同。下文就路线平、纵、横三方面均受较严限制的越岭线纸上定线的工作步骤加以详细说明，其他地形条件下的纸上定线工作也可参照执行。

纸上定线工作开始前，首先要熟悉地形图和所给的原始资料，分析其地形地貌、高差、河渠、耕地、建筑物等的分布情况等。根据给定的起讫点，分析其航空（直线）距离和所需的展线长度，选择垭口位置等，拟定合适的中间控制点，然后进行纸上定线。

1）拟定路线方案

在大比例尺地形图上，仔细研究路线布局阶段选定的主要控制点间的地形、地质情况，选择有利地形，如平缓、顺直的山坡，开阔的侧沟，利于回头的地点等，拟定路线各种可能的走法。

2）绘均坡线

根据等高距 h（高差）及选用的平均坡度（5.0%~5.5%，视地形相对高差而定），按 $a=h/i_g$ 计算出等高线同平距 a，使两角规的开度等于 a（比例尺与地形图同），从某一固定点开始，沿各拟定走法在等高线上由高到低依次截取 a，b，c 三点，这些点的连线即为均坡线。如最后一点的位置和标高均接近另一固定点 D 时，说明这个方案能够成立；否则，修改走法或调整物，重新试验至方案成立为止。

3）平面试线

①穿直线。按照"照顾多数保证重点"的原则综合考虑平面线形设计的要求，穿线交点，初定路线导线（初定出交点）。

②敷设曲线。按路中线计划通过部位选取并注明各弯道的圆曲线坐径、缓和曲线长度等。

平面试线中要考虑平、纵配合，满足线形设计和《技术标准》的规定和要求，综合分析地形、地物等情况，穿出直线并选定曲线半径。

（2）修正导向线

1）点绘纵断面草图

在平面试线的基础上量出地形变化特征点桩号及地面高程，点绘出粗略纵断面地面线（可用分规直接在地形图上沿路中线按整桩距量距，如 20m，并用等高线内插值法确定地面高程），进行初步纵坡设计，图上量取备桩的概略设计高程。

2）横断面修正导向线

在修正导向线各点的横断图上，用路基模板逐点找出最经济的或起控制作用的最佳路基中线位置及其可以活动的范围，根据最佳位置点的性质分别用不同符号点在平面图上，这些点的连线是一条有理想纵坡、横断面上位置最佳的平面折线，称为二次修正导向线（小比例尺地形图上，最佳位置点显示不出者，可不做）。

横断面校核：根据初步纵坡设计，从纵断面图上查出路基填挖高度，绘出工程困难地段（如地面横坡陡、工程地质不良地段或回头曲线上下线最近位置等）的路基横断面图，并根据路基横断面图的情况修正平面线形。

3）定线

经过几次修正导向线后，最终确定出满足《技术标准》、平纵线形都比较合理的路线导线，并定出交点位置（一般由交点坐标控制）。确定各交点的平曲线半径及回旋线长度，完成曲线主点桩号及全线里程桩号的计算。纸上定线应该既符合该级道路规定的几何标准，又能充分适应当地地形，避开尽可能多的障碍物。为此定线必须在分析研究；二次修正导向线上各特征点的性质和可活动范围的基础上，反复试线以获得满意的结果。纸上定线的具体操作有两种做法。

①直线型法（传统法）。利用导向线各点的可活动性，按照照顾多数，注意重点的原则，掌握与该道路等级相应的几何标准，先用直线尺试穿出与较多地形点相适应的一系列直线，然后用适当的曲线把相邻直线连接起来。地形复杂、转折较多或转弯处控制较严时，也可先定曲线，后用直线把曲线顺滑地连接起来。

②曲线型法。根据导向线上各点控制性严宽的程度，参照设计标准的要求，先用一系列圆弧去拟合控制较严的地段或部位，然后把这些圆弧用适当的缓和曲线与直线连接起来。上述两种方法，并无本质上的区别，但手法不同，计算过程及成果表示方式也不相同，由于适用性的差异，有的甚至从线形设计质量上有所反映。一般讲，前者适用于地形简易的平原与低丘陵地区，后者适用于地形、地物复杂的丘陵、山岭地区。

4）纵断面设计

在平面线形确定下来并计算出路线里程桩号之后，在地形图上沿着路中线按比例尺量距定点，标定出规定桩距的中桩点位（如曲线主点桩、整桩及地形加桩等）。用等高线高程内插值法逐桩计算地面高程，绘制路线地面线的纵断面。

5）横断面设计

在地形图上按等高线高程内插值法计算各中桩点位的横断面地面数据，对应每个中桩绘出横断面方向线，该线与等高线交汇。则该中桩的横断面地面线可通过测算该方向线与规定测量宽度范围内的等高线的交叉点的（x，y）坐标来描述（其中x、y坐标分别表示等高线与中桩点的水平距离和高差）。

纸上定线是一个反复试验的过程，在某限度内，试线越多，那么最后的成品就越好。直到无论采取任何措施都不能显著节省工程或增进美感时，才可认为纸上定线工作已告完成。有条件时，应借助公路CAD软件的数字地面模型功能进行纸上定线，以大大提高定线效率和质量。

（3）实地放线

实地放线是将纸上定好的路线敷设到地面上，供详细测量和施工之用。把纸上路线放到地面上的方法很多，常用的有穿线交点法、拨角法、直接定交点法、坐标法等，应根据路线复杂程度和精度要求高低、测设仪器设备、地形难易等具体条件选用。

1）穿线交点法

穿线交点法是根据平面图上路线与施测地形时敷设的控制导线（以下简称 0 导线）的关系，把纸上路线的每条边逐一独立地放到实地上去，延伸这些直线支出交点，构成路线导线，由于放线的方法不同，又可分为支距法和解析法两种。

①支距法。通常所指穿线交点定线，多为此法。适用于地形不太复杂，路线离开导线不远的地段。

②穿线交点。放出的各点，由于量距和放线工作的误差，不可能恰好在一条直线上，必须穿直，穿直线多用花秆进行（长直线或地形起伏很大时可用经纬仪），穿出直线后要根据实际地形审查路线是否合理，否则现场修改，改善线路位置。两相邻直线的交点即为转角点，如交点距路线很远或交在不能架设仪器的地方，可插成虚交形式，所有交点和转点都应钉桩以标定路线。

2）解析法

解析法是用坐标计算纸上路线与导线的关系，此法较为精确。在地形复杂和直线较长、路线位置需要准确控制时采用此法。此法计算比较麻烦，但精度较高，实际工作中亦可用比例尺从平面图上直接量取距离。

3）拨角法

拨角放线也是根据纸上路线在平面图上的位置与导线的关系，用坐标计算每一条线的距离、方向、转向角和各控制柱的里程，放线时就按照这些资料直接拨角量距，不穿线交点。外业工作较为迅速，但此法所根据的资料要可靠准确。

4）直接定交点法

在地形平坦、视线开阔、路线受限不十分严格、路线位置能根据地面目标明显决定的地区，可依纸上路线和地貌地物的关系，现场直接将交点定出。在有些情况下，并没有上例这样明显的条件，路线的平面和高程位置，需要视地形、地质情况根据现场选线的原则，定出交点，做法参见现场直接定线。综上所述，穿线交点定线费时较多，拨角定线误差积累，为了弥补这些工作方法的缺点，取长补短，可以两者结合应用，即拨角定线到一定距离后，再用穿线交点法放线相交，这样有拨有交，既能提高工作进度，又能截断拨角定线的误差累积。

（4）坐标法

先建立一个全线统一的坐标系，有条件时宜采用国家坐标系统。根据路线地理位置和几何关系计算出道路中线上各桩点的统一坐标，并编制逐桩坐标表。然后按逐桩坐标表根据实地的控制导线就可将路线敷设在地面上，进行实地放线。

一般采用全站仪或 GPS RTK 接收机进行放样。至少需要有两个已知导线点才能进行坐标放样。可采用极坐标放线法（即拨角测距法）和坐标放线法。

此法的基本原理与极坐标相同，它是利用现代自动测量仪器的坐标计算功能，只需输入有关点的坐标值即可，现场不需做任何手工计算，而是由仪器内计算机自动完成有关数据的计算。坐标放线一般宜采用 GPSRTK 接收机。利用 GPS 的坐标定位功能直接在现场找点钉桩，放点速度快，精度可靠，但前提条件是必须有预先布设好的 GPS 控制点可利用。

（5）定线的解析计算方法

1）直线型定线计算方法

直线型定线是指根据选线布局阶段确定的路线方案和该道路等级相应的几何标准，试穿出一系列与地形相适应的直线作为路线基本单元，然后在两直线相交处用曲线予以连接的定线方法，即传统的穿线交点定线法。路线上每一线段的具体方向，平原区应以总体布局阶段定下的控制点为依据，山岭区应参照纸上定线初期选定的导向线试定，路线的最终方案是要经多方面的分析比较才确定下来的。本节所介绍的定线的解析计算方法只针对纸上定线法。

2）交点坐标采集办法

道路中线确定后，为了标定路线，需要根据选定的圆曲线半径及缓和曲线计算平曲线要素、曲线主点桩、加桩里程及逐桩坐标等。这些数据是否准确依赖于交点坐标采集的精度，通常交点坐标采集有两种办法：

①直接采集法。即在绘有格网的地形图上直接读取各交点坐标，坐标精度受地形图比例尺大小的制约，一般只能估读到米。此法适用于交点前后直线方向和位置限制不严的情况。

②固定直线计算交点坐标法。当交点前后直线方向及位置受限制较严时，可先固定前后直线位置（即在直线上采集两个点的坐标），再用相邻直线相交的解析法计算交点坐标。

3）曲线型定线法

与传统的先定直线，后定曲线的直线型法相反，曲线型定线法首先根据地形、地物条件设置合适的圆曲线，然后把这些圆曲线用适当的缓和曲线连接起来。当相邻圆曲线之间距离较远时，也可以根据需要插设适当的直线段，形成以曲线为主的连续线形。曲线型定线法只适用于纸上定线。

4）确定回旋线参数

回旋线参数 A 的确定是曲线型定线法重要的一环，常用方法有回旋曲线尺法、回旋曲线表法、近似计算法及解析计算法等。

①回旋曲线尺法

回旋曲线尺是根据回旋线相似性特点而制的。通常为米制，比例尺为 1∶1000，外形为刻有主切线的 S 形曲线，在各个位置上刻出整数半径的法线方向及相关数值，代表某位置的曲率半径。一个参数值 A 对应一把曲线尺，A 值刻在曲线板上。回旋曲线尺使用方法与铁道弯尺一样，选用不同参数值的曲线尺去逼近相邻线形单元，从而定出 A 值。回旋曲线尺除用于直线与圆的连接、S 形、卵形曲线外，还可以使回旋曲线尺组合起来，用于其他复杂的组合线形。

②回旋曲线表法

单位回旋曲线表是参数 A=1 时的回旋曲线要素表，计算其他不同参数 A 的回旋曲线要素时，对单位回旋曲线表中有长度量度的要素值乘以 A 即可。无长度量度的要素（如 T、σ 等）可直接采用。

（6）现场定线

现场定线（又称实地定线）就是设计人员直接在公路实际位置定线的过程。定线的指导原则与纸上定线相同，定线的工作方法也基本相同。不同之处是交点坐标、偏角及交点间距等均应在现场实测获得。现场定线方法按地形条件难易与复杂程度不同，大体可分为自由坡度地段定线与紧束坡度地段定线两种。

所谓自由坡度地段，系指地形比较平坦、无集中高程障碍的平原与低丘陵地区，地面最大的自然纵坡缓于最大设计纵坡的平缓地形。在这类地形条件下的公路定线，主要以平面线形为主导，在相邻控制点间，一般多按短直方向定线。只有中间存在不易穿越的障碍时，才选择适当地点设置转角予以避绕，但应尽量采用较小的偏角，提前拨角绕越，避免路线接近障碍时方开始转向绕行。

所谓紧束坡度地段，系指沟谷显著、地形陡峻、起伏大、地质条件复杂、地面自然坡度陡的山岭地区。在这类地形条件下定线受地形制约较严，必须综合考虑平、纵、横三者的协调关系来合理选定路线。对于一条具体路线，平、纵、横究竟哪一方面是主要矛盾，要根据公路等级，结合地形条件来判断，明确主次关系，抓住主要矛盾，合理地去布设路线。合理的路线选定要求是平面线形顺适、纵坡配合适当、横面稳定、填挖经济。

当路线不受纵坡限制时，定线以平面和横断面为主安排路线。其要点是以点定线，以线交点。以点定线，就是在全面布局和逐段安排确定的控制点间，结合各方面因素进一步确定影响公路中线位置的小控制点（即加密控制点），然后根据这些小控制点，分段穿出概略路中线。以线交点就是在分段穿出的路中线的基础上结合路线标准和前后路线条件，穿出直线并延长，交会出交点。自由坡度地段现场定线的工作方法如下。

1）加密控制点

两大控制点之间，由于受到地形、地物、地质等条件的限制，一般不可能做成直线，常常需要设置交点，布设平曲线，从而避开障碍物，利用有利地形，以达到技术与经济的合理性。加密控制点，就是在现场寻找、确定控制和影响路中线位置的小控制点位。一般小控制点有控制性及经济性两种，其中以经济性为主的小控制点又称为经济点。

2）穿线定交点

由于路线平面线形受多种因素制约，导致平面位置控制点比较多，而且这些点在平面上的分布没有一定的规律；而且，路线受技术标准和平面线形组合要求的限制，不可能照顾到每一个控制点。因此，穿线定交点，就是根据技术标准和线性组合的要求，以满足控制点、照顾多数经济点为原则（即最靠近多数点原则），综合考虑，用穿直线的办法（必要时延长直线）使相邻两条直线交会定出交点。

穿线定交点时，一般可采用前方交会法及后方交会法两种做法。前方交会法定交点是指定线时设计人员根据地形、地物等自然条件，选择适当的避绕障碍路径向前进方向逐次穿线定交点的方法。一般在现场通视且小控制点有一定活动余地的情况下，可采用此法。后方交会法是指由于某种因素制约，使前后两条相邻的直线边被先行固定（控制点不能偏移），然后通过延长直线交会出交点的方法。如旧路改造工程中的利用路段的定线常采用此法。另外，纸上定线后的现场放线工作也可采用此方法。

（7）地面坡度较陡路段（紧束坡度地段）的定线

1）分段安排路线

在选线布局定下的控制点间，沿拟定的方向，考虑纵坡要求粗略定出沿线应穿越、避让的中间控制点，定出路线的轮廓方案。

2）放坡定导向线

放坡是指按照要求的设计纵坡（或平均坡度），在现场找出与该坡度相等或接近的地面坡度线的过程。放坡是要解决控制点间纵坡合理安排问题，实质上就是现场设计纵坡。纵坡安排和选择坡值应考虑如下几点：

①纵坡线形要符合《技术标准》要求（如坡长限制、设置缓坡、合成坡度等），并力求两控制点间坡度均匀（缓变，少变），避免设反坡；

②要结合地形选用坡度，尽可能不用极限坡，但也不应太缓，一般以接近控制点间平均坡度为宜，地形整齐地段可稍大，曲折多处宜稍缓。

放坡由受限较严的控制点开始，一人用带角手水准，调好与选用坡度相当的角度，立于控制标高处，指挥另一持花杆的人在山嘴或山坳等地形变化处、计划变坡处及顺直山坡上每隔一定距离定点（具体做法是由持手水准的人用手水准仪瞄准花杆，指挥持花杆人在装面上下横移，找到二人距地面同高处定点，称为坡度点），插上坡度旗或在地面上做标记，最好注明选用的坡值。然后，以该点为固定点继续向前放坡。如果一边放坡一边穿线，必须先放完一定长度（一般不应少于 4 条导线边长）的坡度点之后，定级人员再利用返程进行下步工作。

3）曲线插设方法

经过穿线交点确定了路线的折线位置后，选线人员还需要根据标准结合地形、地物及其他因素选择适宜的圆曲线半径及缓和曲线长度。现场定线的曲线插设面对的是自然地形，相对纸上定线要困难得多，测设外业工作量较大。因此要按照一定的规律插设平曲线，才能最大限度地提高工作效率和质量。这里介绍的圆曲线半径 R 的确定方法同时适用于纸上定线。

①单交点法

单交点法是实地定线最常用的方法之一。它是用一个交点来确定段单平曲线的插设曲线的方法，方法简便，适用于转角不大、实地能直接定交点的情况。半径 R 的大小直接影响曲线线位，线位的移动将直接影响线形、工程数量及路基稳定。确定半径一般应结合地形和其他因素按以下控制条件来选择。

②切线长控制（曲线起终点位置控制）

适用于交点间距或直线长度受约束的情况。在某些路段，由于设计的需要，要求曲线的切线长为一定值，比如相邻的同曲线间要求一定的直线长度。

二、公路设计标准

道路线形是指一条道路在三维空间中的立体几何形态。道路平、纵线形组合设计是在路线的各项几何技术指标满足道路等级相应的技术标准要求的前提下，进一步研究线形各要素的运用和进行巧妙组合的要求，即将公路平面、纵断面进行合理的组合，并考虑车辆行驶的安全舒适，满足汽车动力性能与行驶力学的要求，以及考虑驾驶人员的视觉和心理舒适要求，保持线形在视觉上的连续性和心理上的协调。

道路是供各种车辆和行人等通行的工程设施的总称。按其使用特点可分为公路、城市道路、厂矿道路以及乡村道路等。道路的功能是指道路能为用路者提供的交通服务的特性，包括通过功能和通达功能。通过功能是道路能为用路者提供安全、快捷、大量交通的特性；通达功能是道路能为用路者提供与出行端点连接的特性。

道路的功能主要有：交通功能；形成国土结构功能；公共空间功能；防灾功能；繁荣经济。

（一）公路分类

1. 按功能分

公路按功能可划分为干线公路、集散公路和联络公路（地方公路）三类。其中干线公路又分为主干线公路和次干线公路，集散公路分为主集散公路和次集散公路。

（1）干线公路。应为用路者提供高效的通过性，尽量减少或消除平面交叉、出入口和支路汇入。分为主干线公路和次干线公路。

（2）集散公路。为干线公路和地方道路的连接公路，以汇集地方交通、疏散干线交通为主，应控制平面交叉、出入口和支路汇入。分为主集散公路和次集散公路。

（3）联络公路（地方道路）。应直接与用路者的出行端点连接，以提供通达性为主，开放平面交叉、出入口和支路汇入。

2. 按行政管理属性分

公路按行政管理属性可划分为国道、省道、县道、乡道以及专用道路五类。

（1）国家干线公路（简称国道）。是指具有全国性政治、经济、文化以及国防意义的公路，包括重要的国际公路、国防公路以及连接各省、市、自治区、重要大中城市、港口枢纽、工农业基地等的主要干线公路。

（2）省级干线公路（简称省道）。在省公路网中，具有全省性的政治、经济、国防意义，并经确定为省级干线的公路。

（3）县级公路（简称县道）。具有全县性的政治、经济意义，并经确定为县级干线的公路。

（4）乡级公路（简称乡道）。主要为乡村生产、生活服务，并经确定为乡级的公路。

（5）专用道路。专用公路由工矿、农林部门等投资修建，主要供相关部门使用的公路。

（二）公路分级

1. 高速公路，为具有特别重要的政治、经济意义，专供汽车分向、分车道高速行驶并全部控制出入的多车道公路，一般年平均日设计交通量为15000辆小客车以上。四车道高速公路一般能适应按各种汽车折合成小客车的远景设计年限年平均昼夜交通量为25000~55000辆。六车道高速公路一般能适应按各种汽车折合成小客车的远景设计年限年平均昼夜交通量为45000~80000辆。八车道高速公路一般能适应按各种汽车折合成小客车的远景设计年限年平均昼夜交通量为6000~00000辆。

2. 一级公路，专供汽车分向、分车道高速行驶，可以根据需要控制出入的多车道公路，一般年平均日设计交通量为15000辆小客车以上。四车道一级公路应能适应将各种汽车折合成小客车的年平均日交通量15000~30000辆；六车道一级公路应能适应将各种汽车折合成小客车的年平均日交通量25000~55000辆。

3. 二级公路，专供汽车行驶的双车道公路，一般年平均日设计交通量为5000~15000辆小客车。

4. 三级公路，供汽车、非汽车混合行驶的双车道公路，一般年平均8设计交通量为2000~6000辆小客车。

5. 四级公路，供汽车、非汽车混合行驶的双车道或单车道公路，双车道四级公路年平均日设计交通量为2000辆以下小客车；单车道四级公路年平均日设计交通量宜为400辆小客车以下。

（三）公路技术标准

技术标准是指一定数量的车辆在车道上以一定的设计速度行驶时，对路线和各项工程的设计要求。公路工程技术标准是法定的技术要求，公路设计时必须遵守。各级公路的具体标准是由各项技术指标来体现的，主要技术指标一般包括设计速度、行车道数及宽度、路基宽度、最大纵坡、平曲线最小半径、行车视距、桥梁设计荷载等。路线在公路网中具有重要经济、国防意义者，交通量较大者，地形平易者，设定较高的设计速度；反之，设定较低的设计速度。

1. 设计速度。设计速度是技术标准中最重要的指标，对工程费用和运输效率的影响最大。

2. 地形分类可参考下述地形特征划分：

（1）平原是指地形平坦、无明显起伏、地面自然坡度一般在 30° 以内的地形。

（2）微丘是指地面自然坡度在 20° 以下、相对高差在 100m 以下、地形起伏不大的丘陵；一般情况下，平原和微丘地带设线不受地形限制。

（3）重丘是指地面自然坡度在 20° 以上的连续起伏的山丘，且有深谷和较高的分水岭。

（4）山岭是指地面自然坡度在 20° 以上的山脊、陡峻山坡、悬崖、峭壁、峡谷、深沟等复杂地形；对于重丘和山岭地形，路线的平面、纵断面、横断面大部分受地形限制。

3. 公路等级的选用。我国幅员辽阔，各地地理位置和自然条件各不相同，故对《技术标准》的掌握应视具体情况，在满足基本要求的前提下，结合实际灵活运用。使用《技术标准》时必须注意：一是不考虑路线的作用和运输长远发展的要求，采用低标准以压低工程投资；二是盲目轻率、贪大求全，采用高标准，既增加了投资，又多占了土地。确定一条公路的等级，应首先确定该公路的功能（干线公路或集散公路），然后根据预测交通量初拟公路等级，然后再结合地形、交通组成等确定具体设计速度、路基宽度。公路技术等级选用应遵循下列原则：公路技术等级选用应根据路网规划、公路功能，结合交通量论证确定；主要干线公路应选用高速公路；次要干线公路应选用二级及二级以上公路；主要集散公路宜选用一、二级公路；次要集散公路宜选用二、三级公路；支线公路宜选用三、四级公路。

公路等级应根据公路网的规划和远景交通量，从全局和长远利益出发，结合公路的使用任务、性质等综合确定。公路等级一经确定，工程的规模、设计的技术标准和工程投资等就基本确定下来了。如果公路等级确定不当，不是使工程设计标准过高、投资过大，就是使工程设计标准过低，建成后不久就不在适用，造成资金上的浪费。因此，在选用上应注意以下几点：

（1）确定公路等级的主要因素是交通量，各级公路所能适应的年平均昼夜交通量是指远景设计年限的交通量。远景设计年限为：高速公路和一级公路为 20 年；二级公路为 15 年；三、四级公路为 10 年。因此，在确定公路等级时，应首先确定远景设计交通量。

（2）在同一地形范围内，一条公路可根据交通量等情况分段采用不同的等级，但相邻设计路段的计算行车速度之差不宜超过20km/h。

（3）一条公路通过不同地形分区时，因相邻路段计算行车速度一般相差较大，在相互衔接处一定长度范围内，应结合地形变化，主要技术指标随之过渡（即设置过渡段），避免出现突变，且同一公路相邻路段公路等级之差不应超过一级。

（4）按不同设计速度设计的各路段，其长度不宜过短。高速公路和一级公路长度一般不小于20km，特殊情况下可减至10km；其他等级公路和城市出入口一级公路一般不小于10km，特殊情况下可减至5km。

（5）不同设计路段的衔接地点，应选择在交通量发生较大变化处，如交叉路口、互通式立体交叉处等；或者驾驶者能够明晰判断前方需要改变行车速度处，如桥梁、村镇、地形急剧变化等处，以免造成安全事故。

（6）技术指标的规定值是在一定车速下的极限值（如最大纵坡、极限最小平曲线半径）。当在地形平坦的情况下，定线不困难且不过分增加工程量时，应尽可能采用较高的指标，以提高公路的使用质量。只有在地形困难或受限制的情况下，才采用相应指标的极限值。

三、城市道路设计标准

（一）城市道路分类

城市道路是在城市范围内，供车辆及行人通行的道路。城市道路的功能除了把城市各部分联系起来为城市交通服务外，还起着形成城市布局主骨架的作用，同时为通风、采光、防火、绿化、商业活动等提供公共空间。

1. 厂矿道路。在工厂、矿山范围内，供运输车辆和行人通行的道路。

2. 林区道路。在林区主要供各种林业运输工具通行的道路。由于林区地形及运输木材的特征，其技术要求应按专门制定的林区道路技术标准执行。

3. 乡村道路。是指修建在乡村、农场，主要供行人和农业运输工具通行的道路。由于乡村道路主要为农业生产服务，一般不列入国家公路等级标准。

（二）城市道路分级

城市道路依所处的地位、交通功能及对沿线建筑物的服务功能，可分为下述四类。

1. 快速路。快速路是较高车速的长距离交通的重要道路。主要为城市大中量、长距离、快速交通服务，其特征如下：对向车道间应设中间分车带；有自行车通行时，加设两侧带；进出口采用全控制或部分控制；与高速公路、快速路、主干路相交时采用立体交叉；与次干路相交可采用平面交叉；与支路不能直接相交；过路行人集中点设置过街天桥或地道；两侧不应设置吸引大量车流、人流的建筑物的进出口；当进出口较多时，宜在两侧另建辅道。

2. 主干路。主干路是连接城市各主要分区的干路，以交通功能为主，是城市道路网的骨架。当自行车交通量较大时，宜采用机动车与非机动车分隔方式。同样，主干路两侧不应设置吸引大量车流、人流的建筑物的进出口。

3. 次干路。次干路是城市的交通干路，兼有服务功能。次干路与主干路配合组成城市道路网，具集散交通的作用。

4. 支路。支路是次干路与街坊路的连接线，解决局部地区交通，以服务功能为主。

（三）城市道路技术标准

大城市应采用 I 级标准；中等城市应采用 II 级标准；小城市应采用 I 级标准。大城市指非农业人口总数在 50 万人以上城市，中等城市指非农业人口总数在 20 万~50 万人的城市，小城市指非农业人口总数在 20 万人以下城市。《城市道路路线设计规范》（以下简称《城规》）规定城市道路设计年限：快速路、主干路为 20 年，次干路为 15 年，支路 10~15 年。

四、纵断面设计方法及纵断面图

1. 纵断面设计要点

纵断面设计的主要内容：根据道路等级、沿线自然条件和构造物的控制标高等因素，合理确定路线的设计标高、各坡段的纵坡度和坡长，并设计竖曲线。

纵断面设计的基本要求：纵坡均匀平顺、起伏和缓；坡长和竖曲线的长短适当；平面与纵面组合设计协调；填挖经济平衡。这些要求在选线、定线阶段应有所考虑，并在纵断面设计中具体加以体现。

（1）关于纵坡极限值的运用

最大纵坡是根据汽车的动力特性、工程经济与运营经济等因素制定的纵坡的极限值。设计时，各级公路应避免采用最大纵坡值和不同纵坡最大坡长值，只有在为争取高度利用地形或避开工程艰巨地段等不得已时，方可采用。

好的设计应尽可能考虑人的视觉、心理上的要求，使驾驶员有足够的安全感、舒适感和视觉上的美感。纵坡以平、缓为宜，但是为了满足路面和边沟排水而需要最小纵坡不宜小于 0.3%。采用平坡（0%）或者小于 0.3% 的纵坡路段，应作专门的排水设计。位于积雪或冰冻地区的公路，应避免采用陡坡。

（2）关于最小坡长

坡长是指纵断面两变坡点之间的水平距离。坡长不宜过短，以不小于设计速度 9s 的行程为宜。对连续起伏的路段，坡度应尽量减小，坡长和竖曲线应争取到极限值的

1~2 倍以上。避免出现锯齿形的纵断面，以使增重和减重变化不过分频繁。

（3）各种地形条件下的纵坡设计

1）平原地形。纵坡应均匀、平缓，注意保证最小填土高度和最小纵坡的要求。

2）丘陵地形。应避免过分迁就地形而起伏过大，注意纵坡应顺适，不产生突变。

3）山岭地形。沿河线应尽量采用平缓的纵坡，坡长不超限、坡度不宜大于 6%；越岭线的纵坡应力求均匀，尽量不采用极限最大坡度，不宜在连续采用极限长度的陡坡之间夹短的缓和坡段，更不应设置反坡；山脊线和山腰线不得已时可采用较大的纵坡，在条件允许时纵坡应适当平缓。

（4）关于竖曲线半径的选用

竖曲线半径设计宜采用长的竖曲线和长直线坡段的组合。当坡差小时应尽量采用大的竖曲线半径；当条件受限制时可采用一般“最小值”；特殊困难情况下可采用“极限最小值”。

（5）关于相邻竖曲线的衔接

同向曲线是指相邻两个同向凹形或凸形竖曲线，特别是同向凹形竖曲线之间，当直坡段不长时，应合并为单曲线或复曲线，以避免出现“断背曲线”。反向曲线：相邻反向竖曲线之间，为使超重与失重之间能和缓地过渡，在其中间最好插入一段直坡。若两竖曲线半径接近极限值时，这段直坡段至少应为设计速度的“3s 行程”；当半径比较大时，亦可直接连接。

2. 纵断面设计方法步骤及注意问题

（1）纵断面设计步骤

1）准备工作。研究《技术标准》中的相关技术指标和设计任务书中的具体要求，同时应收集和熟悉资料，并领会设计意图和要求，做到心中有数。纵坡设计之前在厘米绘图纸上按比例标注里程桩号和标高，点绘地面线，填写有关内容。应收集的资料主要有：里程桩号和地面高程；平面设计成果；沿线地质资料等。

2）标注高程控制点。主要包括：路线起、终点；越岭垭口；重要桥涵；路基最小填土高度；路堑最大挖深；沿溪线的洪水位；隧道的进出口；平面交叉口和立体交叉点；铁路道口；城镇规划控制标高，以及受其他因素限制路线必须通过的标高控制点等。山区道路的“经济点”：根据路基填挖平衡关系控制路中心填挖值的标高点。可用“路基断面透明模板”在横断面图上得到。

3）试坡。根据地形起伏情况及高程控制点，初拟纵坡线。对各种可能坡度线方案反复进行比较，最后定出既符合技术标准，且土石方较省的设计线作为初定坡度线，将前后坡度线延长交会出变坡点的初步位置。

4）调整。按平纵配合要求及《技术标准》执行情况等进行检查与调整。调整方法是对初定坡度线平抬、平降、延伸、缩短或改变坡度值等。

5）核对。选择有控制意义的重点横断面核对。

6）定坡。经调整核对无误后，确定变坡点位置及变坡点高程或纵坡度。坡度值用变坡点之间高差与水平距离计算确定，要求取值到0.01%。变坡点一般宜调整到10m的桩号上，相邻变坡点桩号之差为坡长。变坡点高程应由起点设计高程用纵坡度和坡长连接推算而得，精确到0.001m。

7）竖曲线设计。根据《技术标准》确定竖曲线半径，计算竖曲线要素。

8）逐桩设计高程计算。由变坡点高程计算全线各桩点的设计高程及填挖高度。各桩点设计高程精确到0.01m。

（2）纵坡设计应注意的问题

1）设置回头曲线的地段，拉坡时应按回头曲线的技术标准先定出该地段的纵坡，然后从两端接坡，应注意在回头曲线地段不宜设竖曲线。

2）大、中桥上不宜设置竖曲线（特别是凹形竖曲线），桥头两端竖曲线的起、终点应设在桥头10m以外。但特殊大桥为保证纵向排水，可在桥上设置凸形竖曲线。小桥涵允许设在斜坡地段或竖曲线上，但为保证行车平顺，应尽量避免在小桥涵处出现"驼峰式"纵坡。

3）注意平面交叉口上的纵坡及两端的接线要求。道路与道路交叉时，一般宜设在水平坡段，其长度应不小于最短坡长规定。两端接线的纵坡一般不大于3%，山区工程艰巨地段不大于5%。

4）隧道内的纵坡应大于0.3%并小于3%，但短于100m的隧道不受此限制。高速公路，一级公路的中、短隧道，当条件受限制时，经技术经济论证后可加大，但不宜超4%。

第三章　道路交通安全设施设计

道路交通标志是用图形、符号、颜色和文字向交通参与者传递特定信息，用于管理交通的设施。合理设置的道路交通标志与标线，可以平滑交通、提高道路通行能力、减少交通事故、防止交通阻塞、节省能源降低公害、美化路容。

第一节　交通安全设施等级与配置

交通安全设施是道路的重要组成部分，是保障道路行驶安全必不可少的配套设施。交通安全设施主要包括道路交通标志、道路交通标线、护栏隔离设施防眩设施视线诱导设施等。不同等级的道路需要设置的交通安全设施等级也不相同，交通安全设施的建设规模与标准应根据路网规划、公路的功能与等级、交通量等确定。

一、公路交通安全设施

1. 等级划分与适用范围

公路交通安全设施等级分为 A、B、C、D 四级，各级公路交通安全设施等级与适用范围应符合规定。其中，A 级配置是针对高速公路和专供汽车高速行驶、控制出入的公路而作的规定；B 级配置是供一级公路二级公路作为干线公路和主要供汽车快速行驶的公路而作的规定，其中具有干线功能的一级公路视需要采取控制出入措施；C 级则按一级、二级公路作为集散公路时，设有平面交叉，行驶特征为混合交通而进行的配置，其中一级公路必须设置中央分隔带，并可视具体情况设置护栏或其他隔离设施；而不得采取施划标线分隔对向交通；D 级是针对三级、四级公路的，重点加强视距不良、急弯、陡坡等路段路面标线及必需的视线诱导标，和路侧有悬崖、深谷、深沟、高边坡、江河湖泊等路段路侧护栏的设置。

2. 配置规定

（1）A 级安全设施

应配置系统、完善的标志、标线、视线诱导标、隔离栅、防护网；中间带必须连续设置中央分隔带；护栏和必需的防眩设施；桥梁与高路堤路段必须设置路侧护栏；

互通式立体交叉及其周边地区路网应连续设置预告、指路标志；车道边缘线、分合流路段宜连续设置反光突起路标；出口分流三角端应设置防撞设施。

（2）B级安全设施

应配置完善的标志、标线、视线诱导标及必需的隔离栅、防护网；一级公路中间带必须连续设置中央分隔带护栏和必需的防眩设施；桥梁与高路堤路段必须设置路侧护栏；互通式立体交叉，及其周边地区路网应连续设置预告、指路标志；平面交叉必须设置完善的预告、指路或警告、支线减速让行或停车让行等标志、反光突起路标和配套、完善的交通安全设施，并保证视距。

（3）C级安全设施

应配置较完善的标志、标线及必需的视线诱导标、隔离设施；一级公路中间带必须设置隔离设施；桥梁与高路堤路段应设置路侧护栏；平面交叉应设置预告、指路或警告、支线减速让行或停车让行等标志和配套、完善的交通安全设施，并保证视距。

（4）D级安全设施

应设置标志；视距不良、急弯、陡坡等路段应设置路面标线及必需的视线诱导标；路侧有悬崖、深谷、深沟、江河湖泊等路段应设置路侧护栏；平面交叉应设置标志和必需的交通安全设施。

（5）特殊情况下的安全设施

1）连续长陡下坡路段，危及运行安全处应设置避险车道。必要时宜在长陡下坡路段的起始端前设置制动车道等交通安全设施。

2）风、雪、沙、坠石等危及公路安全的路段，应设置防风栅、防雪（沙）栅、防落网、积雪标杆等交通安全设施。

3）公路养护作业时，应设置限制速度等醒目的交通警示、诱导等交通安全设施。

4）公路改（扩）建时，交通安全设施的设置应进行专门设计。

二、城市道路交通安全设施

1. 等级划分

城市道路设计应确保交通安全设施与道路同步规划，同步设计。并应与当地城市规划和交通管理部门相协调和配合。新建交通安全与管理设施应注意与现有设施的协调和匹配，必要时需要对现有设施进行调整和完善。

为了明确各级城市道路交通安全设施的建设规模和技术标准，将城市道路交通安全设施等级分为A、B、C、D四级。

A级配置是针对专供汽车连续行驶控制出入的城市快速路而作的规定。

B级配置是供交通性主干路、次干路而作的规定。这里强调设置机动车与非机动车分离、机动车与非机动车，及行人分离的隔离设施；平面交叉口强调路口的交通渠化及设置交通信号；对沿线支路接入的限制措施是指在支路上设置减速让行或停车让行标志，设置减速路拱，或设置人行横道线和交通信号等。

C级配置是为集散性、服务性的主干路和次干路而作的规定，这类道路往往路口多，人车混行，机非混流，为了维护道路秩序和交通安全更宜进行交通渠化、信号控制，以实现人车分离、各行其道。

D级配置是为次干路与支路的连接线而作的规定，重点在平交路口和危及安全行车的路段。

2. 配置规定

（1）A级安全设施

应配置系统完善的标志、标线、隔离和防护设施。中间带必须连续设置中央分隔护栏和必需的防眩设施；桥梁与高路堤路段必须设置路侧护栏；互通式立交及其周边路网应连续设置预告指路禁令等标志，施划车道边缘线，分合流路段宜连续设置反光突起路标，进出口分流三角端应有醒目的提示和防撞设施。

（2）B级安全设施

应设置完善的标志标线、隔离和防护设施。主干路无中间带时，应连续设置中间分隔设施；无两侧带时，两侧应连续设置机动车与非机动车分隔设施。次干路无中间带时，宜连续设置中间分隔设施；无两侧带时，两侧宜连续设置机动车与非机动车分隔设施；桥梁与高路堤路段必须设置路侧护栏；互通式立交及其周边地区路网应设置指路、禁令等标志；隔离设施的端头应有明显的提示；立交进出口分流三角端应设置防撞设施；平面交叉口应进行交通渠化、人车隔离和设置交通信号灯；沿线支路接入应有限制措施。

（3）C级安全设施

应设置较完善的标志、标线、隔离和防护设施。主干路宜连续设置中间分隔设施；主、次干路无分隔；设施的路段必须施划路面中心线；桥梁与高路堤应设置路侧护栏；平面交叉口宜进行交通渠化、设置交通信号灯及行人和机动车、非机动车分隔。

（4）D级安全设施

应设置较完善的标志、标线必要的分隔和防护设施，重点是平交路口的交通渠化和行人、机动车、非机动车分隔。

（5）其他情况下应配置的交通安全设施

我国幅员辽阔，复杂多变的气候条件常给交通运行和安全带来困扰和影响，为了减少这种困扰和影响，各地应结合本地自然条件配置交通安全设施。冰、雪、风、沙、坠石、有雾路段等危及运行安全处应设置警告、禁令标志，视线诱导标，反光突起路标等交通安全设施。

在危险路段，为防止车辆失控或越出道路而造成严重伤害，窄路、急弯、陡坡、视线不良、临崖临水等危险路段应设置视线诱导警告禁令标志和安全防护设施。

学校、幼儿园、医院、养老院门前附近的道路无过街设施时，应设置提示标志，施画人行横道线，必要时设置交通信号灯。

铁路与道路平面交叉的道口，应设置警示灯、警告和禁令标志及安全防护设施。无人值守的铁路道口，应在距道口一定距离设置警告和禁令标志。

为了保证铁路运营的安全，铁路的设计规范中，对于上跨铁路的桥梁安全设施的设置有相关的规定，道路上跨铁路时，应按铁路的要求设置相应的防护设施。

交通噪声要引起人们的关注并有所应对。目前，在道路工程建设中，大多是道路建成后居民受到噪声困扰时才引起注意，因此要求设计者事先应有所预见，主动采取一些降噪措施，如设置绿化带、隔音墙、低噪声路面等。

第二节　道路交通标志

一、交通标志的概述

交通标志依据功能可分为主标志和辅助标志两大类。主标志包括警告车辆、行人注意危险地点的警告标志，禁止或限制车辆行人交通行为的禁令标志，指示车辆行人行进的指示标志，传递道路方向、地点、距离信息的指路标志，提供旅游景点方向、距离的旅游区标志和通告道路施工区通行的道路施工安全标志。辅助标志附设在主标志下，起辅助说明作用，通常不单独使用。

依据交通标志的支持方式，还可将标志分为路侧式、悬臂式、门式和附着式四类。

道路交通标志是用图形符号、颜色和文字向交通参与者传递特定信息，用于管理交通的设施。交通标志分为主标志和辅助标志两大类。交通辅助标志附设在主标志下，起辅助说明作用。

1. 交通主标志

（1）警告标志：警告车辆、行人注意危险地点的标志。

（2）禁令标志：禁止或限制车辆、行人交通行为的标志。

（3）指示标志：指示车辆，行人行进的标志。

（4）指路标志：传递道路方向、地点、距离信息的标志。

（5）旅游区标志：提供旅游景点方向、距离的标志。

（6）道路施工安全标志：通告道路施工区通行的标志。

2.交通标志位置的确定

标志的设置应根据标准、规范的设置要求，综合考虑驾驶人员的信息接受能力、视距的要求以及车辆的构成，灵活确定设置位置，且交通标志应位于路侧安全干净区以外或进行适当防护，以免构成路侧障碍物。

（1）在选择标志设置位置时应确保标志信息的视认性，以便顺利、完整地向交通参与者提供有效信息。交通标志在公路的纵向和横向位置上均要高度醒目，并与沿线环境相协调。

（2）在保证交通标志视认性的前提下，再考虑交通标志位置的准确性。

1）警告标志到危险点（段）的距离应满足停车视距的要求。

2）禁令、指示标志设置在交通管制的起点位置。

3）指路标志的设置位置应灵活应用现行国家标准，以使交通参与者能够清楚地辨认交通流向为目的。如在交叉路口前存在与导向不相关的岔路，则应将预告标志设置在主要交叉路口的近处。对高速公路来说，当按规定要求设置的交通标志之间的间距小于3 km时，设置地点的偏差为±50 m；间距3~5 km时，偏差为±250m。

（3）在确定交通标志的位置后，根据该处的道路条件（车道数、通视条件）、交通量、交通构成（大货车比例）及所传达信息的重要程度来确定交通标志的支撑方式，如路侧柱式、悬臂式、门架式或附着式。路侧柱式适用于小型标志，造价也最低，对于重要的路侧标志，可采用双侧设置的方式，以提高交通标志的醒目性。

3.交通标志设置的地点

（1）应设在车辆行进方向易于发现的地方。可根据具体情况设置在车行道右侧的人行道上、机动车道与非机动车道的分隔带、中央分隔带或车行道上方；特殊情况可在道路两侧同时设置。

（2）应满足规定的前置距离，不允许损坏道路结构和妨碍交通安全；不应紧靠在建筑物的门前、窗前及车辆出入口前设置；与建筑物保持1 m以上的侧间距离。如不能满足时，可在道路另一侧设置或适当超出该种标志规定的前置距离。

（3）应满足视认要求，避免上跨桥、照明设施、门架、监控设施、电杆、行道树、绿篱及路构筑物等对标志板面的遮挡。

（4）不应遮挡其他交通设施。

4.交通标志的构造

（1）标志底板可用铝合金板、合成树脂类板材（如塑料、硬质聚氯乙烯板材或玻璃钢等）材料制作。铝合金板材的抗拉强度应不小于289.3MPa，屈服点不小于241.2MPa，延伸率不小于4%~10%，应采用牌号为2024、T4状态的硬铝合金板。标志板背面可选用美观大方的颜色，铝合金板可采用原色。一般结构的标志板应采用滑动槽钢加固，以方便与立柱连接。

（2）交通标志立柱可选用 H 型钢、槽钢、钢管及钢筋混凝土管等材料制作，临时性的可用木柱。钢柱应进行防腐处理，钢管顶端应加柱帽。标志柱应考虑与基础的连接方式。钢制立柱、横梁、法兰盘及各种连接件，可采用热浸镀锌。立柱、横梁、法兰盘的镀锌量为 550g/m²，紧固件为 350 g/m²，各种标志立柱的断面尺寸、连续方式、基础大小等，应根据设置地点的风力、板面大小及支撑方式通过计算确定。

（3）标志板和立柱的连接应根据板面大小、连接方式选用多种方法。在设计连接部件时，应考虑安装方便、连接牢固、板面平整。

（4）各种标志立柱的埋设深度，取决于板面承受外力的大小及地基的承载力。一般应浇注混凝土基础。立柱的金属预埋件应进行防腐处理。

二、交通标志三要素

为了获得较理想的标志设计，世界各国的交通工程师、工程心理学家长期以来进行了大量的试验研究，包括对标志的颜色、形状、字符等编码成分的研究，对标志的可见性、易读性亮度、设置位置的研究以及对标志效能的评价和测试方法的研究等。所有这些研究工作，为标志设计提供了充分的理论依据。

1. 颜色

人眼可以看见的色光波长范围在 380~780 nm 之间。不同的波长引起不同的颜色感觉，如短波范围 470nm 产生蓝色感觉，中波范围 530nm 产生绿色感觉，长波范围 700nm 产生红色感觉。此外，在各波长间还有各种中间色，如橙黄色、黄绿色等。

颜色是标志的重要构成因素，因为颜色可以使标志从它所处的背景中显现出来，增加驾驶员对标志的注意，并可帮助驾驶员迅速识别标志的种类和含义。标志的视觉清晰度与它的颜色和背景的对比度有很大关系，为了在标志板和符号之间获得最大的对比度，一般采用亮色与暗色搭配，在这种情况下标志的视认清晰度最佳。人眼对不同颜色的感受性是不同的，这种差异可以通过在一定的观察距离下，不同颜色获得等效视觉清晰度所需要的面积来表示。

辨别颜色的正确性还依赖于染色面积的大小。一般说来，表面积越大，颜色辨认得越准确。根据英国的研究，在郊外背景条件下，每 30 m 观察距离最小需要约 0.3 m² 的白板面积。

根据颜色的视觉规律，道路交通标志多用红、黄、绿、蓝、黑等颜色，不用中间色。但是道路交通标志不仅考虑上述因素对视认性的影响，还要考虑颜色所能表达的抽象含义。色彩具有直观和联想作用，红色可以产生一种具有危险感的强刺激，因此将其作为"禁止停车"的信号；黄色具有警戒的感觉，作为"注意危险"等警告信号；黑色和白色出现在大部分标志中，主要是利用其较好的对比度；绿色使人产生和平、安全的联想，作为"安全""行进"的信号；蓝色使人产生沉静、安宁的感觉，作为"指示"的信号。

2. 形状

驾驶员在道路上认读标志是从它的形状、颜色判别开始的，因此交通标志的设计赋予其形状和颜色以一定的意义，增加了传递信息的内容。驾驶员发现标志后，首先可根据其形状和颜色判别出其属于哪一类，可以提前做些准备。

根据对交通标志形状视认性的研究成果，在同等面积条件下，三角形的视认效果最好，其次是菱形、正方形、圆形、六角形、八角形等。这说明具有同等面积的不同形状的标志，其视认性是不同的。不过在决定道路交通标志的形状时，除考虑其形状对可辨性的影响外，还要考虑标志牌的可利用面积的大小（即可容纳的信息量的多少），以及过去使用的习惯等因素。正三角形表示"警告"，圆形表示"禁止"和"限制"，正方形和矩形表示"提示"。参考联合国及很多国家的交通标志标准，除美国、日本、澳大利亚、加拿大、墨西哥等少数国家的警告标志的形状为菱形外，绝大多数国家的警告标志采用正三角形。

3. 符号

在低亮度、快速行进等困难的视觉条件下，图符信息无论在辨认速度，还是在辨认距离上均比文字信息要优越。此外，用图形来表征信息还不受语言和文字的限制，只要设计的图案形象、直观，不同国家、民族和不同语言文字的驾驶员都可理解、认读。因此，以符号为主的标志受到联合国的推荐，并被世界上绝大多数国家采用。

工程心理学中采用视角来表示图形的大小，视角的大小由图形尺寸和观察距离决定。同样尺寸的图形，观察距离近，则视角大，反之则视角小。视角大者看得清楚，视角小者则看得模糊，视角低于一定的阈值者，则看不清楚。

人借助于视觉器官完成一定视觉任务的能力通常称为视觉功能，反映视觉功能的基本指标包括视敏度（区分对象细节的能力）和分辨力（辨别对比的能力），其中观察距离、细节尺寸及细节间的间隔等对分辨力影响较大。

三、交通标志布设

1. 交通标志的设置原则

（1）应通盘考虑，整体布局。做到连贯性、一致性，给道路使用者提供全面资讯，满足各种道路交通信息的需要。

（2）应确保行驶的安全、快捷、通畅。应以完全不熟悉周围路网体系的外地驾驶员为设计对象，通过标志的引导，能顺利、快捷地抵达目的地，不允许发生错向行驶。

（3）应给使用者提供正确、及时的信息。防止出现信息不足或过载的现象，对于重要的信息应给予重复显示的机会。

（4）应根据标志类别确定标志的设置位置。应充分考虑道路使用者对标志感知、识别、理解、行动的特性，根据速度和反应时间确定合适的设置地点。

（5）注意标志的视认性。道路附属设施（如上跨桥、照明设施、监控设施等）及路上构造物（如电杆、电话消防栓、广告牌、门架等）对标志视认性的影响要给予高度重视，在布设标志时要随时注意上述设施对标志板面的遮挡，以免影响标志的视认性。对行道树及中央带绿篱，在枝叶生长茂密的季节，必须注意枝叶对标志视认性的影响。

（6）静态的交通标志应该与动态的可变标志相配合。二者应相辅相成，互相配合，统一布局，形成整体。

（7）应避免在交叉路口标志林立，影响驾驶员视野。交叉口处一般以设置指路标志和禁令标志为多，对于指路标志，可采用前置预告的方法，把位置错开。驾驶员通过交叉口后，可以看到确认标志，使驾驶员知道他现在行驶的方向是否正确。禁令标志可采用组合方式或采用加辅助标志的办法，以减少标志数量。

（8）路上的标志具有法律效力，设置标志是一件严肃认真的工作，必须尽力避免由于标志设置不当对交通流造成不利影响或给管理带来麻烦。为此，应根据交通管理法规及有关标准，正确地设计和设置标志。

（9）标志不得侵占道路建筑限界。标志牌不应侵占路肩或人行道，应确保侧向余宽和净空高度。

多块标志在同一地点组合设置时应注意信息量及排布顺序。同一地点需要设置两种以上标志时，可以安装在一根标志柱上，但最多不应超过四种，且应避免出现互相矛盾的标志内容。解除限制速度标志、解除禁止超车标志、干路先行标志、停车让行标志、减速让行标志、会车先行标志、会车让行标志应单独设置。多个标志牌在一根支柱上并设时，应按警告、禁令、指示的顺序，先上后下、先左后右的顺序排列。

2. 设置方式及其选择

（1）路侧式

路侧式标志不应侵入公路建筑限界以内，标志内边缘距路面或土路肩边缘不得小于 0.25m，标志牌下缘距路面的高度为 1.0~2.5 m。中小型尺寸的"警告""禁令""指示"等标志牌安装在一根立柱上，即采用单柱式，长方形的指示标志或内容单一、信息量少的指路标志安装在两根立柱上，即采用双柱式。

（2）悬臂式

标志牌安装于悬臂上。标志下缘离地面的高度，至少按该道路规定的净空高度设置。悬臂式适用于柱式安装有困难、道路较宽、交通量较大外侧车道大型车辆阻挡内侧车道小型车辆视线、视距受限制及景观上有要求的场合。另外，信息量多、导向沿线重要地点的指路标志也应采用悬臂式。

（3）门式

标志牌安装在门架上。标志下缘距路面的高度，至少按该道路规定的净空高度设置。

门式标志适用于：多车道道路（同向三车道以上）需要分别指示各车道去向时；道路较宽、交通量较大、外侧车道大型车辆阻挡内侧车道小型车辆视线时；互通式立交间隔距离较近、标志设置密集之处；受空间限制，柱式、悬臂式安装有困难时；车道变换频繁，出口匝道为多车道时；景观上有要求时；信息量多、导向沿线重要地点的多车道道路。

3. 设置位置

（1）横向与竖向位置

在横向上，各种安装形式的标志都应该满足建筑限界的规定。

对路侧安装的标志，在人行道、分隔带、安全岛设置标志时，应遵守不得侵入建筑净空的规定。路侧安装的标志一般均设在道路的土路肩以外，标志板内缘距路肩边缘不得小于 0.25 m。一般情况下，标志牌下缘距路面的高度为 1.0~1.25 m，在人行道的宽度对行人交通量显得十分紧张的地方，或人行道宽度小于 1.5 m、自行车道小于 2.0 m 时，为了减少设置标志对人、自行车通行的障碍，标志的设置高度应大于 2.5 m。

一般道路，悬臂式安装标志下缘到路面的净空高度必须确保在 4.5m 以上，高速公路的净空高度必须确保在 5.0m 以上。考虑到施工误差，标志板变形下垂，路面加罩面等因素，一般需留一定余量。

（2）纵向位置

驾驶员在读取标志信息时，要经历标志的发现、认读、理解和行动等过程，在判断标志并采取相应行动的过程中需要花费一定的时间，行驶一定的距离。因此，在确定标志的纵向设置位置时，应当考虑驾驶员的行动特性。

4. 安装角度

路侧式标志应尽量减少标志板面对驾驶员的眩光，板面应尽可能与道路中线垂直或成一定角度，一般禁令或指示标志为 0°~45°，指路和警告标志为 0°~10°。

5. 标志板并设

驾驶员在驾驶过程中读取标志信息，在极短的时间内理解含义、作出判断，并采取行动，在正常情况下应该能够顺利完成这个过程。但是，多块标志并设在一起会增加驾驶员的负担，如果信息过载，有可能导致有的标志不能发挥应有的效用，因此，交通标志要避免并设。同种类型的标志，特别是警告标志，原则上不应并设。但在下述两种情况下可考虑标志的并设：

（1）原有道路标志附近需要增设新的标志，或需新增设两块以上标志时。

（2）由于道路构造上的原因，需要进行交通限制，必须把警告标志和禁令标志并设时。

路侧式标志并设时，采用上下安装时，不宜超过两层，如果在一根立柱上并设三块标志时，应采用"品"字形布置，且按标志重要程度，由上到下、由左到右布置。对于悬臂式或门式标志，若是指路标志，则按标志的重要性自道路的内侧向外侧依次布置；若是专指某车道的去向或指明为专用车道，则各标志应设在与其对应的车道的上方，如果与其他种类标志并设，则其他标志应设在最右端。

四、交通标志结构与材料

1. 标志底板

标志底板可用铝合金板、合成树脂类板材材料制作。铝合金板材的抗拉强度应不小于 289.3MPa，屈服点不小于 241.2MPa，延伸率不小于 4%~10%。应采用牌号为 2024，T4 状态的硬铝合金板大型标志的板面结构，宜采用挤压成型的铝合金板拼装而成。

标志板背面可选用美观大方的颜色，铝合金板可采用原色。一般结构的标志板，应采用滑动槽钢加固，以方便与立柱连接。

2. 标志立柱

交通标志立柱可选用 H 型钢槽钢、钢管及钢筋混凝土管等材料制作，临时性标志立柱的可用木柱。钢柱应进行防腐处理，钢管顶端应加柱帽。标志柱应考虑与基础的连接方式。

钢制立柱横梁法兰盘及各种连接件，可采用热浸镀锌。立柱横梁、法兰盘的镀锌量为 550 g/m²，紧固件为 350 g/m²。

各种标志立柱的断面尺寸、连续方式基础大小等，应根据设置地点的风力、板面大小及支撑方式由计算确定。

3. 标志板和立柱的连接

标志板和立柱的连接方式应根据板面大小确定，在设计连接部件时，应遵循安装方便、连接牢固、板面平整的原则。

4. 立柱埋设深度

各种标志立柱的埋设深度决定于板面承受外力的大小及地基的承载力。一般应浇注混凝土基础。立柱的金属预埋件应进行防腐处理。

五、交通标志的反光和照明

1. 交通标志的反光

（1）反光材料的种类及性能

用于标志面的反光材料按其结构的不同可以分为透镜埋入型、密封胶囊型、微棱镜型等品种。其反光原理为：射向标志面的光线应沿入射光线的反方向返回光源。由于标志位置和车辆行驶条件的不同，用于标志面的反光材料应具有优良的广角性和逆反射性能。

（2）反光材料的应用与选择

1）各级道路的交通标志原则上均应采用反光材料制作标志面。

2）高速公路、一级公路及城市主干路的交通标志宜采用一至三级反光膜；二、三级公路及一般城市道路的交通标志宜采用四级以上的反光膜。四、五级反光膜可用于四级公路和交通量很小的其他道路。

3）高速公路、一级公路、城市快速路上的曲线段标志，及城市地区的多路交叉路口标志，宜采用三级以上反光材料。

4）高速公路、城市快速路上的门架标志和悬臂标志，为获得与路侧标志相当的反光效果，宜选用比路侧标志所用反光膜等级高的反光材料，或把门架标志和悬臂标志上的字符改用反射器，以改善其夜间视认性。在有条件的重要路段，也可采用照明标志。

2. 交通标志的照明

（1）内部照明标志

内部照明标志板内装照明装置，采用半透明材料制作标志面板，有单面显示和两面显示两种。内部照明标志可根据标志板的大小，承受的风力进行结构设计。确保标志面照度均匀，在夜间具有150m的视认距离。灯箱结构合理，金属构件经防腐处理，防雨防尘，电器元件耐久可靠，检修方便。

（2）外部照明标志

外部照明标志采用外部光源照亮标志板面。外部照明标志的光源应进行专门设计。照明灯具及其阴影不能影响标志认读。外部光源在标志面上的照度不得有明显不均匀，均匀度（最大照度 / 最小照度）需在4以下，确保在夜间具有150 m的视认距离。外部照明光源不能给路上司机造成眩目。

支撑灯具的构件应进行防锈处理，照明器件耐久可靠，性能优良，检修方便。

第三节　道路交通标线

道路交通标线是交通安全设施的重要组成部分，由标划于路面上的各种线条、箭头、文字、立面标记、突起路标和轮廓标等构成，是引导驾驶员视线、管制驾驶员驾驶行为的重要设施。因此，对标线的可见性、耐久性、施工性等有严格的要求。车辆行驶时，无论是白天或黑夜，都能由于光泽和色彩的反衬而清晰地识别和辨认路面标线。无论是沥青路面或水泥混凝土路面标线涂料必须保持与路面之间的紧密结合，在一定时期内，不会因为车辆和行人来往通行而剥落。标线涂料应具有优良的耐久性，能经受车轮长久的磨耗，不会产生明显的裂缝。标线涂料应具有很好的防滑性能，车辆驶过标线时产生较小的噪声和振动。标线涂料的原料容易获得，价格便宜，涂敷作业要安全、无毒、无污染。反光标线的回归反射性能在相当长的使用期内不应显著下降。标线应颜色均匀，不会因气候、路面材料等作用而变色。标线涂料应具有快干性，涂敷作业应尽量减少对交通的干扰。标线涂料应具有良好的施工性能，画出的标线边缘整齐，表面平整，不会产生涂料流淌、表面产生沟槽和气泡等缺陷。

一、交通标线的分类

1. 按功能分类

交通标线按功能可分为指示标线、禁止标线和警告标线三类。

（1）指示标线

指示标线是用于指示车行道行车方向、路面边缘、人行道位置等的标线。指示标线的种类及形式见表 3-1。

表 3-1　指示标线种类及其形式

序号	标线名称	标线形式	所属类别
1	双向两车道路面中心线	黄色虚线	纵向
2	车行道分界线	白色虚线	纵向
3	车行道边缘线	白色实线或虚线	纵向
4	人行横道线	白色平行实线	横向
5	距离确认线	白色平行实线	横向
6	高速公路出	直接式平行式	其他
7	入口标线	白色实线	其他
8	港湾或停靠站标线	白色斑马线	其他
9	收费岛标线	黄黑相间斜线	其他
10	导向箭头	白色箭头	其他
11	路面文字标记	黄色、白色文字	其他
12	左弯待转区线	两弧形白色虚线	其他
13	左转弯导向线	白色弧形虚线	其他

（2）禁止标线

禁止标线是用于告知驾驶人及行人道路交通的遵行、禁止、限制等特殊规定，车辆驾驶人及行人需严格遵守的标线。禁止标线的种类及形式见表 3-2。

表 3-2　禁止标线种类及其形式

序号	标线名称	标线形式	所属类别
1	禁止超车线	黄色双实线、黄色虚实线或黄色单实线	纵向
2	禁止变换车道线	白色实线	纵向
3	禁止路边临时或	黄色实线	纵向
4	长时停车线	黄色虚线	纵向
5	禁止路边长	白色实线	横向
6	时停车线	白色平行实线	横向
7	停止线	白色平行虚线	横向
8	非机动车禁驶区标线	黄色虚线	其他
9	导流线	白色单实线、V 型线、斜纹线	其他
10	中心圈	白色实线	其他
11	网状线	黄色网格线	其他
12	专用车道线	黄色虚线、文字	其他
13	禁止掉头线	黄色实线	其他

（3）警告标线

警告标线是用于促使车辆驾驶人及行人了解道路上的特殊情况，提高警觉，准备防范应变措施的标线。禁止标线的种类及形式见表 3-3。

表 3-3　禁止标线种类及其形式

序号	标线名称	标线形式	所属类别
1	车行道宽度渐变段标线	白色实线或黄色斑马线	纵向
2	路面障碍物标线	颜色同中心线，V 型线、斜纹线	纵向
3	近铁路平交道口标线	白色交叉线、文字	纵向
4	减速标线	白色虚线	横向
5	立面标线	黄黑相间倾斜线条	其他

2. 按设置方式分类

交通标线按设置方式可分为以下三类：

（1）纵向标线。沿道路行车方向设置的标线。

（2）横向标线。与道路行车方向成角度设置的标线。

（3）其他标线。字符标记或其他形式标线。

3. 按标线形态分类

交通标线按形态可分为以下四类：

（1）线条。标划于路面、缘石或立面上的实线或虚线。

（2）字符标记。标划于路面上的文字、数字及各种图形符号。

（3）突起路标。安装于路面上用于标示车道分界、边缘、分合流弯道、危险路段、路宽变化、路面障碍物位置的反光或不反光体。

（4）路边轮廓标。安装于道路两侧，用以指示道路的方向、车行道边界轮廓的反光柱或反光片。

4. 按标划分类

（1）白色虚线：划于路段中时，用以分隔同向行驶的交通流或作为行车安全距离识别线；划于路口时，用以引导车辆行进。

（2）白色实线：划于路段中时，用以分隔同向行驶的机动车和非机动车，或指示车行道的边缘；设于路口时，可用作导向车道线或停止线。

（3）黄色虚线：划于路段中时，用以分隔对向行驶的交通流。划于路侧或缘石上时，用以禁止车辆长时在路边停放。

（4）黄色实线：划于路段中时，用以分隔对向行驶的交通流；划于路侧或缘石上时，用以禁止车辆长时或临时在路边停放。

（5）双白虚线：划于路口时，作为减速让行线；划于路段中时，作为行车方向随时间改变的可变车道线。

（6）双黄实线划于路段中时，用以分隔对向行驶的交通流。

（7）黄色虚实线：划于路段中时，用以分隔对向行驶的交通流。黄色实线一侧禁止车辆超车、跨越或回转，黄色虚线一侧在保证安全的情况下准许车辆超车、跨越或回转。

（8）双白实线：划于路口时，作为停车让行线。

二、交通标线的设计原则

1. 颜色选择

路面标线一般为白色或黄色，以白色为主，特殊需要也可采用红色。白色表示"指示""控制"意义；黄色表示"禁止""警告"意义。警示标线一般用黄色，也有用红色、白色的；立面标线采用黑白、黑黄或红白相间的条纹。为提高标线的夜间视认性，可根据需要采用反光标线路钮，立面标线可增设照明、闪光灯等设备。

白色标线的反射性要比黄色标线高53%。在有雾的情况下，与白色标线相比，黄色标线可见性要降低20%；黎明和黄昏时，也会明显地降低可见性。因此，白色标线的适用性比黄色广泛。

2. 宽度选择

国外大量研究表明，纵向标线的宽度对交通状况和驾驶员心理影响不大。一般认为宽的标线具有强调作用，但标线过宽，会增加标线的费用以及车轮在标线上打滑的危险，因此，对标线宽度范围进行了规定。规定纵向标线的宽度为 10~15cm，高速公路边缘线宽度为 15~20 cm，一般采用下限值，在需要强调的地方可采用上限值。

横向标线宽度应比纵向标线宽。驾驶员在行车中发现横向标线往往是由远及近，尤其在距横向标线较远的时候其视角范围很小，加上远小近大的原理，因此加宽横向标线是很有必要的。一般横向标线宽度为 20~40cm，斑马线为 40~45cm。

3. 虚线的短线与间隔长度比例选择

根据心理学家的研究，虚线中的实线段与间隔长度比例和车辆的行驶速度直接相关。实线段与间隔距离太近，会造成闪现率过高而使虚线出现连续感，对驾驶员产生过分的刺激；但若实线段与间隔距离太远，闪现率太低，使驾驶员在行驶中获得的信息量太少，起不到标线应有的作用。

确定虚线的短线与间隔长度比例时，既要考虑驾驶员的心理、生理因素，也要考虑尽量减少每公里标线的面积。在郊外公路上的闪现率不大于 4 次 /s 被认为是可以接受的，闪现率为 2.5~3.0 s 时效果最佳；在城市道路上的闪现率不大于 8 次 /s 被认为是可以接受的。根据透视原理，规定纵向标线的最小宽度为 10cm，纵向标线虚线的短线最小长度为 2m。

4. 导向箭头形式选择

驾驶员在驾驶过程中需要辨认路面上的导向箭头，由于受视线高度的限制，箭头平面形状应与观察距离成正比例拉长。所以，施划在路面上的箭头形状同正常的箭头形状有很大的不同。

为寻求导向箭头的最佳形式，需要对各种直行、转弯、直行与转弯组合的箭头进行比较。其形式是根据认读速度和错误率试验的统计分析结果的平均值来确定的。最好的直行箭头的宽度约为箭杆宽度的 3 倍，箭头长度要比箭杆短；转弯箭头是在不对称的行驶过程中显示方向，要求保持箭头的转弯部分清晰。

三、交通标线的设置原则与标准

1. 标线设置的一般要求

（1）应以道路设计、交通特性交通组织及其他交通设施的情况为依据，合理利用道路有效面积。

（2）应确保线形流畅、规则，符合车辆行驶轨迹要求，路段和交叉口标线的衔接应科学、合理。

（3）色彩鲜明，在照明条件较差、能见度较低的情况下，也能有较好的视认性。

（4）强度性能好，有较强的附着力，耐磨、耐腐蚀、耐高温、耐严寒，使用寿命长。

（5）防滑性好，有一定的粗糙度，车轮压上时不致打滑，尤其是在雨雪天气和冰霜路面条件下，能保持一定的附着系数。

（6）经济实用，用料来源充足，价格低廉，施工简单，实用和维修方便，无毒、无污染。

2. 标线设计

（1）标线设计说明

标线设计说明一般应包括以下内容：标线设计的依据、原则；标线材料技术要求及施工工序；标线数量汇总。

（2）标线平面设计图

标线平面设计图应包括下列内容：标线类型及内容；标线在道路平面图中的设置位置、宽度；平面交叉路口、出入口、导流岛等处复杂标线大样图。

（3）车道宽度标划

城市快速干道的路段上每条机动车道的宽度一般为 3.75~4 m；城市主干路、城市次干路、支路的路段上每条机动车道宽度一般为 3.25~3.5 m；平面交叉路口进口道受现有道路宽度限制时，每条机动车道宽度可采用 2.75~3.5 m，当大型车辆混入率小于 15% 时可取下限，特殊情况其宽度不应小于 2.5 m；平面交叉路口出口道每条机动车道宽度不应小于 3m，但出口道只有一条车道时不应小于 3.25 m；标划的非机动车道最小宽度不低于 2.5 m。

车道宽度的计算界限为车行道中心双实线以一侧单实线线宽的中心计，中心单实线、车行道分界线和车行道边缘线均以线宽的中心计。

（4）车道数

车道数应根据道路横断面设计、平面交叉路口设计、现有道路宽度以及道路宽度变化情况确定。

（5）平面交叉口标线

根据平面交叉路口的形状、交通量、车行道宽度、转弯车辆的比率及交通组织等情况，应合理设置路口标线，具体包括车行道中心线、人行横道线、停止线、导向箭头禁止变换车道线等。

根据路口交通流量、流向等情况，可增设附加专用车道，使路口进口道的机动车道数尽可能大于其相连路段上的机动车道数。一般出口道的机动车道数不应少于任何一个信号相位进口道与其对应方向的机动车道数，无专用右转信号控制的右转车流不计。

四、道路标线材料

1. 标线材料的分类

路面标线涂料可分为常温溶剂型、加热溶剂型和熔融型三类。常温型和加热型（50~80℃）属于溶剂型涂料，呈液态供应。加热型涂料固体成分略多一些黏度也高。熔融型涂料呈粉末状供应，需加高温（180~220℃）使其熔融才可涂敷于路面。

除涂料用作标线材料外，还有各种黏贴材料，如贴附成型标带、突起路标、分离器等。预成型标带材料是在合成橡胶或合成树脂中，加上颜料制成薄膜，在背面涂上黏结剂。施工时，通过其背面预涂胶层或在路面另涂胶结剂，使成型标带贴附于沥青或水泥路面上。在正常路面温度条件下，借助车辆行驶的压力，可使该标带与路面紧密结合。预成型标带的厚度除胶层外不应低于 1.5mm；对于有突起断面的成型标带，其未突起部分厚度应不小于 0.5 mm。

2. 涂料原料及作用

常温溶剂油漆由合成树脂（15%~20%）构成涂膜，并黏合其他各种原料成分，包括 15%~20% 的颜料、15%~38% 的体质颜料、2%~5% 的添加剂和 30%~40% 的溶剂。其中，颜料主要作用是着色及遮盖；体质颜料是充填料，用来增加机械强度和耐磨耗性能；添加剂的作用是促进快干，防止沉降结皮、分散，增加稳定性；溶剂赋予油漆流动性，调整黏度。

热熔型涂料中的树脂必须是热塑性的，要求与各物质相溶性好，酸性低，色泽浅，耐热性和耐候性好。热溶涂料添加剂有增塑剂、防沉降剂、抗污染剂和抗紫外线变色剂等。为增加标线夜间反光性，还预混玻璃微珠和面撒玻璃珠。

3. 标线涂料适用范围

由于各种标线涂料的特性不同，因而导致各自的耐久性和养护时间也各不相同。所以，在标线施工时，最重要的是根据道路条件、交通条件、气象等环境条件，尤其是冬季汽车使用钉齿轮胎、轮胎防滑链的情况以及考虑施工性和经济性，选择高效的施工方法。

4. 标线涂膜的主要缺陷及对策

（1）涂膜纵向有长的起筋或拉槽

原因：烧焦的涂料或小石子等粒状物堵在画线机斗槽出口处，画线时出现拉槽；涂料的熔融温度不够，流动性差，或画线车斗加热不够，也会造成涂料流动性差，画线时出现起筋。

对策：清除堵在划线机斗槽出口处的粒状物；提高涂料熔融温度，增加流动性；或对斗槽继续加热，不致使熔融涂料通过斗槽而降温太多；彻底清理斗槽口。

（2）涂膜表面有气泡或小孔

原因：路面微小空隙内空气的膨胀冲破未硬化涂膜成孔；由于水泥混凝土路面表层的游离水分汽化膨胀；由于底漆未干，致使挥发造成汽化、膨胀。

对策：待路面充分干燥；在不影响黏结力的情况下，适当降低涂料温度使底漆充分干燥。

（3）沥青渗入涂膜使线变色

原因：在简易沥青路面上涂敷标线后，软化并溶解下部沥青，造成沥青与涂料交融；当底漆过剩且未干时，底漆中溶解有大量沥青，待涂上涂料时就渗入沥青。

对策：使用不侵害沥青的稀释剂，其用量不超过制造商的规定；严格执行有关涂料加温控制的规定。

（4）裂纹

原因：路面产生裂纹致使涂膜产生裂纹；在简易沥青路面上画标线，路面比涂膜软，则涂膜显出脆性，出现龟裂；新修沥青路面大多产生裂纹，涂膜也产生相应的裂纹；路面收缩而涂膜不能应变时亦产生裂纹；漆膜厚度不均匀时，固化速度不同产生温度应力而开裂；涂料和玻璃珠撒布不当，涂膜表面再现细微裂纹。

对策：由于路面裂纹致使涂膜产生裂纹，宜选择能适合环境和条件的涂料。新浇筑沥青路面，保养时间需2周以上；注意不使用长期库存的原料；涂料一定要搅拌均匀，控制好温度；涂敷时厚度要均匀，保持规定的涂敷量；玻璃珠撒布适当，要均匀且不过量。

（5）涂膜上出现凹坑

原因：涂料黏度与划线机不匹配造成凹坑；不连续进行涂敷作业造成涂膜局部凸起；在凹凸不平的路面上也容易产生凹坑。

对策：涂料黏度与划线机不匹配时，应控制涂料温度，使黏度符合要求；检查涂敷机械，修整斗槽口；路面不平的道路可使用较柔软的涂料，避免使涂膜过硬、过厚，尽量做到涂膜均匀，适当控制施工温度。

（6）条痕

原因：涂料流动性不好；画线机斗槽口有涂料屑；斗槽口边缘不平，有碰伤、毛刺等；在粗糙路面上划线机上下跳动所致。

对策：调整涂料黏度；清除斗槽口的涂料屑；修整斗槽口。

（7）夜间反光不良

原因：玻璃珠撒布不均或撒布量不足，局部重涂标线玻璃珠反光不良；涂料熔融温度过高，玻璃珠下沉于涂膜内。

对策：玻璃珠撒布应均匀、量足；控制涂料熔融温度及玻璃珠撒布时间。

（8）剥落

原因：底部处理不好，路面不清洁，路面上有水，低温时施工；残余防冻材料和浮浆没有清除干净；在已丧失黏合力的旧标线上重涂；车轮对标线材料的破坏。

对策：彻底清洁路面，去除混凝土路面灰浆皮及养护膜；待路面干燥后再涂标线；很好地清除旧标线后再重划新线；避免气温在 5℃以下施工；寒冷地区防止履带车、防滑链车压标线。

五、标线的施工

1.标线施工前，应熟悉平面设计图、了解气象气候状况维护车辆机械设备、根据设计要求选定标线材料等前期准备工作。

2.施工前应设置相应的施工安全设施，彻底清扫标线施工范围内的路面，并按设计或原有的线形要求放样。

3.漆画各种标线或底漆后，应放置锥型路标等护线物体，加强护线措施，不应有车轮带出涂料、压漆的现象出现。

4.检查涂敷后标线的色泽、厚度、宽度、玻璃珠撒布的质量和数量以及线形等，对不符合要求的标线进行修整，并将残留物清除干净。

5.标线施工完毕后，必须按设计要求验收，移交竣工资料。

第四节　其他安全设施

一、公路护栏

护栏是一种纵向吸能结构，通过自身变形或车辆爬高来吸收碰撞能量，从而改变车辆行驶方向阻止车辆越出路外或进入对向车道、最大限度地减少事故中对司乘人员和行人的伤害程度。

（一）概述

1.护栏的分类

（1）按纵向设置位置分类

按纵向设置位置分类，可分为路基护栏和桥梁护栏两类：路基护栏，设置于路基上的护栏均称为路基护栏；桥梁护栏，设置于桥梁上的护栏均称为桥梁护栏。

（2）按横向设置位置分类

按横向设置位置分类，可分为路侧护栏和中央分隔带护栏两类：路侧护栏，设置于路侧建筑限界以外的护栏，用来防止失控车辆越出路外或碰撞路侧构造物和其他设施；中央分隔带护栏，设置在中央分隔带内的护栏，用来防止失控车辆穿越分隔带闯入对向车道，并保护分隔带内的构造物和其他设施。

（3）按碰撞后护栏的变形程度分类

按碰撞后护栏的变形程度分类，可分为刚性护栏、半刚性护栏和柔性护栏三类。

1）刚性护栏。是一种基本上不变形的护栏结构，它利用失控车辆碰撞后爬高并转向来吸收碰撞能量。混凝土护栏是刚性护栏的主要形式，是一种以一定形状的混凝土块相互连接而组成的墙式结构。

2）柔性护栏。是一种具有较大缓冲能力的韧性护栏结构。缆索护栏是柔性护栏的代表形式，是一种以数根施加初张力的缆索固定于立柱上而组成的连续结构，主要依靠缆索的拉应力来抵抗车辆碰撞并吸收碰撞能量。

3）半刚性护栏。是一种连续的梁柱式护栏结构，具有一定的强度和刚度。它利用土基、立柱、横梁的变形来吸收碰撞能量，并迫使失控车辆改变方向。波形梁护栏是半刚性护栏的主要形式，是一种以波纹状钢护栏板相互拼接并由立柱支撑而组成的连续结构。

2.护栏的功能

公路上护栏应具备以下几个方面的功能：防止失控车辆越出路外或穿越中央分隔带闯入对向车道；防止车辆从护栏板下钻出，或将护栏板冲断；应能使失控车辆恢复到正常行驶方向；发生碰撞时，对乘客的损伤程度最小；能诱导驾驶员的视线。

3.护栏的防撞等级

护栏最基本的功能是阻止车辆越出路外或闯入对向车道，因此它应具有相当大的力学强度来抵抗车辆的冲撞。衡量护栏防撞性能的重要指标是防撞等级，一般根据护栏所能承受的碰撞能量的大小来划分。

公路路侧护栏可分为 B、A、SB、SA、SS 五个级别；公路中央分隔带护栏可分为 Am、SB m、SA m 三个级别。B、A、SB、SA、SS 级护栏能承受的碰撞能量依次增大，防撞等级高则适用于危险性较大需加强防护的路段。各等级护栏的防撞等级及其性能见表3-4。

表 3-4　护栏的防撞等级与碰撞条件

防撞等级	碰撞条件				碰撞能量 /kJ
	车辆碰撞速度 /(km·h⁻¹)	车辆的质量 /t	碰撞角度	碰撞加速度 /(m·S⁻²)	
B	100	1.5		≤ 200	
	40	10			70
A	100	1.5		≤ 200	
	60	10			160
SB	100	1.5	20°	≤ 200	
	80	10			280
SA	100	1.5		≤ 200	
	80	14			400
SS	100	1.5		≤ 200	
	80	18			520

注：碰撞加速度指碰撞过程中，车辆重心处所受冲击加速度，取 10ms 间隔平均值的最大值，为车体纵、横向和铅直加速度的合成值。

4. 护栏的设计依据

要实现护栏的功能，需要护栏既要有相当高的力学强度和刚度来抵抗车辆的冲撞力，又要使其刚度不过大，以免使乘客受到严重的伤害。我国护栏设计应遵循以下原则：顺应护栏碰撞条件的发展趋势，满足我国公路交通实际情况的要求，确保 85%~90% 以上的失控车辆不会越出、冲断或下穿护栏；坚持"以人为本，安全至上"的指导思想，最大限度地降低事故严重程度并减少二次事故的发生；车辆碰撞护栏是小概率交通事件，在确定护栏碰撞条件时应坚持经济、实用原则，应考虑我国的经济承受能力；满足碰撞条件的护栏结构应能通过实车碰撞试验的验证。

（1）碰撞角度

调查数据的碰撞角度的平均碰撞角度为 15.39°，有 44% 样本的碰撞角度大于 15°，有 26% 样本的碰撞角度大于 20°。

假定样本符合正态分布，利用样本数据估计总体的分布参数，在此基础上得到 85% 位碰撞角度的计算值 θ85% 为 21.8%。由此，规定我国护栏的碰撞角度为 20%。

（2）碰撞速度

车辆的碰撞速度主要取决于运行速度，另外碰撞时驾驶员采取的制动措施、制动距离和路面状况也会影响车辆的碰撞速度，取运行速度的 0.8 倍作为碰撞速度。结合我国不同设计速度公路上的碰撞速度调查结果，确定了我国公路护栏碰撞速度的取值标准，见表 3-5。

表 3-5　我国公路设计速度与碰撞速度

公路等级	高速公路、一级公路				二、三、四级公路
设计速度 / (km·h^{-1})	120	100	80	60	80、60、40、30、20
碰撞速度计算值 / (km·h^{-1})	96	80	64	48	
碰撞速度规定值 / (km·h^{-1})	100	80		60	40

（3）碰撞车辆质量

在确定碰撞车辆质量的过程中，有如下考虑：

1）小客车主要用于评价发生碰撞时乘员所承受的加速度值，以验证乘员的安全性。从理论上分析，小客车的质量越小，其加速度值越大，对乘员安全性影响也越大，所以选用 1.5t 小客车作为评价最大加速度的碰撞车型，是偏于安全的。

2）从高速公路和国家干线公路交通量统计分析结果可以看出，80% 左右的车辆是 10t 以下的中型车辆（包含小型车），考虑与旧规范的延续性，仍选用 10t 的中型车辆作为碰撞条件之一。

3）大型车辆的碰撞条件分别选择 14t 的大货车（延续旧标准）和 18t 的大客车，确保特大桥和路侧特别危险路段的护栏能防止大客车越出，减少重大恶性交通事故发生。

4）大货（客）车碰撞试验着重验证护栏应有不被冲破的强度。

（4）碰撞加速度

国外交通事故研究成果表明，在碰撞事故中造成乘客伤害的主要原因是车辆获得的加、减速度，且伤害程度与加、减速度的大小成正比。为保护乘客免受伤害或减轻伤害程度，车辆冲撞护栏后不应产生过大的加、减速度，这就要求护栏的刚度不能过大，护栏的刚柔程度就是以车辆碰撞护栏时产生的加、减速度的大小来衡量的。

根据我国具体的道路条件及交通管制状况，设计护栏时，以小客车作为发生碰撞时乘员承受加、减速度值的评价车型，车辆的加、减速度控制在 200 m/s^2 以下。

（二）护栏设计

1.路侧护栏设置原则

公路危险路段的两侧可通过设置护栏来获得保护。路侧护栏可分为路堤护栏和障碍物护栏两大类。影响设置路堤护栏的主要因素是路堤高度和边坡坡度，一般根据越出路堤事故的严重度指数，画出路堤高度、坡度与设置护栏的关系图，以此作为设置路堤护栏的依据。路边障碍物护栏的设置依据是障碍物的特征和路侧安全净区能否得到满足。

我国公路上路侧护栏的设置原则如下：

（1）车辆驶出路外有可能造成二次特大事故的路段必须设置路侧护栏。

（2）凡符合下列情况之一，车辆驶出路外有可能造成单车特大事故或二次特大事故的路段，必须设置路侧护栏。

（3）凡符合下列情况之一，车辆驶出路外有可能造成重大事故的路段，应设置路侧护栏：

1）二级及以上等级公路边坡坡度和路堤高度在规定范围之外的路段。

2）高速公路、一级公路在路侧安全净区内设有车辆不能安全穿越的照明灯、摄像机、可变信息标志、交通标志、路堑支撑壁、声屏障、上跨桥梁的桥墩或桥台等设施的路段。

3）二级及以上等级公路路侧边沟无盖板、车辆无法安全穿越的挖方路段。

4）三、四级公路路侧有悬崖、深谷、深沟等的路段。

（4）凡符合下列情况之一，经论证车辆驶出路外有可能造成一般或重大事故的路段宜设置路侧护栏：

1）二级及以上等级公路边坡坡度和路堤高度在规定范围外的路段，三、四级公路边坡坡度和路堤高度在规定范围之外的路段。

2）二级及以上等级公路纵坡大于或等于现行规定的最大纵坡值的下坡路段和连续长下坡路段。

3）二级及以上等级公路平曲线半径小于现行规定的一般最小半径的路段外侧。

4）在高速公路、一级公路用地范围内存在粗糙的石方开挖断面、高出路面30cm以上的混凝土基础、挡土墙或大孤石等障碍物的路段。

5）高速公路、一级公路互通式立体交叉出口匝道的三角地带及匝道小半径圆曲线外侧。

（5）路侧护栏的最小设置长度

护栏最小设置长度的规定，主要考虑护栏的整体作用，只有当护栏作为连续梁才能很好地发挥整体效果时，护栏才是有效的。如果护栏设置长度较短，不但影响美观，还不能发挥护栏的导向功能，增加碰撞的危险性。护栏的最小设置长度应符合表3-6的规定，相邻两段路侧护栏的间距小于表3-6中规定的最小长度时，宜连续设置。

表3-6　路侧护栏最小设置长度

公路等级 最小长度/m 护栏类型	波形梁护栏	混凝土护栏	缆索护栏
高速公路、一级公路	70	36	300
二级公路	48	24	120
三、四级公路	28	12	120

2. 中央分隔带护栏设置原则

（1）当整体式断面中间带宽度小于或等于 12 m 时，必须设置中央分隔带护栏；大于 12m 时，应分路段确定是否设置中央分隔带护栏。

（2）公路采用分离式断面时，行车方向左侧应按路侧护栏设置；上、下行路基高差大于 2m 时，可只在路基较高的一侧按路侧护栏设置。

（3）高速公路和禁止车辆掉头的一级公路中央分隔带开口处，必须设置活动护栏。

3. 路基护栏形式选择

护栏的形式多种多样，每种护栏都有其本身的特点和适用条件。在选择护栏形式时，应针对每条道路的具体情况，考虑护栏的防撞性能、受碰撞后的变形程度、所在位置的现场条件材料的通用性、全寿命周期成本、养护工作量的大小和养护的方便程度、护栏的美观与环境因素以及所在地区现有公路护栏的使用效果等因素（见表 3-7）。

表 3-7　选择护栏形式时应考虑的因素

序号	考虑因素	说明
1	防撞等级选择	护栏在结构上必须能阻挡并使设计车辆转向；选择防撞等级时，应考虑道路条件（平纵线形、中央分隔带宽度、边坡坡度、路侧障碍物等）和交通条件（车型构成、交通量、运行车速等）
2	变形量	护栏的变形量不应超过容许的变形距离；柔性护栏的变形量最大，刚性护栏的变形量最小，半刚性护栏的变形量居中；如果护栏与被保护物体间距较大，则可选择对车辆和司乘人员产生冲击力最小的方案；若障碍物正好邻近护栏，则只能选择半刚性或刚性护栏。大多数护栏可通过增加立柱或增加板的强度来提高整体强度；宽度小于 4.5m 的中央分隔带不宜设置柔性护栏
3	现场条件	在边坡上设置护栏时，若边坡坡度陡于 1：10，应采用柔性或半刚性护栏；若边坡坡度陡于 1：6，则任何护栏均不应在边坡上设置；若土路肩较窄，则立柱所受土压力减少，需要增加立柱埋深、缩短立柱间距或在土中增加钢板
4	通用性	护栏的形式及其端头处理、与其他形式护栏的过渡处理应尽量标准化，中央分隔带护栏形式还应考虑与其他设施（如灯柱、标志立柱和桥墩等）的协调性；当标准护栏不能满足现场要求时，才需要考虑非标准或特殊护栏的设计
5	全寿命周期成本	在确定最终设计方案时，考虑最多的可能是各种方案的初期建设成本和将来的养护成本；一般而言，护栏的初期建设成本会随着防撞等级的增加而增加，但养护成本会减少；相反，初期建设成本低，则随后的养护成本会大大增加。发生事故后，柔性和半刚性护栏比刚性和高强度护栏需要更多的养护费用；交通量大、事故频发的路段，事故养护成本成为必须考虑的因素，刚性护栏是较好的选择

序号	考虑因素	说明
6	养护	常规养护：各种护栏均不需要大量的常规养护 事故养护：一般情况下，事故发生后柔性和半刚性护栏比刚性和高强度护栏需要更多的养护；在交通量大、事故频率较高的路段，事故养护成本可能会成为最需要考虑的因素，这种情况通常发生在城市快速路及城市周边的高速公路，此时，刚性护栏通常作为选择方案 材料储备：护栏种类越少，所需要的库存类别和存储需求越少 方便性：设计越简单，成本越低，且越便于现场人员准确修复
7	美观、环境因素	美观通常不是选择护栏形式的控制因素，但旅游公路或对景观要求高的公路除外。这种情况下，可选择外观自然、能与周边环境融为一体而又具有相应防撞等级的护栏形式；护栏的选择还要考虑沿线的环境腐蚀程度、气象条件以及护栏对视距的影响等，如积雪地区应考虑除雪的方便性
8	实践经验	应对现有护栏的性能和养护需求进行监测，以确定是否需要通过改变护栏形式来减少或消除已发现的问题

二、沿线设施

1. 服务区和停车区

中国公路上设置的服务区和停车区是伴随着高速公路的出现而产生的。目前中国高速公路沿线大大小小的服务区和停车区已达 800 多个，服务区和停车区在服务公众、安全保障等方面发挥了积极的作用，但在建设过程中也出现了诸如间距不合理、征地规模偏小、场区规划不合理、管理水准参差不齐、环境破坏严重等问题，需要设计人员去正视和解决。随着经济的发展、社会的进步，中国高速公路的建设进入了一个"以人为本、安全至上、尊重自然、保护环境"的新阶段，因此，服务区和停车区建设也应符合新时期更高的要求。

（1）应做好高速公路服务区和停车区的规划工作

高速公路服务区的规划应坚持科学发展观、以人为本的指导思想，根据中国高速公路的路网状况，目前应至少做好省级高速公路服务区和停车区的规划工作。在进行规划时，必须综合、系统地考虑设置于各条高速公路服务区和停车区之间的位置关系及其所提供的服务内容，同时也必须考虑自然环境条件及是否具备适当的修建、维修管理条件，而且还应满足交通技术方面的条件。

省界处高速公路服务区和停车区的规划应由有关省份协商解决，共同确定规划方案。

（2）充分把握中国高速公路的运营特征，进行合理的场区规划和建筑布局

中国高速公路的运营车辆现在正朝两个方向转变。一方面是中国目前已进入了汽

车消费时代，私家车数量增长迅猛，车辆在向小型化方向发展；另一方面是大型车拖挂车、集装箱汽车越来越多，在场区的停车场规划、汽车修理车间的设置等方面要考虑这些方面的因素。根据车型构成和交通量，为减少服务区内各种车辆的相互干扰，提高运行效率，如条件允许，可以分出车型设置加油站或停车区，高速公路的建设缩短了时空距离，方便了各类交通参与者的出行。在服务区场区的布局上，应考虑到各种交通参与者的不同需求，以为他们提供更加优良的服务，如考虑残疾人使用的无障碍设计、考虑喂养幼儿的哺乳室，不同装修档次的宾馆客房等，以便为更多的用户提供服务。

（3）服务设施的表现形式应多种多样

中国高速公路服务设施通常指服务区和停车区。服务区内设置停车场、厕所、加油站、综合服务楼、车辆维修所等设施，停车区内设置停车场、厕所、免费休息区等设施。根据交通量、交通构成、设置间距等条件，停车区内也可设置加油站。现在，中国高速公路的建设重点已转向山区，连续长下陡坡、大型车辆占有一定比重、车辆超载的现状以及降雪等气象条件都要求对大型车辆加以特殊考虑，应该说，这些也属于高速公路服务设施，也应纳入高速公路总体设计的范畴。

由于中国地域辽阔，公路交通发展的水平严重不平衡，为更好地为当地群众服务，高速公路沿线尤其是西部地区沿线设置必要的公共汽车停靠站是非常有必要的，只要管理得当，不会对高速公路的运营构成威胁。

1）服务设施的另一种表现形式是观景台。

2）服务设施形式的多样化可在一定程度上缓解中国现有服务设施征地面积不足的现状，因地制宜、全方位地满足高速公路使用者的需求。

（4）服务区应成为自然环境的有机组成部分

服务区的建设包括位置的选择和房屋建筑两部分。服务区的位置应本着灵活机动的原则来确定，要与公路的线形、高程、沿线构造物的分布结合起来，应避免因机械地按照间距来确定位置而对自然环境造成的破坏。

房屋建筑的建设要求总图规划布局合理、结构紧凑、功能完善。单体建筑应能体现当地人文景观的特点，能完全融入周边的自然环境中，风格鲜明而又不过分张扬。为方便公路使用者，服务区内可通过可变情报板、触摸屏或文字材料，来介绍公路沿线可到达的地点及预计时间、服务设施分布及沿线特产和珍稀物种等。

（5）服务区、停车区的建设应体现"一次规划、分期实施"的原则

服务区和停车区的建设应考虑到中国经济发展水平，以满足功能需要为主，并结合交通量的增长，体现"一次规划、分期实施"的原则。通过对交通量的预测分析，服务区之间的停车区可采用同步建设或先征地、后建设的思路，以在交通量增长到一定程度时缓解服务区的压力提供物质基础条件。

2.观景台

公路沿线两侧结合地形条件，选择合适地点设置观景台，对于位于景区的公路十分必要。合理设置观景台，将人类活动范围控制在一个十分合理的区域内，不仅可保证行车安全，更大大减少了人对环境的影响范围。如条件允许，可在观景台与公路之间设置绿化带加以分离。观景台位置的选择非常重要，应避免位置在视距不良或容易发生交通事故的路段。

三、隔离设施

隔离设施又称隔离栅，是阻止人畜进入公路、防止非法占用公路用地的基础设施。它可有效地排除横向干扰，避免由此产生的交通延误或交通事故，保障公路效益的发挥。

1.结构形式及选择

（1）结构形式

隔离栅有金属网刺铁丝网和常青绿篱三大类。金属网按网面材料的不同又可进一步分为电焊网、钢板网、编织网等形式。常青绿篱在南方地区与刺铁丝网配合使用，具有降低噪声、美化路容和节约投资的功效。隔离栅的分类见表3-8。

表 3-8　隔离栅的分类

类型		埋设条件	支撑结构
金属网	电焊网	混凝土基础或直埋土中	钢支撑
	钢板网		
	编织网		
刺铁丝		混凝土基础或直埋土中	钢筋混凝土支柱或钢支柱
常青绿篱		土中	

（2）形式选择

隔离栅的形式选择必须考虑其性能、造价、美观、与周围环境的协调、施工条件及养护维修等因素，并应与公路的设计标准相适应。

金属网隔离栅是一种结构合理、美观大方的结构形式，但造价较高，故主要适用于：

1）城镇及城镇郊区人烟稠密的路段两侧。

2）风景区、旅游区、名胜古迹等美观性要求较高的路段两侧。

3）互通式立交、服务区和通道的两侧。

4）编织网比较适宜于地势起伏不平的路段，而钢板网和电焊网适用于地势平坦路段。

刺铁丝网隔离栅是一种比较经济适用的结构形式，但美观性较差，故主要适用于：人烟稀少的路段，山岭地区的高速公路；郊外的公路保留用地；郊外高架构造物下面；

路线跨越沟渠且需封闭的地方。

在互通式立交区域、服务区、停车区、收费站、管理（局）所等处及设置刺铁丝网隔离栅的路段，隔离栅的设置宜与绿化相配合，选择合适的小乔木或灌木，在管辖地界范围内形成绿篱，以有效地增强该区域的景观。

2. 设置原则

（1）除特殊地段外，高速公路、需要控制出入的一级公路沿线两侧必须连续设置隔离栅，其他公路可根据需要设置。

（2）凡符合下列条件之一的路段，可不设隔离栅：

1）高速公路、需要控制出入的一级公路的路侧有水渠、池塘、湖泊等天然屏障，不用担心有人、畜进入或非法侵占公路用地的路段。

2）高速公路、需要控制出入的一级公路的路侧有高度大于 1.5m 的挡土墙或砌石陡坎，人、畜难以进入的路段。

3）桥梁、隧道等构造物的两侧，除桥头或洞口需与路基上隔离栅连接以外的路段。

（3）隔离栅一般沿公路用地界线以内 20~50 cm 处设置。

（4）隔离栅在遇桥梁、通道时应朝桥头锥坡或端墙方向围死，不应留有让人、畜可以钻入的空隙。

（5）隔离栅与涵洞相交时，如沟渠较窄，隔离栅可直接跨过；如沟渠较宽，隔离栅难以跨越时，可采取斜挎的处理方式。

（6）由于地形的原因，隔离栅前后不能连续设置时，就以该处作为隔离栅的端部，并处理好端头的围封。

（7）地形起伏较大，隔离栅不易施工的路段，可根据需要把隔离栅设计成阶梯的形式。

（8）隔离栅宜根据管理养护的需要在适当的地点设置开口，凡在开口处均应设门，以便控制出入。

四、防眩设施

眩光是指在视野范围内，由于亮度的分布或范围不适宜，在空间或在时间上存在极端的亮度对比，导致驾驶员的视觉机能或视距降低的现象。

在道路交通中，产生眩光的光源主要有对向来车的前照灯、太阳光道路照明光源、广告或标志照明路面反光镜或其他物体表面的反射光。对太阳光，可在驾驶员座位前安装可折叠的遮阳板，在早晨或傍晚正向太阳方向行驶时将其打开，或者配戴太阳镜；对道路照明光源，可采用截光型或半截光型的灯具来调整光源光线的分布，以减小眩光影响；对广告或标志照明，可采用发光表面柔和的低压荧光灯、外部投光照明或内部照明；而对于对向车辆前照灯带来的眩光影响，就需要设置专门的防眩设施。

防眩设施能够防止夜间行车受对向车辆前照灯炫目影响，保证行车安全并提高行车舒适性。防眩设施设置在高速公路、一级公路的中央分隔带上。

1. 设置依据

防眩设施可防止对向车辆前照灯的眩目，改善夜间行车条件，增大驾驶员的视距，消除驾驶员夜间行车的紧张感，降低事故发生率。防眩设施还可以改善道路景观，诱导驾驶员视线，克服行车的单调感。下列情况可作为考虑设置防眩设施的依据：

（1）夜间相对白天事故发生率较高的路段。

（2）夜间交通量大，特别是货车等大型车混入率较高的路段。

（3）不寻常的夜间事故(尾撞碰撞路侧结构物或从弯道外侧越出路外)较多的路段。

（4）中央分隔带宽度小于 3 m 的路段。

（5）平曲线半径小于一般最小半径的路段。

（6）夜间事故较集中的凹型竖曲线路段。

（7）道路使用者对眩光程度的评价。

2. 设置原则

（1）不需设置防眩设施的条件

防眩设施应设置在高速公路、一级公路的中央分隔带上，最好与护栏有效配合使用。

有些情况下，对向来车产生的眩光影响小，可以不设置防眩设施，具体地有：

1）中央分隔带宽度大于 9m。在道路上两车相会时，驾驶员受眩光影响的程度与两车的横向距离有很大的关系。国内外的研究者普遍认为：提供足够的横向距离以消除对向车辆前照灯眩目是理想的防眩设计。国外 6 车道的高速公路，除满足日间的交通量需求外，夜间左侧车道（靠近中央分隔带的车道）上几乎没有或很少有车辆行驶，甚至中间车道的车辆也不多。这样，两车相会时有足够的横向距离，消除了对向车辆前照灯的眩目。

2）上下行车道中心高差大于 2 m。当公路路基的横断面为分离式断面，上下行车道不在同一水平面时，理论计算和实际应用的经验都表明，会车时眩光对驾驶员的影响就很小了。且在这种情况下，一般都应在较高的行车道旁设置路侧护栏，而护栏（除缆索护栏外）也起到遮光的作用，因而此时不必设置专门的防眩设施。

3）路段有连续照明设备。在有连续照明设施的路段，车辆夜间一般都以近光灯行驶，会车时炫目影响甚微，可以不设置防眩设施。

（2）设置防眩设施的条件

高速公路、一级公路凡符合下列条件之一者，应设置防眩设施：中央分隔带宽度小于 9 m 的路段；夜间交通量较大，服务水平达到二级以上的路段；圆曲线半径小于一般最小半径的路段；凹型竖曲线半径小于一般值的路段；公路路基横断面为分离式断面，上下车行道高差小于或等于 2 m 时；与相邻公路或交叉公路有严重眩光影响的路段；连拱隧道进出口附近。

3. 平曲线路段防眩设施的设置

在平曲线路段，除了要考虑遮光角的调整，还要考虑防眩设施对视距的影响。在曲线半径较小且中央分隔带较窄的弯道上，设置防眩设施可能会影响曲线外侧车道的视距。因此，在设置防眩设施前应进行停车视距分析，判断在停车视距范围内防眩设施是否阻挡外侧车道的视距。确保视距可采用下列方法：

（1）在不满足停车视距要求的平曲线路段，不设防眩设施或将中央分隔带加宽。

（2）降低防眩设施的高度，使驾驶员可以从防眩设施上缘通视本车道。高度降低后的防眩设施应能阻挡对向车前照灯的大部分灯光，使驾驶员在白天能看到前方车流中尾车的顶部，这一高度一般为 1.20 m。

（3）曲率半径较大的平曲线路段，可把防眩设施的设置位置向曲线内侧适当偏移。

4. 竖曲线路段防眩设施的设置

（1）凸型竖曲线路段

在凸型竖曲线路段上，驾驶员可在一定范围内从较低的角度看到对向车辆前照灯的灯光，随着两车的接近，视线上移，眩光才会被防眩设施的遮光部分所遮挡。所以，防眩设施遮光部分的下缘将成为控制指标，应使其接近或接触地面，以防止下缘漏光，可采用以下几种方法：

1）防眩设施和混凝土护栏配合使用时，其下缘和护栏顶面接触，可完全遮光；与波形梁护栏配合时，护栏本身有一定宽度，可计算确定其宽度能否满足阻挡对向车前照灯光线的要求。

2）防眩设施和护栏高度不变，在中央分隔带上种植密集式矮灌木。

3）降低防眩设施的下缘高度。

凸型竖曲线路段防眩设施设置的范围至少为凸型竖曲线顶部两侧各 120 m。

（2）凹型竖曲线路段

在凹型竖曲线路段，驾驶员显然可从较高的角度看到对向车前照灯的灯光，因而宜根据凹型竖曲线的半径和前后纵坡的大小，适当增加凹型竖曲线路段防眩设施的高度。一般可通过计算法或计算机绘图求出凹型竖曲线内各典型路段相应的防眩设施高度值，最后取一平均数值作为整个凹型竖曲线段防眩设施的设置高度。具体步骤如下：

1）根据凹型竖曲线的半径及长度大小，将整个凹型竖曲线部分长度划分为 4~12 个路段作为典型路段。

2）在各典型路段内选一点计算其相应的防眩高度，并将其作为该典型路段的设置高度。

3）为方便加工制作及日后的维护，可取各典型路段计算的平均值或稍大一点的数值，作为整个凹型竖曲线路段的设置高度。

由于各点的高度是变化的，这给防眩设施的材料加工和安装带来很多困难，实施中可采用以下方法：根据防眩设施高度的变化，加宽中央分隔带的宽度，种植足够高的树木；若防眩设施高度变化幅度较小，可取某平均高度作为整个凹型竖曲线路段防眩设施的高度；在凹型竖曲线路段底部种植树篱，美化环境并与自然景观配合。

为使防眩设施的高度能与公路的横断面比例协调，不使防眩设施受冲撞后倒伏到行车道上，及减少行驶的压迫感，防眩设施的高度一般不宜超过 2 m。显然，在凹型竖曲线路段种植足够高的树木是比较理想的防眩形式。

5. 注意事项

（1）设置防眩设施后，不应减少车辆的停车视距。

（2）防眩设施所用材料不得反光。

（3）防眩设施的设置应考虑设施的连续性，避免在两段防眩设施中间留有短距离的间隙。

（4）长距离设置防眩设施时，防眩设施的形式或颜色宜有一定的变化。

（5）防眩设施的设置应注意与公路周围景观的协调。

（6）防眩设施与各种护栏配合设置时，应针对不同地区，结合防风、防雪、防眩的综合要求，考虑组合结构的合理性。

五、视线诱导设施

视线诱导设施是沿车行道两侧设置，用于明示道路线形、方向、车行道边界及危险路段位置，诱导驾驶员视线的设施。车辆在道路上行驶需有一定的通视距离，以便掌握道路前方的情况，尤其在夜间行驶时，仅依靠汽车前照灯照明来弄清道路前方的线形、明确行驶的方向是有一定困难的。因为汽车前照灯的照明范围是有限的，要想达到白天的通视距离，就要依赖于视线诱导设施。

视线诱导设施按功能可分为轮廓标、分合流诱导标和线形诱导标，轮廓标以指示道路线形轮廓为主要目标；分合流诱导标以指示交通流分合为主要目标；线形诱导标以指示或警告改变行驶方向为主要目标。它们以不同的侧重点来诱导驾驶员的视线，使行车更趋于安全、舒适。

（一）轮廓标

轮廓标是用来指示道路方向、车行道边界的设施，其结构按设置条件可分为独立式和附着式两种。在高速公路、一级公路的主线，以及互通立交、服务区、停车场的进出匝道或连接道，应连续设置轮廓标。轮廓标在公路前进方向的左右两侧对称设置。

1. 设置间隔

在直线段，其设置间隔为 50 m，当附设于护栏上时，其设置间隔可为 48 m。在主线或匝道的曲线段上，其设置间隔可按表 3-9 的规定选用。在道路宽度变化及有其他危险的路段上，应适当加密轮廓标的间隔。

表 3-9　曲线段轮廓标的设置间隔

曲线半径 /m	< 30	30~89	90~179	180~274	275~374	375~999	1000~1999	> 2000
设置间隔 /m	4	8	12	16	20	30	40	50

2. 独立式轮廓标

独立式轮廓标设置于土中，独立式轮廓标由柱体、反射器组成，柱体为空心圆角的三角形截面，顶面斜向车行道，柱身为白色，在柱体上部有 25cm 长的一圈黑色标记，黑色标记的中间镶嵌一块 18 cm×4 cm 的反射器。反射器分白色和黄色两种，白色反光片安装于道路右侧，黄色反光片安装于道路左侧或中央分隔带上。轮廓标采用混凝土基础，柱体与基础的连接可采用装配式安装。

3. 附着式轮廓标

附着式轮廓标附着设置在各类建筑物上，由反射器、支架和连接件组成。可根据建筑物的种类及附着的部位采用不同形状的轮廓标和不同的连接方式。

轮廓标附着于波形梁护栏波形板中间的槽内时，反射器的形状为梯形，支架做成封闭式，固定在护栏与立柱的连接螺栓上。

轮廓标柱体应采用聚乙烯树脂、玻璃纤维增强塑料、聚碳酸酯树脂、氯乙烯树脂等强度高、耐候性好、耐温性好、耐蚀性好、加工成型方便的材料制造。

（二）分、合流诱导标

分流或合流诱导标是指设置于交通分流或合流区段的设施，它可以引起驾驶员对高速公路进、出口匝道附近的交通运行情况的注意。原则上应在有分流、合流的互通立交进、出口匝道附近设置。分流诱导标设在减速车道起点和分流端部，合流诱导标设在加速车道终点和合流端部。

分、合流诱导标是以反射器制作符号黏贴在底板上的标志，汽车在高速公路上行驶，在分、合流标的诱导下，无论在白天还是黑夜，驾驶员都可以非常清楚地辨认交通流的分、合流情况。除反射器外，其他材料可按标志材料的技术要求处理。

分、合流诱导标，分为设置于土中和附着于护栏立柱上两种。

1. 设置于土中的分、合流诱导标

设置于土中的分、合流诱导标由反射器底板、立柱、连接件和基础等组成。可以按标志的计算方法，计算出所需的立柱截面大小及基础尺寸，主要考虑的外力是风力。反射器与底板可黏结或用螺栓连接。底板与立柱用抱箍、滑动槽钢通过螺栓连接。

2.附着式分流、合流诱导标

附着于护栏立柱上的分流、合流诱导标。反射器、底板与埋置于土中的相同，立柱则附设在护栏立柱上，可直接用抱箍的形式与护栏立柱连接。

3.分流、合流诱导标的颜色规定

高速公路分流、合流诱导标的底为绿色，其他公路为蓝色，诱导标的符号均为白色。

（三）线形诱导标

线形诱导标是指设置于急弯或视距不良的路段，用来指示道路改变方向，或设置于施工、维修作业路段，用来警告驾驶员改变行驶方向的设施。可分为指示性线形诱导标和警告性线形诱导标两类。

1.线形诱导标的设置

（1）指示性线形诱导标应设置在半径小于一般最小半径或通视较差、对行车安全不利的曲线外侧。

（2）警告性线形诱导标应设置在道路局部施工或维修作业等需临时改变行车方向的路段。

线形诱导标至少在150m远处就能看见，其设置间距应保证使驾驶员能至少看到两块线形诱导标，或能辨明前方将进入弯道运行。

2.线形诱导标的构造

（1）设置于土中的线形诱导标由反射器、底板、立柱、连接件和基础等组成。反射器可以用黏结剂贴在底板上，也可采用螺栓连接；底板与立柱用抱箍、滑动槽钢通过螺栓连接；立柱埋置于混凝土基础上。

（2）附着于护栏上的线形诱导标由反射器、底板、立柱和连接件组成。线形诱导标的立柱通过抱箍与护栏柱连接固定。

（3）线形诱导标的基本单元符号可以单独使用，也可以把几个基本单元组合在一起使用。

（4）线形诱导标的颜色规定。指示性线形诱导标为白底蓝图案，警告性线形诱导标为白底红图案。

六、交通信号控制设备

在道路上，凡是用来传送具有法定意义、指挥车辆通行或停止的灯光、声响、手势，都是交通信号。道路上常用的交通信号有灯光信号和手势信号，灯光信号借交通信号灯的灯色来指挥交通；手势信号由交通管理人员用法定的手臂动作或指挥棒指向来指挥交通。手势信号现在仅在交通信号灯出现故障时或在无交通信号灯的地方起临时指挥交通的作用。本节对交通信号控制设备的硬件设备进行论述，不讨论交通信号的设置条件与配时方法。

（一）概述

1. 交通信号灯的分类

（1）按用途分类

可分为车辆交通信号灯、行人交通信号灯和特种交通信号灯三种。其中，特种交通信号灯包括方向交通信号灯，吊桥窄桥、隧道信号灯，道路、铁路平交道口信号灯和闪光警告信号灯。

（2）按操作方式分类

可分为定周期控制信号灯和感应式控制信号灯。其中，感应式控制信号灯又可细分为半感应式和全感应式两种。

（3）按控制范围分类

可分为单个交叉口控制信号灯（简称点控）、干道联动控制信号灯（简称线控）和区域交通控制信号灯（简称面控）。其中，干道联动控制信号灯又可分为有电缆线控制信号灯和无电缆线控制信号灯两类。

（4）按色光分类

可分为红色信号灯、黄色信号灯、绿色信号灯、箭头信号灯、闪烁灯和及时信号灯。

2. 灯色规定

早期的交通信号灯只有红、绿两种灯色，绿色表示"允许"，红色表示"禁止"。后来随着车辆的增多和驾驶员争道现象的日益严重，又出现了黄色灯，对驾驶员争道起预警作用，黄灯亮表示红灯即将亮，车辆需停止。为了应对日益突出的交叉口交通冲突问题，信号配时技术不断进步，相继出现了各种时间分离方法，产生了符合多种时间分离方法的多样化的现代信号灯。除了红、黄、绿三色灯以外，还出现了指示方向的箭头灯、闪烁灯以及倒计时指示灯等。各国使用这些信号灯的方法差别也越来越大，赋予信号灯的含义也有一些差异。

3. 信号灯的形式与灯色排列

各种信号灯的安装次序有统一的规定，以便于驾驶员分辨；信号灯次序安排的原则是将重要的灯色放在重要的位置，其次序安排有竖式和横式两种。

（1）竖式

1）普通信号灯。灯色排列自上而下依次为红灯、黄灯、绿灯。

2）带有箭头灯的信号灯。可分为单排式信号灯和双排式信号灯两种类型。对于单排式，一般自上而下依次为红灯、黄灯、绿灯、直行箭头灯、左转箭头灯、右转箭头灯，中间可省掉不必要的箭头灯；当同时装有直、左右三个箭头灯时，可省掉普通绿灯。对于双排式，一般在普通信号灯里侧加装左转箭头灯，或左转和右转箭头灯，或左转、直行、右转三个箭头灯。

（2）横式

1）普通信号灯。灯色排列由里向外依次为红灯、黄灯绿灯。

2）带有箭头灯的信号灯。对于单排式，一般由里向外依次为红灯、黄灯、左转箭头灯、直行箭头灯、右转箭头灯；或红灯、黄灯、左转箭头灯、绿灯；或红灯、黄灯、绿灯、右转箭头灯。对于双排式，一般在普通信号灯下方，由里向外依次为左转箭头灯、直行箭头灯、右转箭头灯，中间可省掉不必要的箭头灯。

（二）信号灯的安装位置与要求

交通信号灯的安装，应按其各自的功能和不同的用途以及设置地点的环境条件进行合理的安排。特别是各种功能信号灯的灯色要严格按规定使用，如交通控制信号灯的红色和绿色不能与车辆引导灯的红色和绿色混同，应在浓淡和亮度甚至色调上有所区别。其他如施工事故现场警示灯等更应与交通控制信号灯的颜色保持较大差别，以免出现灯色混淆的情况。不同类的信号灯绝对不能在一个平面中出现，应尽量保持一定距离。交通信号灯的安装，要求最严的是交通控制信号灯和人行横道灯两种。交通信号灯中最主要的就是交通控制信号灯，故一般就将其称为交通信号灯，其安装要求可分以下几点。

1. 交通信号灯的安装位置

交通信号灯安装位置的形式有 A 式、B 式和 C 式三种。

（1）A 式交通信号灯

A 式交通信号灯应安装在道路右边进入路口转角圆曲线的起点，并尽量使信号灯的位置前移以缩小路口范围，便于车辆迅速通过路口。在设有机动车与非机动车隔离设施的路口，灯杆应置于隔离设施处，灯架的伸臂不必加长，但在非机动车道必须设立非机动车用的交通信号灯。

（2）B 式交通信号灯

B 式交通信号灯安装在道路右边的正对面路口处。这种安装位置的优点在于：一是便于合理地安排人行横道和停止线；二是信号灯前没有树木遮挡的影响，便于识别。

（3）C 式交通信号灯

C 式交通信号灯安装在路口中心。如果路口较宽，可将信号灯安装在中心岗亭或岗台顶部；在较窄的路口可采用悬吊方法。吊灯制作简单、安装方便、价格也便宜。这种安装位置的优点是：可减小驾驶员在观察信号中的视线偏心角，有利于信号的识别，也有利于对其他情况的观察。

人行横道信号灯应安装在人行横道两端，灯面正对人行横道。

2. 交通信号灯的安装要求

（1）加设遮光罩

信号灯的每个灯头上方应设置遮光罩并涂以黑色，用来吸收外来光线及避免反光。

（2）要有足够的亮度

为使驾驶员在 150m 以外能辨清信号，在使用透镜直径为 25cm 的信号灯时，红色灯需有 310 cd（坎德拉）的光强度、绿色灯有 360 cd 的光强度，方可达到其亮度要求。

（3）要有适当的高度和角度。

信号灯的安装高度应该满足建筑限界的规定。一般道路，信号灯最低处到路面的净空高度必须确保 4.5 m，高速公路的净空高度必须确保在 5.0 m 以上。考虑到施工误差，路面加罩面等因素，需留一定的余量。

信号灯的角度应与车行道距停车线 150 m 处相对，较宽（单向 2~3 个车道）的道路，应与中心线有 2°~3° 的转角。

非机动车信号灯和人行横道信号灯，其高度最低处应距地面 2.5 m 左右；弯道处的信号灯一般采用横向水平式，其他要求与交通控制信号灯相同。

第四章　桥梁的总体规划设计

桥梁是公路、铁路和城市道路的重要组成部分，特别是大、中型桥梁的建设对当地的政治、经济、国防等都具有重要的意义。因此，桥梁工程必须遵照安全、耐久、适用、环保、经济和美观的基本原则进行设计。本章主要详细讲解桥梁设计当中的总体规划设计。

第一节　桥梁设计的基本原则

设计时要充分考虑因地制宜、就地取材、便于施工和养护等因素进行全寿命设计。桥梁设计应该遵循的各项基本原则分述如下。

1. 安全性

（1）桥梁的全部构件及其连接构造在强度、刚度、稳定性和耐久性方面应有足够的安全储备。

（2）防撞栏杆应有足够的高度和强度。人行道与机动车道之间应做好防护栏，以防止车辆撞入人行道或撞坏栏杆而跌落桥下。

（3）对于交通流量大的桥梁，应设好照明设施，设置明确的交通标志；两端引桥坡度不宜太大，以避免发生车辆碰撞等交通事故。

（4）在地震区修建的桥梁，应按抗震要求采取防震措施：对于河床易变迁的河道，应设计好导流设施，防止桥梁基础底部被过度冲刷；对于通航大吨位河道，除了按规定加大跨径外，还必须设置防撞构筑物等。

2. 适用性

（1）桥面宽度应能满足当前及规划年限内的交通流量（包括行人通行）。

（2）桥梁结构在设计荷载作用下不出现超过规定的变形和裂缝。

（3）桥跨结构的下方应有利于泄洪、通航（跨河桥）或车辆和行人的通过（旱桥）。

（4）桥的两端应方便车辆的进入和疏散，不致产生交通堵塞现象等。

（5）考虑综合利用，方便各种管线（水、电、气、通信等）通过。

3. 经济性

（1）桥梁设计应遵循因地制宜、就地取材和方便施工的原则。

（2）桥梁应选择造价和使用年限内养护费用综合最省的方案，设计时应该尽量使维修费用最少，维修时尽量不中断交通或中断交通时间最短等。

（3）桥位应选在地形、地质、水文条件较好的区域，尽量缩短桥梁长度。

（4）尽可能缩短运距，促进地方的经济发展，以产生最大的经济效益。对于过桥收费的桥梁，应吸引更多的车辆通过，以达到尽快回收投资的目的。

4. 美观性

一座桥梁应外形优美，结构布置简洁，在空间结构尺寸上有着和谐的比例。桥梁应与周围环境相协调，城市桥梁和旅游地区的桥梁可较多地考虑建筑艺术上的要求。合理的结构布局和流畅的外观轮廓是保证美观的主要因素，结构细部的美学处理也十分重要。另外，施工质量对桥梁美观也有很大的影响。

5. 耐久性

其指在设计确定的环境作用和养护、使用条件下，结构及其构件在设计使用年限内保持其安全性和适用性的能力。

6. 环保

桥梁建设必须考虑环境保护和可持续发展的要求，包括生态、水土保持、空气、噪声等几方面：应从桥位选择、桥跨布置、基础方案、墩身外形、上部结构施工方法、施工组织设计等方面全面考虑环境保护要求，采取必要的工程控制措施，建立环境监测保护体系，使其对环境的不利影响降至最低。桥梁施工完成后，应将两岸植被恢复或进一步美化桥梁周边的景观。

第二节　桥梁平、纵、横断面设计

1. 平面设计

桥梁设计时首先要确定桥位，小桥和涵洞的位置和线形一般应服从线路的总走向。为满足线路的要求，可设计为斜交桥或弯桥。对于公路上的特大桥、大桥、中桥的桥位，原则上应符合线路的走向，桥、路综合考虑，尽量选择在河道顺直、水流稳定、地质条件良好的河段上。桥梁的平曲线半径、平曲线超高和加宽、缓和曲线、变速车道设置等，均应满足相应等级线路的规定。桥梁的线形及桥头引道要保持平顺，使车辆能顺利通过。小桥涵的线形及其与公路的衔接可按线路的要求布置。大、中桥梁的线形一般为直线。当桥面受到两岸地形限制时，允许修建曲线桥，曲线的各项指标应符合线路的要求；也允许修建斜桥，其交角（桥墩沿水流方向的轴线与河道水流方向间的夹角）一般不大于 45°，通航河流上不宜大于 5°。

2. 纵断面设计

桥梁纵断面设计包括桥梁总跨径的确定、桥梁的分孔、桥面标高与桥下净空、桥上及桥头引道纵坡的布置等。

（1）桥梁总跨径的确定

桥梁总跨径一般参照水文计算来确定。由于桥梁墩台和桥头路堤压缩了河床横断面面积，使桥下过水断面减小，流速加大，加强了河流对河床的冲刷。因此，桥梁总跨径必须保证桥下有足够的泄洪面积，使河床不致受到过大的冲刷。山区河流流速较大，应尽可能少压缩或不压缩河床；而对于平原地区的宽滩河流（流速较小），虽然允许压缩，但是必须注意重水对上游河堤、地下水及附近农田等可能产生的危害。

（2）桥梁的分孔

桥梁的总跨径确定以后，还需进行单孔的布置。一座较大的桥梁可以分成多孔。各孔的跨径有多大，有几个河中桥墩，哪些是通航孔，哪些不是通航孔，这些问题要根据通航要求、地形和地质条件、水文情况及经济技术和美观的需求来加以确定。桥梁的分孔关系到桥梁的总造价。跨径和孔数不同时，上部结构和墩台的总造价是不同的。跨径愈大，孔数愈少，上部结构的造价就愈大，而墩台的造价就愈小。最经济的跨径是使上部结构和下部结构总造价最低的跨径。因此，当桥墩较高或者地质不良，基础工程复杂而造价较高时，桥梁的跨径可选得大一些；反之，当墩台较矮或地质良好时，桥梁的跨径就可以选得小一些。在实际工程中，可对不同的跨径布置进行粗略的方案比较，选择最经济的跨径和孔数。

对于通航河流，当通航净宽大于按经济造价确定的跨径时，一般按通航净宽来确定通航孔跨径，其余桥孔跨径则采用经济跨径。但对于变迁性河流，考虑航道可能发生变化，则需多设几个通航孔。桥梁的分孔是个非常复杂的问题，各种各样的条件和要求往往互相矛盾。例如，跨径在 100m 以下的公路桥梁，为了尽可能地符合标准跨径，不得不放弃采用按经济要求确定的孔径；某些应急工程为了便于抢修和互换，常需要将全桥各孔跨径做成统一的，并且跨径不要太大；有时因为工期很紧，为减少水下工程，需要减少桥墩而增加跨径。有些体系中，为了使结构受力合理和用材经济，布置时要考虑跨径比例的合理性。例如，在连续梁设计中，其中跨与相邻边跨的比值：对于三跨连续梁，一般取 1.0 : 0.8；对于五跨连续梁，一般取 1.009 : 0.65，孔数不多时最好布置成奇数跨，以免将桥墩正置河道中央。

在有些情况下，为了避免在河中搭设脚手架和修建临时墩，可以加大跨径，采用悬臂浇筑法进行施工；在山区建桥时，往往采用单孔跨越深谷的大跨径桥梁，以避免建造中间桥墩。跨径的选择还与施工能力有关，有时选用较大跨径虽然在经济上和技术上是合理的，但是由于缺乏足够的施工技术能力和施工机械设备，也不得不改用较小跨径。

总之，对于大、中型桥梁来说，桥梁分孔问题是设计中最基本、最复杂的问题，必须进行深入、全面的分析，才能制定出比较完美的方案。

（3）桥面标高与桥下净空

桥面标高在线路纵断面设计中已作规定，或根据设计洪水位及桥下通航需要的净空结合桥梁的建筑高度来确定。桥面标高的抬高会引起桥头引道路堤土方量的增加；而在修建城市桥梁时，则可能使引道布置困难。因此，必须根据设计洪水位、桥下通航（或通车）净空等的要求，结合桥型、跨径综合考虑，以确定合理的桥面标高。

对于非通航河流，梁底一般应高出设计洪水位（包括壅水和浪高）至少 0.5m，高出最高流冰水位至少 0.75m；支座底面应高出设计洪水位至少 0.25m，高出最高流冰水位至少 0.5m。对于无铰拱桥，拱脚允许低于设计洪水位，但设计洪水位一般不应超过拱圈矢高的 2/3，拱顶底面至设计洪水位的净高不应小于 1.0m。对于有漂流物或易淤积的河床，桥下净空应视情况适当加高。

（4）桥梁的纵坡设置

桥面标高确定后，就可根据桥头两端的地形和线路要求来设计桥梁的纵断面线形。一般小桥通常做成平坡桥，对于大、中型桥梁，为了利于桥面排水和降低引道路堤高度，往往设置从中间向两边倾斜的双向坡道，桥上纵坡不宜大于 4%，桥头引道纵坡不宜大于 5%。对位于城镇交通量大处的桥梁，桥上纵坡和桥头引道纵坡均不得大于 3%。桥上或引道处纵坡发生变化的地方，均应按规定设置竖曲线。

3. 横断面设计

桥梁宽度取决于桥上交通要求，各公路桥桥面行车道净宽标准，见表 4-1。

表 4-1 公路桥桥面行车道净宽标准

设计速度/(km/h)	120	100	80	60	40	30	20
车道宽度/m	3.75	3.75	3.75	3.50	3.50	3.25	3.00（单车道为 3.50）

一般来说，在高速公路或一级公路上，多数修建上、下行两座独立桥梁。各级公路上的涵洞和二、三、四级公路上跨径小于 8m 单孔小桥的桥面宽度，应与路基同宽。城市桥梁的桥面宽度应考虑城市交通的规划要求予以适当加宽。桥上如通行电车和汽车时，一般将电车道布置于桥梁中央，汽车道在它的两旁。位于弯道上的桥梁，应按线路要求予以加宽和设置超高。

桥上人行道和慢车道的设置应根据需要而定，并与前后线路的布置相匹配。慢车道与行车道之间必要时应设置分隔设施。人行道宽 0.75m 或 1.0m，大于 1.0m 时可按0.5m 的倍数增加，且人行道宜高出行车道 0.25~0.35m。

第三节 桥梁设计与建设程序

各国根据桥梁建设长期积累的经验，各自形成了一整套与本国管理体制相适应的严密而有序的工作程序。我国根据国家基本建设程序的要求，逐步形成了包括技术、经济及组织工作在内的桥梁建设程序。它分为前期工作及设计阶段。前期工作包括编制预可行性研究报告和可行性研究报告。设计阶段按"三阶段设计"进行，即初步设计、技术设计与施工图设计。各阶段设计文件完成后的上报和审批都由国家指定的行政主管部门负责。批准后的文件就是各建设程序实施的依据，也是下一阶段设计文件编制的依据。

1. 前期工作

预可行性研究报告和可行性研究报告均属于建设的前期工作。两者应包括的内容及目的基本一致，只是研究的深度不同。预可行性研究报告是在工程可行的基础上，着重研究建设上的必要性和经济上的合理性；可行性研究报告则是在预可行性研究报告审批后，在必要性和合理性得到确认的基础上，着重研究工程上和投资上的可行性。这两阶段的研究都为科学地进行项目决策提供依据，避免盲目决策带来的严重后果。前期工作的重点在于论证建桥的必要性、可行性，并确定建桥的地点、规模、标准、投资控制等一系列宏观问题。因此，本阶段的工作是非常重要的。这两阶段的内容主要有以下几个方面。

（1）工程必要性论证

工程必要性论证是评估桥梁建设在国民经济中的作用。

（2）工程可行性论证

本阶段工作的重点在于选择好桥位，确定桥梁的建设规模，同时需协调好桥梁与河道、航运、城市规划及已有设施的关系。工程可行性论证主要包括以下几个方面的内容。

1）桥梁标准制订问题

首先确定车道数、桥面宽度及荷载标准，其次是选取允许车速、桥梁坡度和曲线半径，最后应考虑桥梁抗震标准和航运标准等。

2）自然条件及周围环境问题

本阶段的地质工作以搜集资料为主，辅以在两岸适当布置钻孔进行验证。要探明覆盖层的性质、岩面高程、岩性及构造，确定有无大的构造断层，并从地质角度对各桥位做出初步评价。本阶段的水文工作也十分重要，一般要求提供设计流量，调查历史最高和最低水位，以及设计洪水频率的洪水位，掌握常水位情况及流速资料。此外，还要对一些特殊水文条件进行研究，如沿海地区的潮汐问题等。

3）桥位问题

进行桥位方案比较的目的在于评估方案的可行性，特别是基础工程的可行性。为此，应该采取比较成熟的方案，以提高评估的可信性，并应至少提出两个桥位方案进行比选。遇到某些特殊情况时，还需要在大范围内提出多个桥位方案进行比选。桥位比较的内容可以包括下面一些因素。

①桥位对路网布置是否有利。比较造价时，要把各桥位桥梁本身的造价与相应附属工程的造价加在一起进行比较；桥梁建在城市范围内时，要使桥梁建设满足城市规划的要求，还要比较各桥位的航运条件；在进行自然条件的比较时，要考虑地质条件对基础工程的设计、施工难度及工程规模有无直接的影响。

②外部条件的处理能否落实，桥梁在不同桥位时对周围设施的影响程度如何，以及不能拆迁的设施对桥梁的影响程度如何等；对环境保护的评估也是必不可少的。经综合比较，选定一个桥位作为推荐桥位。

（3）经济可行性论证

1）造价及回报问题

收取车辆过桥费是公路桥梁取得回报的主要方式。但从宏观角度出发，桥梁建设是推动社会经济发展的重要因素。尤其是公路干线上特大桥的经济效益和社会效益更是全国性的，因此特大桥、大桥的投资者主要是国家或地方政府。

2）资金来源及偿还问题

资金来源在预可行性研究阶段应有所计划，在可行性研究阶段则必须予以落实。若想通过国外贷款、发行债券、民间集资的渠道筹措资金，必须得到有关部门的批准。

2. 设计阶段

（1）初步设计

由政府计划部门下达的设计任务书是进行初步设计的依据。设计任务书应就桥位、建桥标准、建桥规模等控制性要求做出规定。在进行进一步勘测工作时，如发现选定的桥位确属地质不良，并将造成设计和施工困难，则可以在选定桥位的上、下游附近不影响桥梁总体布置的范围内，通过地质条件的比较，推荐一个新的桥位。初步设计在阶段的主要内容有以下几点。

1）进一步开展水文、勘测工作

在初步设计阶段，要通过进一步的水文工作提供基础设计和施工所需的水文资料，如施工期间各月可能出现的高、低水位和相应的流速，以及河床可能的最大冲刷深度、施工中可能引起的局部冲刷等。本阶段的勘测工作称为初勘，要求在以桥位中心线为轴线的上、下游适当布置一些钻孔，以探明岩层构造及其变化情况。根据钻探取得的资料，确定岩性、强度及基岩风化程度、覆盖层的厚度、力学指标，以及地下水位情况等。

2）桥型方案比较

桥型方案比较是初步设计阶段的工作重点，一般要进行多个方案比较。各方案均要求提供桥型布置图，图上必须标明桥梁纵、横断面结构布置，主要部位高程，上、下部结构的结构形式及工程量。对于推荐方案，还要提供上、下部结构的结构布置图，以及一些主要及特殊部位的构造处理。各类结构都需经过验算并提供可行的施工方案。

3）科研项目

在初步设计阶段，要提出设计、施工中需要进一步通过试验或理论研究来解决的技术难题，立项并作经费计划，待主管部门审批初步设计文件时一并审批，批准后方能实施。

4）施工组织设计

对推荐桥型方案要编制施工组织设计，包括主体结构的施工方案、施工工序、施工投入机械设备清单、主要工程量清单、砂石料来源、施工安排及工期计划等。

5）概算

根据工程量，施工组织设计及标准定额编制概算。各桥型方案都要编制相应的概算，以便进行不同方案工程费用的比较。按照规定，初步设计概算不能超过前期工作已审批估算的 10%，否则应重新编制方案。根据具体情况对概算做适当调整，可将其作为招标时的标底。当主管部门审批初步设计文件时，如对推荐方案提出必须修改的意见，则需根据审批意见另外编制、修改初步设计文件报送上级主管部门批准。

（2）技术设计

技术设计应根据批准的初步设计中存在的重大、复杂技术问题及新技术、新材料的应用问题，通过进一步的科学试验、专题研究及分析论证予以解决，落实技术措施，提出可行的施工方案，经批准后作为编制施工图设计的依据。

（3）施工图设计

在施工图设计阶段，要进一步根据施工需要进行补充钻探。特别是对于重要的基础，要探明岩面高程的变化。根据批准的初步设计文件和技术设计文件，绘制让施工人员能按图施工的施工详图。根据施工图编制工程预算。

3.桥梁的方案比较及桥梁美学设计

（1）方案比较

为了获得经济、适用和美观的桥梁设计方案，设计人员必须根据自然条件和技术条件，因地制宜地综合应用专业知识，了解、掌握国内外新技术、新材料、新工艺的基础上，进行深入细致的研究和分析对比工作，才能编制出完美的设计方案。桥梁设计方案的比选和确定可按下列步骤进行。

1）明确各种标高

在桥位纵断面图上，按比例绘出设计洪水位、通航水位、堤顶标高、桥面标高、通航净空、堤顶行车净空位置图。

2）桥梁分孔，初拟桥型方案草图

在确定了上述各种标高的纵断面图上，根据泄洪总跨径的要求作桥梁分孔和桥型方案草图。作草图时思路要开阔，只要基本可行，就应尽可能多做一些方案草图，以免遗漏可能的桥型方案。

3）方案初筛

对各桥型方案草图作技术和经济上的初步分析和判断、筛去弱势方案，从中选出2~4个构思好、各具特点的方案，做进一步研究和比较。

4）详绘桥型方案

根据不同桥型、不同跨度、不同宽度和施工方法，拟订主要结构尺寸，并尽可能细致地绘制出各个桥型方案的尺寸详图。对于新结构，应做初步的力学分析，以确定主要尺寸。

5）编制估算或概算

依据方案详图，计算上、下部结构的主要工程数量。依据各地区或行业的估算定额或概算定额，编制出各方案的主要材料（钢、木、混凝土等）用量劳动力数量和全桥总造价。

6）方案选定和文件汇总

综合考虑建设造价、养护费用、建设工期、营运适用性、美观性等因素，阐述各方案的优缺点。经分析论证，选定一个最佳的方案作为推荐方案。在深入比较过程中，应当及时发现并调整方案中不尽合理之处，确保最后选定的方案是强中选强的方案。

上述工作全部完成之后，着手编写方案说明书。方案说明书应阐明方案编制的依据和标准，各方案的主要特色、施工方法、设计概算及方案比较的综合性评述。对推荐方案应作较详细的说明。各种测量资料、地质勘查和地震烈度复核资料、水文调查与计算资料等应按附件载入。

（2）桥梁美学设计

"美学"一词来源于希腊语，原意为感觉、感性认识，因此美学可定义为研究感性认识的科学。建筑美学只是其中的一种。一座桥梁从满足功能要求角度而言，是工程结构物；从观赏角度而言，应该是一件建筑艺术品。尤其是大桥，它的雄伟壮观和千姿百态不仅可以显示出一个国家的先进技术与生产工艺水平，更能反映出时代精神和当代人的创造力，往往是一个国家、一个地区、一个城市的标志，成为地标性建筑。桥梁中，最具代表性的是美国金门大桥，它被誉为近代桥梁工程的一项奇迹，也被认为是旧金山的象征。整个金门大桥造型宏伟壮观、朴素无华，横卧于碧海白浪之上。

华灯初放时，犹如巨龙凌空，使旧金山市的夜景更加壮丽。金门大桥桥身的颜色为国际橘，建筑师艾尔文莫罗认为此色既和周边环境协调，又可使大桥在金门海峡常见的大雾中显得更加醒目。由于具有新颖的结构和超凡脱俗的外观，它被国际桥梁工程界广泛认为是美的典范，更被美国建筑工程师协会评为现代的世界奇迹之一。

桥梁建筑艺术是桥梁美学的表现。它是通过桥梁建筑实体与空间的形态美及其相关因素的美学处理，形成一种实用与审美相结合的造型艺术，或者说是一种创造桥梁美观的技术。这一技术的研究与发展，可以使桥梁建筑艺术发展壮大。

桥梁美学与桥梁技术不可分割，它追求工程方面和精神方面的统一。它的基本观点是：充分满足工程规范，外观形貌尽量完美并与环境协调。正如德国工程师鲁克维德所说："要设计美的桥梁，就必须使科学与艺术密切结合。"桥梁的技术美包括形式美、功能美及与环境协调美三个要素。具备了形式美和功能美的桥梁，必须与环境和谐统一，才能实现技术美。

1）形式美

桥梁各构件相互之间取得充分协调，才能创造出桥梁的形式美。这种协调主要借助比例、匀称、平衡、韵律、重复、交替、层次等手法完成。

2）功能美

功能美是遵循力学理论，在取得平衡并有紧张感的结构中求得内在美，在外观上体现一种力的动感。

3）环境协调美

桥梁建筑与桥位周围的自然景物、人工景物一起，构成了人们生活空间中的整体景观。它不仅影响原有环境，还改善了景观，给人们生活带来了景观上的变化。桥梁建筑对生活环境的影响及建桥后的景观效果是该地区人民所极为关注的。因此，桥梁除了形式美、功能美外，与周围环境的协调也是桥梁技术美中很重要的因素。正如近代波兰桥梁美学专家劳龙勃·约瑟夫在其《近代桥梁设计中的美学情况》中所述的："美学造型一词，今天已有更广泛的含义。它不但指桥梁本身必须美，也需使桥梁在材料和形式上与环境相适合。它必须是环境的一部分，或是加强环境的一个因素。"桥梁建筑美的基本原则为统一和谐均衡发展、比例协调、韵律优美及建筑风格具有时代性和民族性。它们在桥梁工程中的应用主要体现在：桥梁必须与周围环境相融合，成为自然整体的一个协调部分；桥梁本身的造型必须比例适当，匀称和谐；桥梁造型应结构简单，线条流畅，桥梁建筑应当表现出清新、雅洁的风格等。综上所述，现代桥梁建筑的美学特征主要表现为简洁明快，轻巧纤细和连续流畅。

第四节　桥梁建筑美学

桥梁建筑美学是一项跨学科的理论，属于美学专门学科的范畴，涉及建筑学、美学、材料学、艺术学、物理学等。桥梁建筑美学也就是将审美需要与桥梁造型以及建筑技术完美结合在一起，使桥梁表现出来的不仅仅是一种建筑结构物，一种结构造型，更是地域民族风情、传统文化以及政治、经济和文化等意识形态的反映。

"美"是一个抽象的概念，我们无法用语言精准地表达出来，但是我们每天都在感受着而且比较着，对于桥梁我们可以比较跨度大小、主塔高度、桥梁全长，那些关乎世界第一的数字总是在吉尼斯世界纪录上不断刷新，唯独美丽是永恒不变的。那么什么样的桥梁才是美丽的呢？桥梁作为一种建筑形式，其美不仅仅表现在外形的优美上，而且要与周围的环境、文化协调一致，也就是和谐统一。就像日本著名桥梁专家伊藤学教授在他的著作《桥梁造型》中所说："桥既能满足人们达到彼岸的心里愿望，同时也是诗人印象深刻的标志性建筑，并且常常成为审美的对象和文化遗产。"我们也可以这样理解，桥梁就像一支曲子，在不停变换的音符之间繁衍出不同的节奏或者是主题，时而婉转温馨，时而雄壮粗犷，它们截然不同而又浑然天成，复杂变化又和谐统一。

桥梁作为一种工程结构物，不仅要满足交通运输功能上的要求，同时也应该是一件建筑艺术品。尤其是大桥及特大桥，常常以它的雄伟壮观、千姿百态凸显一个国家的先进技术与施工工艺水平。一座桥梁反映出来的不仅是所在地区的地域风格、时代精神以及人的创造力，更是一个国家、一个地区、一个城市的标志。

1. 梁式桥

素有"江南第一桥"美称的潮州湘子桥历史悠久、装饰精美，是粤东地区装饰设计艺术的典范之作。湘子桥每座桥墩上都建有"亭屋"，亭屋建筑形式各异，装饰精美，具有鲜明的民族特色，特别是亭台楼阁上的诗文字画更是熠熠生辉，韵味无穷。湘子桥独特的建筑风格、空间布置以及精美的建筑装饰，体现出了我国传统的建筑艺术与审美理想，具有浓厚的民族传统文化内涵，是建筑装饰艺术的代表作，具有较高的艺术价值。

2. 斜拉桥

随着我国经济的持续高速发展，桥梁建设的势头迅猛，我们已经拥有了建造各种现代化桥梁体系的设计、施工、装饰经验，而且拥有一支强大的设计与施工力量，我们已经有能力从桥型选择、桥面布置、建材的选用和色彩的运用，体、线、面的配合以及环境协调，传统文化等方面来考虑桥梁的美学要求。

3. 悬索桥

厦门海沧大桥，坐落在美丽的厦门西港，是海沧连接厦门岛的一座兼具公路和桥梁功能的内海湾大桥，是厦门出岛的第二条通道，同时也是亚洲第一座特大型三跨全漂浮钢箱梁悬索桥，有东渡飞虹之称。海沧大桥是由东渡互通立交东引桥、东航道桥、西航道桥、西引桥、石塘立交桥等大型工程组成，大桥全长 5926.527m，其中主桥 3140m，主跨 648m，其索塔采用门式结构、桥柱各部结构采用曲线造型为基调的设计构思，线条流畅、轻柔，是桥梁中的艺术精品。桥塔、锚碇、桥身的结构和周围环境融为一体，蓝天、大海、港口、城市混为一色，更能感受到人文美和自然美的完美组合。银蓝色的桥型结构与碧蓝的天空交相辉映，看似长虹卧波，宛如玉带横卧在粼粼的海面上。110 束平行钢丝索股，划过天空挂在门式索塔上，构成力与美的结合。尤其夜幕来临，桥上纵览灯火辉煌，桥塔白光如昼，像夏夜银河星空，宛若巨龙盘旋海面之上，美丽异常。

4. 拱桥

悉尼海港大桥（Sydney Harbour Bridge, Australia），号称世界上第一单孔拱桥，它是早期悉尼的代表建筑，作为连接南北两岸的重要通道，悉尼海港大桥被当地人称为"衣服架"。悉尼海港大桥像一道海湾长虹，巍峨俊秀、气势磅礴，是悉尼歌剧院明信片的完美背景。在夕阳的余晖中，拱桥映衬着变换的斜阳，由金黄和姹紫渐而转为暗褐，倩影刚刚褪淡，随即亮起斑驳陆离的光带。镶嵌在钢架和栏杆上璀璨的千万盏灯光，远望恍惚是无数钻石，在夜幕中闪闪散发着光亮、仪态万千，再衬上平静如画的海面上五颜六色的霓虹灯倒影，平添几分神秘和浪漫。夜空中只见桥的钢架和栏杆上都亮起了无数的彩灯，这些灯在深黑的夜空下，在神秘的海湾中像星星一样眨着眼。当我们将悉尼歌剧院和悉尼海港大桥一起欣赏时，雄伟和婀娜、深色和浅色、直线和曲线构成了一幅反差强烈又协调一体的美丽图画，真是相映生辉。

我们经常见的桥梁结构形式有梁式桥、拱桥、斜拉桥、悬索桥以及刚构桥等。梁式桥是最简捷的桥型也是最实用、淳朴的桥型，充分展示了结构的阳刚之美，而且沿着桥梁的纵向和横向具有很强的伸展性。拱桥具有很强的曲线美，是自然景观与人文景观完美融合的体现，形如雨后彩虹，是人的创造力与自然融为一体的和谐之美。斜拉桥作为一种拉索体系，具有极强的跨越感，是大跨桥梁的最主要桥型，其魅力在于极度轻巧、沿桥梁纵向连续流畅和舒展。悬索桥将塔、梁和缆绳完美结合在一起，通过优美的弧线勾勒出刚劲的纵梁，不仅大大地提高了桥梁的跨度，而且展现出了简洁明快、柔刚相济的现代气息。刚构桥形式独特，在中规中矩中蕴含着强劲，线条流畅作用力明显。

跨越河流、险滩、峡谷以及城市道路上的每一座桥梁，它代表的已不仅仅是一个建筑结构物，而是地域文化特色的反映，更是一个社会、一个时代精神的代表。桥梁的建筑美学设计一定要将结构物的力学性能与外在美完美地结合在一起，融入地方特色，展现民族风情，体现和谐社会的时代精神。

第五节　桥梁的设计作用（荷载）

在对桥梁结构进行分析计算之前，需要明确实际和可能引起结构响应的各种"作用"（action）。按其作用的性质，可把引起结构响应的作用分为两类：一类是直接施加于结构上的外力，如结构重力、车辆、人群等，称为"荷载"（load）；另一类不是以力的形式施加于结构，其产生的效果与结构本身的特性及结构所处环境等有关，如基础变位、混凝土收缩和徐变、温度变化等，习惯上也称其为"荷载"，但这种叫法并不确切，且容易引起误解。因此，目前倾向于将所有引起结构响应的因素统称为作用，而"荷载"则特指上述前一类作用。

作用的种类、形式、大小的确定是否得当，既关系到桥梁建设的投资，也关系到桥梁的安全。因此，合理确定作用及其组合，是桥梁设计中的重要一环。

为规范桥梁设计，需要制定作用的标准，但其并不是一成不变的。随着桥梁工程的发展，作用的标准也需要适时修订。

一、作用分类和作用代表值

公路桥梁的作用按其随时间变化的性质，分为永久作用、可变作用和偶然作用。永久作用习惯上称为恒载，是指在设计基准期内，其量值不随时间变化，或其变化与平均值相比可忽略不计的作用，如结构重力。可变作用是指在设计基准期内，其量值随时间变化，且其变化与平均值相比有不可忽略的作用，如汽车、人群荷载（习惯上称之为活载，live load）。偶然作用是指在设计基准期内不一定出现，但一旦出现，其值很大且持续时间很短的作用，如地震作用。

铁路桥梁习惯于按作用的性质和发生的概率来进行分类，将桥梁作用分为主力（对应于公路桥的永久作用和一部分可变作用）、附加力（对应于不包含在主力中的其他的可变作用）和特殊荷载（对应于偶然作用）。

我国公路、铁路桥梁的设计作用（荷载）种类分别如表4-2和表4-3所示。比较两表，尽管公路、铁路规范对各种作用的种类有所不同，但基本上大同小异。需要注意的是，有些作用是设计铁路桥时所特有的，如列车横向摇摆力、牵引力等；有些作用仅在一本规范中列出，如公路规范中的支座摩阻力，但在按另一本规范设计桥梁时，可视情况加以采用。另外，在设计公铁两用桥时，目前的设计实践是：在铁路活载的基础上，增加公路活载的 75%；但对仅承受公路活载的构件，应计算全部公路活载。

表 4-2　公路桥梁作用分类表

编号	作用分类	作用名称
1		结构重力（包括结构附加重力）
2		预加力
3		土的重力
4	永久作用	土侧压力
5		混凝土收缩及徐变作用
6		水的浮力
7		基础变位作用
8		汽车荷载
9		汽车冲击力
10		汽车离心力
11		汽车引起的土侧压力
12		人群荷载
13	可变作用	汽车制动力
14		风荷载
15		流水压力
16		冰压力
17		温度（均匀温度和梯度温度）作用
18		支座摩阻力
19		地震作用
20	偶然作用	船舶或漂流物的撞击作用
21		汽车撞击作用

表 4-3 铁路桥涵荷载分类表

编号	荷载分类	荷载名称
1		结构构件及附属设备自重
2		预加力
3	恒载	混凝土收缩和徐变的影响
4		土压力
5		静水压力及水浮力
6		基础变位的影响
7		列车竖向静活载
8	主力	公路活载（需要时考虑）
9		列车竖向动力作用
10	活载	长钢轨纵向水平力（伸缩力或挠曲力）
11		离心力
12		横向摇摆力
13		活载土压力
14		人行道人行荷载
15		制动力或牵引力
16	附加力 风力	
17	流水压力	
18	冰压力 温度变化的作用	
19	冻胀力	
20		
21		列车脱轨荷载
22	特殊荷载 船只或排筏撞击力	
23	汽车撞击力	
24	施工临时荷载 地震力	
25	长钢轨断轨力	
26		

上述作用的类型，需要根据桥梁的实际情况加以调整。例如，对高速铁路桥梁，还需要考虑列车高速运行产生的气动力，以及长钢轨的收缩力和挠曲力对结构的影响。

另外，分类也不是绝对的。例如，铁路钢梁桥的水平联结系主要承受风力和制动力，在设计水平联结系时，就该视风力和制动力为活载而非附加力。

除了解桥梁设计作用的分类外，还需要明确其大小。这个代表作用大小的数值就称为作用代表值。它采用数理统计的方法或根据工程经验加以确定。在进行桥梁结构或构件设计时，需针对不同设计目的采用规定的各种作用代表值。

作用代表值包括作用标准值、频遇值和准永久值。作用标准值为各种作用的基本代表值，其值可根据作用在设计基准期内最大值概率分布的某一分位置（如95%）确定。作用频遇值是可变作用的一种代表值，其可根据在足够长的观测期内作用任意时点概率分布的 0.95 分位值确定。作用准永久值是可变作用的另一种代表值，其可根据在足够长的观测期内作用任意时点概率分布的 0.5（或略高于 0.5）分位值确定。每个代表值的含义是：实际作用超出其规定的代表值的概率不大于1与分位值的差值。例如，对作用频遇值，实际的作用超出频遇值的概率不大于 1-0.95=0.05。

我国公路桥涵设计基于极限状态法，设计时对不同的作用采用不同的代表值。对永久作用和偶然作用，采用标准值。对可变作用，根据不同的极限状态和组合方式采用标准值、频遇值或准永久值。铁路桥梁设计规范仍基于容许应力法，其各类荷载的代表值相当于上述标准值，没有规定作用的频遇值和准永久值。

在确定作用标准值时，涉及设计基准期。简单地讲，它就是在确定某些作用（这些作用的最大值概率分布与时间有关，如风荷载、车辆活载等）的标准值时需要人为事先规定的一个基准时间参数。对桥梁结构，设计基准期通常取 100 年。可以理解设计基准期是规范给出的桥梁预期或参考使用年限，但不能简单地将其等同于结构的真实使用寿命。

在明确了各种作用（种类、形式和大小）及其代表值后，就可按结构力学方法进行结构分析。结构对所受作用的响应，如构件承受的弯矩、剪力、结构的位移等，统称为作用效应（effect of an action）。

二、永久作用

永久作用是指结构永久承受的荷载，即恒载，其作用位置、大小和方向一般是固定不变的。作用于桥梁上部结构的恒载，包括结构重力（习称为一期恒载）、桥面铺装和附属设备等重力（习称为二期恒载）；作用于桥梁下部结构的恒载，包括由支座传递下来的上部结构的重力、墩台自身的重力、墩台可能承受的土压力和水压（浮）力等。

结构重力的标准值，可按结构构件的设计尺寸和材料的重力密度计算确定。常用材料的重力密度可参阅桥梁设计规范。在进行桥梁结构（尤其是新型结构）分析时，往往需要预先估算恒载。通常，当估算的恒载与设计图完成后确定的恒载之间的差异较小（例如，不超过 3%）时，不必修正设计；否则有必要按设计图重新计算恒载，再次进行结构分析。土压力按其产生的条件，分为净土压力、主动土压力和被动土压力。

桥梁下部结构设计时主要用到前两者。土的侧压力计算涉及结构形式、填料性质、墩台位移和地基变形，也与水文和外加荷载等因素有关。目前采用库伦（楔体极限平衡）理论推导的公式计算土侧压力。具体计算方法可参阅有关规范和设计手册。

水浮力是指由地表水或地下水通过地基土壤的孔隙而传递给建筑物基础底面的（由下而上的）水压力，其值等于建筑物所排开的同等体积的水重。一般位于岩石地基上的基础被认为不渗水的，可不计水的浮力；对位于碎石类土、砂类土、黏砂土等透水性地基上的墩台，需在设计中考虑水的浮力。

对于预应力混凝土桥梁，在验算结构的使用性能（如混凝土应力）时，预加力应当视为永久作用；在验算结构的承载能力（如抗弯承载能力）时，不计算预加力，而把预应力钢筋视为结构抗力的一部分。

混凝土收缩及徐变作用是长期存在的。当混凝土应力较小时，混凝土徐变影响的计算可依据混凝土应力与徐变变形呈线性关系的假定进行分析。混凝土收缩系数和徐变系数的确定。对超静定桥梁结构，墩台基础可能发生不均匀沉降。基础变位对结构的影响也是长期的，其作用效应可依据基础实际情况，按最终沉降量分析计算。

三、可变作用

可变作用是指在结构使用期间，其量值随时间变化，且其变化值与平均值相比不可忽略的作用。这些包括有汽车荷载、汽车荷载的冲击力、离心力、制动力及其引起的土侧压力、人群荷载、风荷载、流水压力、冰压力、温度作用和支座摩阻力共十一种。

1. 汽车荷载

汽车荷载是公路桥涵上最主要的一种可变荷载。设计中采用的汽车荷载分为公路 - Ⅰ级和公路 - Ⅱ级两个等级，各级公路桥涵设计的汽车荷载等级按表 4-4 取用。

表 4-4　各级公路桥涵的汽车荷载等级

公路等级	高速公路	一级公路	二级公路	三级公路	四级公路
汽车荷载等级	公路 - Ⅰ级	公路 - Ⅰ级	公路 - Ⅰ级	公路 - Ⅱ级	公路 - Ⅱ级

注：二级公路作为集散公路且交通量小、重型车辆少时，其桥梁的设计可采用公路 - Ⅱ级汽车荷载；四级公路上重型车辆少时，其桥涵设计所采用的公路 - Ⅱ级车道荷载的效应可乘以 0.8 的折减系数，车辆荷载的效应可乘以 0.7 的折减系数。

（1）荷载标准值

汽车荷载由车道荷载和车辆荷载组成。车道荷载由均布荷载和集中荷载组成。

表 4-5　车辆荷载主要技术指标

项目	单位	技术指标
车辆重力标准值	kN	550
前轴重力标准值	kN	30
中轴重力标准值	kN	2×120
后轴重力标准值	kN	2×140
轴距	m	3+1.4+7+1.4
轮距	m	1.8
前轮着地宽度及长度	m	0.3×0.2
中、后轮着地宽度及长度	m	0.6×0.2
车辆外形尺寸（长 x 宽）	m	15×2.5

（2）加载方式

车道荷载用于桥梁结构的整体计算，车辆荷载用于桥梁结构的局部加载（比如桥面板计算）、涵洞、桥台和挡土墙土压力等的计算。在各计算项目中车辆荷载和车道荷载的作用效应不得叠加。车道荷载的均布荷载标准值应满足于使结构产生最不利效应的同号影响线上；集中荷载标准值只作用于相应影响线中一个最大影响线峰值处。

当桥涵设计车道数大于 2 时，汽车荷载应考虑多车道折减，折减后的效应不得小于两设计车道的荷载效应。

当桥梁计算跨径大于 150m 时，应考虑计算荷载效应的纵向折减。当为多跨连续结构时，整个结构均应按最大的计算跨径考虑计算荷载效应的纵向折减。

2. 汽车冲击力

汽车以较高速度驶过桥梁时，由于桥面不平整、发动机振动等原因，会引起桥梁结构的振动，从而造成内力增大，这种动力效应称为冲击作用。在计算中采用静力学的方法，即引入一个竖向动力效应的增大系数—冲击系数 μ，来计算汽车荷载的冲击作用。汽车荷载的冲击力即为汽车荷载标准值乘以冲击系数 μ。

冲击系数的计算采用以结构基频为指标的方法。结构的基频反映了结构的尺寸、类型、建造材料等动力特征内容，它直接体现了冲击效应和桥梁结构之间的关系。按结构不同的基频，汽车引起的冲击系数在 0.05~0.45 之间变化，其计算方法为：

当 $f < 1.5Hz$ 时，$μ=0.05$

当 $1.5Hz ≤ f < 14Hz$ 时，$μ=0.1767-0.0157$

当 $f > 14Hz$ 时，$μ=0.45$

式中：f——结构基频（Hz）。

结构基频的计算宜采用有限元法，对于常规结构，可采用公式估算。

例如，简支梁桥的基频计算公式如下：

$$f = \frac{\pi}{2l^2}\sqrt{\frac{E_c}{m_c}}$$

式中：l——结构的计算跨径（m）；

E——结构材料的弹性模量（N/m²）；

I_c——结构跨中截面的截面惯矩（m⁴）；

m_c——结构跨中处的单位长度质量（kg/m），当换算为重力计算时，其单位应为（N·s²/m²）；

G——结构跨中处每延米结构重力（N/m）；

g——重力加速度（m/s²），g=9.81m/s²。

钢桥、钢筋混凝土及预应力混凝土桥、圬工拱桥等上部结构和钢支座、板式橡胶支座、盆式橡胶支座及钢筋混凝土柱式墩台，应计入汽车的冲击作用。重力式墩台不计冲击力。填料厚度（包括路面厚度）等于或大于0.5m的拱桥、涵洞以及重力式墩台不计冲击力。支座的冲击力，按相应的桥梁取用。

当汽车荷载的局部加载及在T梁、箱梁悬臂板上时，μ=0.3。

3. 人群荷载

当桥梁计算跨径小于或等于50m时，人群荷载标准值为3.0kN/m²；当桥梁计算跨径等于或大于150m时，人群荷载标准值为2.5kN/m²；当桥梁计算跨径为50~150m时，可由线性内插得到人群荷载标准值。对跨径不等的连续结构，以最大计算跨径为准。城镇郊区行人密集地区的公路桥梁，人群荷载标准值取上述规定值的1.15倍。专用人行桥梁，人群荷载标准值为3.5kN/m²。

人群荷载在横向应布置在人行道的净宽度内，在纵向施加于使结构产生最不利荷载效应的区段内。人行道板（局部构件）可以以一块板为单元，按标准值4.0kN/m²的均布荷载计算。计算人行道栏杆时，作用在栏杆立柱顶上的水平推力标准值取0.75kN/m；作用在栏杆扶手上的竖向力标准值取1.0kN/m。

4. 其他可变作用

（1）汽车离心力

汽车离心力是车辆在弯道行驶时所伴随产生的惯性力，它以水平力的形式作用于结构上，是弯桥横向受力与抗扭设计计算所要考虑的主要因素。当弯道桥梁的曲线半径等于或小于250m时，需考虑汽车荷载的离心力作用。离心力标准值为汽车荷载（不计冲击力）标准值乘以离心力系数C0 离心力系数按下式计算：

$$C = \frac{v^2}{127R}$$

式中：v——设计速度（km/h），应按桥梁所在公路等级的规定采用；

R——曲线半径（m）。

计算多车道桥梁的汽车荷载离心力时，应考虑横向折减系数；计算曲线长度大于150m的桥梁的离心力时，应计入纵向折减系数。离心力的着力点在桥面以上1.2m，为计算简便，也可移至桥面上，不计由此引起的竖向力和力矩。

（2）汽车引起的土侧压力

车辆荷载作用在桥台台背或路堤挡土墙上，将引起台背填土或挡土墙后填土的破坏棱体对桥台或挡土墙的土侧压力，此类土侧压力可按下式换算成等代均布土层厚度h计算：

$$h = \frac{\sum G}{Bl_0\gamma}$$

式中：r——土的重力密度（kN/m³）；

B——桥台的计算宽度或挡土墙的计算长度（m）；

l_0——桥台或挡土墙后填土的破坏棱体长度（m）；

$\sum G$——布置在$B \times 1$，面积内的车辆的车轮总重力（kN），当涉及多车道加载时，车轮总重力应按要求进行荷载横向折减。

（3）汽车制动力

汽车制动力是指车辆在减速或制动时，为克服车辆的惯性力而在路面与车辆之间产生的滑动摩擦力。它作用于桥跨结构上的方向与行车方向一致。汽车制动时，车辆与路面间的摩擦因数可以达0.5以上，但是制动常常只限于车队的一部分车辆，所以制动力并不等于摩擦因数乘以全部车辆荷载。

一个设计车道上的汽车制动力标准值为加载长度范围内车道荷载总重力的10%，但公路-I级汽车制动力标准值不得小于165kN；公路-Ⅱ级不得小于90kN。多车道时要考虑横向折减，同向行驶双车道的汽车制动力标准值为一个设计车道制动力标准值的两倍；同向行驶三车道为一个设计车道的2.34倍；同向行驶四车道为一个设计车道的2.68倍。制动力的作用点在设计车道桥面以上1.2m处，在计算墩台时，可移至支座中心（铰或滚轴中心），或滑动支座、橡胶支座、摆动支座的底座面上；计算刚构桥、拱桥时，可移至桥面上，但不计因此而产生的竖向力和力矩。

（4）风荷载

当风以一定的速度向前运动遇到结构物阻碍时，结构物就会承受风压。对于大跨径桥梁，特别是斜拉桥和吊桥，风荷载是极为重要的设计荷载，有时甚至起着决定性的作用，即对结构的强度、刚度和稳定性起控制作用。风压分顺风向和横风向。在顺风向时，风压常分成平均风压和脉动风压；在横风向时，风流经过结构而产生旋涡，因旋涡的特性，横风向还会产生周期风压。一般来说，风对结构作用的计算有三个不同的方面，对于顺风的平均风压，采用静力计算方法；对于顺风的脉动风或横风向的脉动风，则应按随机振动理论计算；对于横风向的周期性风力，产生了横风向振动，偏心时还产生扭转振动，通常作为确定荷载对结构进行动力计算。后两种计算理论属于研究结构风压和风振理论的一门新学科。

（5）流水压力和冰压力

位于河流中的桥墩会受到流水和流冰的压力，规范给出的流水压力以水流速度作基准，并考虑桥墩迎水面形状的影响，当流速大于 10m/s 时，还应考虑水流的动力作用因素；规范给出的流冰压力计算公式适用于通常的河流流冰情况，它是以冰体破碎极限强度作基准建立起来的。

流水压力和流冰压力的大小均与桥墩的形状相关，桥墩的迎水（冰）面宜做成圆弧形或尖端形，以减小流水压力和流冰压力。

（6）温度作用

温度变化将在结构中产生变形和影响力，它的大小应根据当地的具体情况、结构物所使用的材料和施工条件等因素计算确定。温度作用包括均匀温度和梯度温度两种影响，均匀温度为常年气温变化，这种温变将导致桥梁纵向长度的变化，当这种变化受到约束时就会引起温度次内力；梯度温度主要因太阳辐射而来，它使结构沿高度方向形成非线性的温度变化，导致构件截面产生自应力，当这种变化受到约束时同样会引起次内力。

计算结构的均匀温度效应，应自结构物合龙时的温度算起，考虑最高和最低有效温度的作用效应。气温变化范围应根据桥梁所在地区的气温条件而定。《桥规 JTG D60》按照全国气温分区，即严寒、寒冷和温热三类分区，规定了公路桥梁结构的最高和最低有效温度标准值，若缺乏桥址处实际气温调查资料，即可按照其规定取用。

计算梯度温度效应时，采取竖向温度梯度曲线。

混凝土结构和带混凝土桥面板的钢结构的竖向反温差为正温差的 -0.5 倍。对于钢桥面板的钢结构，可以不考虑其梯度温差效应。同时，基于公路桥梁都带有较长的悬臂，两侧腹板较少受到阳光直接照射，因而公路桥涵设计时未计及横桥向温度梯度的影响。

（7）支座摩阻力 F

支座摩阻力标准值可按下式计算：

$$F=\mu W$$

式中：W——作用于活动支座上由上部结构重力产生的效应；

μ——支座的摩擦因数。

四、偶然作用

在结构使用期间出现的概率很小，一旦出现，其值很大且持续时间很短的作用叫偶然作用，它包括地震作用、船舶或漂流物撞击力和汽车撞击作用。

偶然作用会对结构安全产生非常巨大的影响，甚至桥梁毁坏和交通中断，因此，建造在地震区或有可能受到船舶或漂流物撞击的桥梁应进行谨慎的抗震和防撞设计。

1. 地震作用

地震作用主要是指地震时强烈的地面运动所引起的结构惯性力，它是随机变化的动力荷载，其值大小取决于地震强烈程度和结构的动力特性（频率和阻尼等）以及结构或杆件的质量。地震作用分竖直方向和水平方向，但经验表明，地震的水平运动是导致结构破坏的主要因素，结构抗震验算时，一般主要考虑水平地震作用。因此，在工程设计中，凡计算作用在结构上的地震作用都是指水平地震作用（简称地震作用）。

抗震设防要求以地震时地面最大水平加速度的统计值——即地震动峰值加速度确定。位于地震动峰值加速度为 0.1g、0.15g、0.2g 和 0.3g 地区的桥涵工程，应进行抗震设计；位于地震动峰值加速度大于或等于 0.4g 的地区的桥涵工程，应进行专门的抗震研究和设计。

2. 船舶或漂流物撞击力

船舶或漂流物撞击力在可能的条件下，应采用实测资料或模拟撞击试验进行计算，并借船舶或漂流物与桥梁结构的碰撞过程十分复杂，其与碰撞时的环境因素（风浪、气候、水流等）、船舶特性（类型、尺寸、速度、装载情况、船体强度和刚度等）、桥梁结构特性（尺寸、形状、材料、质量和抗力等）有关。跨越江、河、海湾的桥梁，位于通航河道或有漂流物的河流中的桥墩桥台，设计时必须考虑漂流物或船舶对桥墩墩台的撞击作用。其撞击作用的标准值可按下列规定采用或计算。

（1）漂流物横桥向撞击力标准值可按下式计算

$$F = \frac{Wv}{gT}$$

式中：W——漂流物重力，kN，应根据河流中漂流物情况，按实际调查确定；

v——水流速度，m/s；

T——撞击时间，s，应根据实际资料估算，在无实际资料时，可用 1s；

g——重力加速度，$g=9.81\text{m/s}^2$。

（2）内河船舶撞击作用的标准值

当缺乏实际调查资料时，可按表 4-6 采用。

表 4-6　内河船舶撞击作用的标准值

内河航道等级	船舶吨级 DWT/t	横桥向撞击作用 /kN	顺桥向撞击作用 /kN
一	3000	1400	1100
二	2000	1100	900
三	1000	800	650
四	500	550	450
五	300	400	350
六	100	250	200
七	50	150	125

（3）海轮撞击作用的标准值当缺乏实际调查资料时，可按表 4-7 采用。

表 4-7　海轮撞击作用的标准值

船舶吨级 DWT/t	3000	5000	7500	10000	20000	30000	40000	50000
横桥向撞击作用 /kN	19600	25400	31000	35800	50700	62100	71700	80200
顺桥向撞击作用 /kN	9800	12700	15500	17900	25350	31050	35850	40100

（4）可能遭受大型船舶撞击作用的桥墩应根据墩身自身抗撞击能力、桥墩的位置和外形、水流速度、水位变化、通航船舶类型和碰撞速度等因素做桥墩防撞设施的设计。当设有与墩台分开的防撞击的防护结构时，桥墩可不计船舶的撞击作用。

3.汽车撞击作用

汽车撞击力标准值在行驶方向取为 1000kN，与之垂直方向取为 500kN；两个方向的撞击力不同时考虑，撞击力作用于行车道以上 1.2m 处，直接分布在撞击涉及的构件上。对于设有防撞设施的结构构件，可视设施的防撞能力予以折减，但折减后不应低于上述取值的 1/6。汽车撞击问题在我国逐渐突出，已影响到公路桥梁结构和道路行车的安全。为防止或减少因撞击产生的破坏，对易受到汽车撞击的构件的部位应采取相应的构造措施，并增设钢筋或钢筋网。对于跨线桥，不应在没有中间带的公路中央设立桥墩。

五、作用效用组合

荷载是桥梁结构设计中最基本的技术条件。为使结构符合适用、安全和经济的设计要求，必须制订符合客观实际需要的荷载形式、标准值大小及其在不同时间不同条件下的可能组合方式。一般说，应考虑到下列因素。

1. 要确定桥梁设计基准使用期，这对以概率论为基础来研究桥梁设计荷载是必要的前提，也是考虑远景发展来制订荷载标准的前提。桥梁结构设计基准使用期的概念与桥梁结构的寿命有一定的联系，但不能将两者简单地等同起来，因为使用年限期满并不意味桥梁立即报废，而只是它的可靠度将逐渐降低。

2. 结构正常使用时的最大荷载与荷载组合，要顾及在结构有限寿命的期限内荷载增大时的结构负载能力，此时结构构件可能有局部达到屈服强度，而整体结构并不产生过大的永久变形，不造成正常行车的障碍。

3. 车辆荷载的形式应考虑到对主要承重结构与局部受力构件强度储备的合理性，对小跨径结构和大跨径结构的超载能力的合理性。这种合理性应该顾及经济投资的原则，因而，随着汽车工业和交通运输业的发展，真实的车辆荷载愈来愈复杂，设计荷载已逐步脱离初期的实际代表性车辆荷载形式，而是采用为达到结构设计目的，经过统计分析的等效标准模式荷载。

4. 要注意到设计荷载的标准形式对长、短桥跨的不同影响，它对结构受载时的效应是有差异的，主要反映在：加载长度的影响（影响线异号的区域与加载理想化的问题）；结构重力与车辆荷载比值产生的影响；加载循环次数与疲劳强度问题（应力变幅的影响），短小桥，应力变幅大。

5. 随着结构的跨径不断增大，结构的发展越来越趋向轻质高强而纤细，结构主要设计荷载不再局限于结构重力和车辆荷载，而必须注意结构实际工作状态中可能遇到的一些复杂而巨大的荷载，如风力、地震力、撞击力等，事实证明，它们常常是导致桥梁破坏的原因。而这些荷载却并非经常，而是偶然作用的荷载。因而，在设计荷载大小的估计与组合上就必须处理结构"安全"和"经济"的矛盾。这些估计与偶然的因素，只能在研究它发生的概率的基础上，处理荷载组合安全系数的取值问题。这一复杂问题绝非目前规范的简单规定所能合理概括的，在特殊的桥梁结构设计中，要对实际情况进行研究。

在桥梁实际运营过程中，各类作用并非同时施加于桥梁上，它们发生的概率也各不相同。因此，设计桥涵时，考虑它们同时作用的可能性并进行了适当的组合，基本的原则是只有在结构上可能同时出现的作用，才进行其效应的组合。当结构或结构构件需做不同受力方向的验算时，则应以不同方向的最不利作用效应进行组合。当可变作用的出现对结构或结构构件产生有利影响时，该作用不应参与组合。

施工阶段作用效应的组合，应按计算需要及结构所处条件而定，结构上的施工人员和施工机具设备均应作为临时荷载加以考虑。组合式桥梁，当把底梁作为施工支撑时，作用效应宜分两个阶段组合，底梁受荷为第一阶段，组合梁受荷为第二阶段。多个偶然作用不同时参与组合。

六、承载能力极限状态设计

基本组合为公路桥涵结构按承载能力极限状态设计时，对应需采用以下两种作用效应组合。

1. 基本组合

基本组合为永久作用的设计值效应与可变作用设计值效应相组合，其效应组合表达式为

$$\gamma_0 S_{ud} = \gamma_0 \left(\sum_{i=1}^{m} \gamma_{Gi} S_{Gik} + \gamma_{Q1} S_{Q1k} + \psi_c \sum_{j=1}^{n} \gamma_{Gj} S_{Gjk} \right)$$

$$\gamma_0 S_{ud} = \gamma_0 \left(\sum_{i=1}^{m} S_{Gid} + S_{Q1d} + \psi_c \sum_{j=2}^{n} S_{Qjd} \right)$$

式中：S_{ud}——承载能力极限状态下作用基本组合的效应组合设计值；

γ_0——结构重要性系数，对应于设计安全等级一级、二级和三级分别取 1.1、1.0 和 0.9；

γ_{Gi}——第 i 个永久作用效应的分项系数；

S_{Gik}、S_{Gid}——第 i 个永久作用效应的标准值和设计值；

γ_{Q1}——汽车荷载效应（含汽车冲击力、离心力）的分项系数，取 $\gamma_{Q1}=1.4$，当某个可变作用在效应组合中其值超过汽车荷载效应时，则该作用取代汽车荷载，其分项系数应采用汽车荷载的分项系数；对专为承受某作用而设置的结构或装置，设计时该作用的分项系数取与汽车荷载同值；计算人行道板和人行道栏杆的局部荷载，其分项系数也与汽车荷载取同值；

S_{Q1k}、S_{Q1d}——汽车荷载效应（含汽车冲击力、离心力）的标准值和设计值；

γ_{Qj}——在作用效应组合中除汽车荷载效应（含汽车冲击力、离心力）、风荷载外的其他第 j 个可变作用效应的分项系数，取 $\gamma_{Qj}=1.4$，但风荷载的分项系数取 $\gamma_{Qj}=1.1$；

S_{Qjk}、S_{Qjd}——在作用效应组合中除汽车荷载效应（含汽车冲击力、离心力）外的其他第 j 个可变作用效应的标准值和设计值；

ψ_c——在作用效应组合中除汽车荷载效应（含汽车冲击力、离心力）外的其他可变作用效应的组合系数；当永久作用与汽车荷载和人群荷载（或其他一种可变作用）组合时，人群荷载（或其他一种可变作用）的组合系数取 $\psi_c=0.80$；当除汽车荷载效应（含汽车冲击力、离心力）外尚有两种其他作用参与组合时，其组合系数取 $\psi_c=0.70$；尚有三种可变作用参与组合时，其组合系数取 $\psi_c=0.60$；尚有四种及多于四种的可变作用参与组合时，取 $\psi_c=0.50$。

2. 偶然组合

偶然组合为永久作用标准值效应与可变作用某种代表值效应、一种偶然作用标准

值效应相组合。偶然作用的效应分项系数取 1.0 ；与偶然作用同时出现的可变作用，可根据观测资料和工程经验取用适当的代表值。

七、正常使用极限状态设计

公路桥涵结构按正常使用极限状态设计时，应根据不同的设计要求，采用以下两种效应组合。

1. 作用短期效应组合

永久作用标准值效应与可变作用频遇值效应相组合，其效应组合表达式为

$$S_{sd} = \sum_{i=1}^{m} S_{Gik} + \sum_{j=1}^{n} \psi_{1j} S_{Qjk}$$

式中：S_{Sd}——作用短期效应组合设计值；

ψ_{1j}——第 j 个可变作用效应的频遇值系数，汽车荷载（不计冲击力）$\psi=0.7$，人群荷载 $\psi_1=1.0$，风荷载 $\psi_1=0.75$，温度梯度作用 $\psi_1=0.8$，其他作用 $\psi_1=1.0$ ；

$\psi_{1j} S_{Qjk}$——第 j 个可变作用效应的频遇值。

2. 作用长期效应组合

永久作用标准值效应与可变作用准永久值效应相组合，其效应组合表达式为

$$S_{ld} = \sum_{i=1}^{m} S_{Gik} + \sum_{j=1}^{n} \psi_{2j} S_{Qjk}$$

式中：S_{ld}——作用长期效应组合设计值；

ψ_{2j}——第 j 个可变作用效应的准永久值系数，汽车荷载（不计冲击力）$\psi_2=0.4$，人群荷载 $\psi_2=0.4$，风荷载 $\psi_2=0.75$，温度梯度作用 $\psi_2=0.8$，其他作用 $\psi_2=1.0$ ；

$\psi_{2j} S_{Qjk}$——第 j 个可变作用效应的准永久值。

在具体的桥梁设计过程中，应根据不同种类的作用及其对桥涵的影响、桥涵所处的环境条件，考虑三种设计状况，并分别进行相应的极限状态设计。

（1）持久状况：桥涵建成后承受自重、汽车荷载等持续时间很长的状况，该状况下的桥涵应进行承载能力极限状态和正常使用极限状态设计。

（2）短暂状况：桥涵施工过程中承受临时性作用的状况，该状况下的桥涵仅做承载能力极限状态设计，必要时才做正常使用极限状态设计。

（3）偶然状况：在桥涵使用过程中可能偶然出现的状况，该状况下的桥涵仅做承载能力极限状态设计。

第五章 桥梁设计

在对不同结构的桥梁进行设计时应当充分考虑每一种桥梁的特定属性来进行针对性的桥梁设计。本章主要从不同结构的桥梁出发，进行有针对性的设计技术讲解。

第一节 桥梁墩台设计

一、概述

桥墩和桥台是支撑桥梁上部结构的建筑物。桥台位于桥梁两端，并与路堤相接，兼有挡土作用；桥墩位于两桥台之间，桥梁墩台和桥梁基础统称为桥梁下部结构。近代，墩台由石砌向混凝土浇筑发展。同时，随着桥梁技术的发展，有些桥梁的桥墩、桥台成为桥梁上部结构的组成部分。例如T形刚构桥、斜腿刚构桥的上部结构同桥梁墩台的上部是连为一体的；悬索桥锚索的锚固部分一般是同桥台结合在一起的；开启桥的衡重部分常设置在桥墩台体之内；斜拉桥的索塔架往往包括基础以上的墩身部分等。

在墩台工程方面，中国古代有创造性的成就，如汉代长安灞河桥采用了卯榫相连结构，并应用若干节叠置的石鼓做成具有柔性墩性质的石柱墩。宋代泉州洛阳桥用船上起吊工具悬吊大石块砌筑石礅，有石块重达10t，是用水上浮吊进行墩台施工的最早实例。近代，各种类型混凝土墩台和预制装配式墩台逐步向机械化拼装施工方向发展。随着施工装备的改进和施工技术的提高，桥梁墩台深水施工、峡谷中高墩台建造，以及受复杂应力的空间结构的墩台建造，不断获得发展。国内外对中等跨径桥梁多采用施工便捷、圬工量省的排架桩柱式桥墩。美国路易斯安那州跨越庞恰特雷恩湖的大桥全长约39km，有跨径为25.6m的基本桥孔1526个，其中1500余座双桩柱（直径为1.64m的桩节段用12根预应力钢丝束串联）桥墩在15个月内完成，全桥在26个月内完成，创世界最长桥快速施工的纪录。

1. 桥墩

桥墩由帽盖（顶帽、墩帽）和墩身组成，帽盖是桥墩支承桥梁支座或拱脚的部分，其作用是把桥梁上部结构荷载传给墩身，并加强和保护墩身顶部。桩柱式墩的桩柱靠帽盖联结为整体，墩身是桥墩承重的主体结构，其作用是把桥梁上部结构荷载传给桥梁基础和地基。

（1）实体墩：实体墩也称重力式墩，依靠自身重量保持稳定的桥墩。它的整体性和耐久性好，实体墩的墩身常用抗压强度高的石料砌筑或混凝土浇筑。当墩身较大时，可在混凝土中掺入不超过墩身体积 25% 的片石，以节省水泥。实体墩也可用预制的块件在工地砌筑，各块件用高强度钢丝束串联施加预应力。砌筑时，块件要错缝。用这种方法建造的实体墩又称为装配式桥墩。

（2）薄壁墩：用钢筋混凝土制作的实体薄壁桥墩或空心薄壁桥墩。实体薄壁桥墩适用于中小跨径桥梁，空心薄壁桥墩多用于大跨径桥和高桥墩桥。

（3）柱式墩：柱式墩是在基础上灌注混凝土单柱或双柱、多柱所建成的墩，中国通常采用两根直径较大的钻孔桩作基础，在其上建立柱做成双柱墩，并在两柱之间设横系梁以增加刚度。此外，也常用单桩单柱墩。

（4）排架桩墩：排架桩墩是由单排桩或双排桩组成的桥墩，一排桩的桩数一般同上部结构的主梁数目相等。将各桩顶联系一起的盖梁可用混凝土制作。这种桥墩所用的桩尺寸较小，因此通常称这种桥墩为柔性桩墩，它按柔性结构设计可考虑水平力沿桥的纵轴线在各墩上的分配。

（5）构架式桥墩：以两棵或多棵构架做成的桥墩，多用钢筋混凝土制作，构架式桥墩轻型美观，但不宜在有漂流物或流冰的河流中建造。

2. 桥台

桥台由帽盖（顶帽、台帽）和台身组成。台身有前墙和侧墙两部分。前墙是桥台的主体，它将上部结构荷载和土压力传达于基础。侧墙位于前墙的侧后方，主要支挡路堤土方并可增加前墙的稳定性，前墙和侧墙均可用石料或混凝土砌筑。

（1）重力式桥台：依靠自重来保持桥台稳定的刚性实体，它适于用石料砌筑，要求地基土质良好。重力式桥台的平面形状有 U 形、T 形以及山形等。U 形的整体性好，施工方便，但是台背易积水，故在台后填土中应设盲沟排水，以免发生土的冻胀。在土质地基上，翼墙同前墙相会合处应设置隔缝，将两者分开砌筑，以避免两者沉降不均，产生破坏。

（2）埋置式桥台：埋置于路堤锥体护坡中的桥台，它仅露出台帽以上的部分以支承桥梁上部结构。由于是埋置土中，所以这种桥台所受的土压力很小，稳定性好。但是锥体护坡往往伸入河道，侵占了泄水面积，并易受到水流冲刷，因此必须十分重视护坡的保护。在设计中应验算护坡万一被冲刷毁坏时的桥台稳定性和强度。

（3）薄壁桥台：以 L 形薄壁墙做成的桥台，这种桥台有前墙和扶壁，前墙是主要承重部分，扶壁设于前墙背面，支撑于墙底板上，扶壁有若干道，其作用是增加前墙的刚度。台帽置于前墙顶部，底板上方的填土有助于保持桥台的稳定。

（4）木墩台：主要用于木桥，目前仅在一些易于取材的林区采用这类墩台，其他形式桥梁在维修抢险时也用木墩台或木垛作为临时支承。桥梁墩台施工主要工作包括墩台定位、放样、基础施工，在基础襟边上立模板和支架，浇筑墩（台）身混凝土或砌石，扎顶帽钢筋，浇顶帽混凝土并预留支座锚栓孔等。桥梁墩台施工方法通常分为两大类：一类是现场就地浇筑与砌筑；另一类是拼装预制的混凝土砌块、钢筋混凝土或预应力混凝土构件。前者工序简便，机具较少，技术操作难度较小，但是施工期限较长，需消耗较多的劳力和物力。后者的特点是可确保施工质量，减轻工人劳动的强度，又可加快工程进度，提高经济效益，对施工场地狭窄，尤其是缺少砂石地区或干旱缺水地区建造桥墩有着更重要的意义。

二、墩台施工模板类型与构造设计

模板是用作浇筑混凝土构件的模子，在浇筑混凝土过程中及混凝土未能受力的一段时间内，模板还承受着混凝土和钢筋的重量、侧压力及浇筑工人作用力等各种荷载。对模板的技术要求如下：模板尺寸、位置和高程必须准确，以保证浇筑构件的形状尺寸和位置的准确；模板必须有足够的强度和刚度，以保证在混凝土浇筑过程中不损坏、变形小；接缝不漏浆，面临浇筑混凝土的表面应平整光滑，以保证拆模后混凝土构件的外观质量；构造简单，拆装方便；尽量采用标准模板，通用性要好，标准模板的尺寸和种类的数目应尽量减少；模板的周转率高，材料用量少，费用省。

1. 固定式模板

当结构外形较复杂且特殊时，模板或在木模厂加工或在现场按具体形状的变化就地进行拼装。由于它只适用于一个固定的形式，故称固定式模板。这种模板一般只能使用一两次，耗费大、成本高，应尽量避免采用。

固定式模板有定型和不定型两种。不定型模板是用零散的木料和木板条在施工现场临时拼钉而成，需要什么形状就做成什么形状。在岩基上浇筑最下层混凝土时，为使模板的下部边缘与岩石的外形符合，就必须临时拼钉固定式不定型模板。固定式定型模板多用于形状比较复杂的结构物或结构部位上，如船闸输水廊道某些曲面模板，就要根据图纸设计的形状在工厂预先做好，然后送到施工现场安装。

2. 拼装式模板

拼装式模板也叫标准模板或工具式模板，一般都在加工厂做成元件，然后到现场拼装。当混凝土达到拆模强度后，将模板拆下，送到另一浇筑地点使用。这种模板具有拆装方便能多次周转使用、省工省料能加快施工进度等优点，因而使用极为广泛。木模板由面板、支撑及固定用的配件或支架等基本部分组成。面板由厚度

25~50mm 木板条拼合而成，板条宽度不宜超过 200mm，以保证在干缩时不易翘曲和浇筑后易于密封。但梁底板的板条宽度可不受此限制，宽板可以减少拼缝，防止漏浆。面板的长短、宽窄可以根据结构各种构件的尺寸，设计出几种标准尺寸，以便组合使用。每块板的重量以两人能搬动为宜。当面板的板条长度不够而需要接长时，板条接缝应位于肋木处并相互错开，以保证面板的刚度。支撑的肋木一般做成截面为 25mm×35mm~50mm×50mm 尺寸不等的材料，其间距视浇筑混凝土侧压力大小及面板厚度而定。当面板厚 25mm 时，肋木间距可取 400~450mm；板条厚大于 25mm 时，间距可取 450~500mm。木模板对木材要求较高，且消耗量大，重复利用率低。

目前较多采用定型组合式钢模板。板块的连接件有钩头螺栓、U 形卡、回形销、L 形插销、紧固螺栓等。支撑一般沿梁的轴线布置，间距 1~1.5m，常用 8cm×8cm 方木或直径 10~12cm 圆木做成，支撑应支承在坚实的地面上，下垫木楔。支撑之间应注意用水平及斜向拉条钉牢，以防止模板系统整体倾斜或支撑本身失稳而发生事故。拉条可用半圆木，一般沿支撑铅直方向每 2m 安装一层。安装梁模板时，先架主梁模板并在次梁的位置留缺口，以便安装次梁。为了防止由于支架系统在浇筑混凝土后变形而引起跨中梁底下垂，跨度大于 4m 时，跨中应该"起拱"。起拱高度若设计未规定时，宜为全长跨度的 0.2%~0.3%。中国许多港口工地采用定型组合式钢模板整装。它是以定型钢模板组成大型平面模板（尺寸达 14m×8m），用工字钢和桁架焊接支撑以构成整装大片，每片质量有 5~6t，用起重机吊运安装。用这种整装大片安装沉井、沉箱及船坞和船闸的墙壁模板时，只要将两侧模板用螺栓对拉固定，即可完成模板安装工作，施工十分方便。

3. 整体吊装模板

整体吊装模板即将单根梁模板预组装成形，在支撑架搭设好后，整体吊装梁模板，就位后校正并与支撑固定。施工要点：梁口与柱头模板的连接特别重要，可采用角模拼接或用方木、木条镶拼。底层梁模支架下的土地面，应夯实平整，并按要求设置垫木，排水通畅。模板支柱纵横方向的水平拉杆、剪刀撑等均应按设计要求布置。在吊装就位拉结支撑稳固后，方可脱钩。五级以上大风时，停止吊装。

注意事项：

（1）大模板吊装时必须检查吊钩是否牢固，有无松动或者焊缝损坏现象，起吊时要进行试吊，当一切都检查完毕没有问题后方可吊装。

（2）大模板安装时，必须由塔吊等吊运机械配合，施工作业人员必须严格遵守机械安全操作规程。

（3）吊装模板时，指挥、拆除和挂钩人员必须站在安全可靠的地方方可操作，严禁在大模板吊起运行的路线下站人，严禁任何人随大模板起吊，安装外墙、外模板的操作人员应挂安全带。

（4）大模板安装就位各支点均稳固后方可摘钩，未就位和未稳固前不得摘钩。

（5）大模板安装就位后，为便于混凝土浇筑，墙模板平台间应搭设临时走道，严禁在外墙板上行走。

（6）任何部位大模板的拆除必须经过施工员许可，其混凝土达到规定强度时方可拆除，作业人员切不可私自做主拆除模板，以防发生重大事故。

（7）大模板在未装拉螺杆前，板面要向后倾斜一定角度，撑牢的同时用铁丝把大模板拴牢以防倒塌，严禁在未固定好的墙模板上行走。安装过程中要随时拆换支撑或增加支撑，以保持墙模板处于稳定状态，模板未支撑稳固前不得松开卡环。

（8）平板大模板安装就位时，要在支架搭设稳固，板下横楞与支架连接牢固后进行满堂架必须搭设扫地杆，以增强整体性，确保模板结构安全，防止整体倒塌。为防止大模板倒塌，放在施工层上的模板应有可靠的防倾倒措施。在地面存放时，大模板应存放在专用的堆放架上或者平卧堆放，严禁靠放到其他的模板或构件上，以防下脚滑移而倾翻伤人。

4. 常备式组合钢模板

组合钢模板，宽度 300mm 以下，长度 1500mm 以下，面板采用 Q235 钢板制成，面板厚 2.3mm 或 2.5mm，又称组合式定型小钢模或小钢模，主要包括平面模板、阴角模板、阳角模板、连接角模等。组合钢模板在全国各地应用较普遍，尤其在北方用量很大，适用于各种现浇钢筋混凝土工程，可事先按设计要求组拼成梁柱、墙、楼板的大型模板，整体吊装就位，也可采用散装散拆的方法，比较方便；施工方便，通用性强，易拼装，周转次数多。但缺点是一次投资大，拼缝多，易变形，拆模后一般都要进行抹灰，个别还需要进行剔凿。

具体要求如下：

（1）应满足构件的形状、尺寸及相互位置的要求。

（2）能够承受新浇混凝土的重量和侧压力，以及各种施工荷载，支撑系统应具有足够的强度、刚度和稳定性。

（3）构造简单，装拆方便，不妨碍钢筋绑扎，拼缝严密不漏浆。

（4）模板长度方向的拼接，接缝要错开。

（5）配板应绘制配板图，标出模板的位置规格型号和数量；标明预埋件和预留孔洞的位置，并注明固定方法。

第二节　板桥设计

一、整体式板桥的构造设计

整体式简支板桥一般做成实体式等厚度的矩形截面，有时为了减轻自重也可做成肋板式，城市中的板桥，由于宽度往往大于跨径，在荷载作用下，除板的纵向中部产生正弯矩外，横向两侧还可能产生负弯矩。

整体式简支板桥一般使用在跨径 8m 以下，桥面净宽依路线标准而定，人行道可以悬出。当桥宽较大时，可采用沿中线分开，以减小横向负弯矩。

整体式板桥的钢筋由配置在纵向的受力钢筋和与之垂直的分布钢筋组成。按计算一般不需设置箍筋和斜筋，但习惯上仍在跨径的 1/4~1/6 将一部分主筋按 30° 或 45° 弯起，当桥的板宽弯起至大于 46° 时，尚应在板的顶部配置适当的横向钢筋。

整体式板桥行车道的主钢筋直径应不小于 10mm，间距应不大于 20cm，一般也不宜小于 7cm；两侧边缘板带的主钢筋数量宜较中间板带（板宽 2/3 范围内）增加 15%；如在板跨径 L/4~L/6 处弯起钢筋，则通过支点不弯起的主钢筋每米板宽内应不小于 3 根，并不少于跨中主钢筋面积的 1/4；主钢筋与板边缘间的净距应不小于 2cm，设置钢筋网时，上、下层钢筋的混凝土保护层厚度不得小于 1.5cm，分布钢筋应与主钢筋垂直，要放在主钢筋上面，分布钢筋直径不小于 6mm，分布钢筋在单位板长的截面积一般不应少于主钢筋面积的 15%；分布钢筋间距不应大于 25cm；主钢筋弯折处均应设置分布钢筋：分布钢筋也可与主钢筋焊接成分块的钢筋网，相邻钢筋网应互相搭接。

二、装配式板桥的构造设计

装配式简支板桥的板宽：为便于构件的运输与安装，通常为 1m，预制宽度为 0.99m。横截面形式，主要有实心板和空心板两种。

（一）实心板桥

实心板桥是目前采用的主要形式，一般跨径为 4~8m，实心板桥主筋一般采用 I 级钢筋，钢筋除与整体式板要求基本相同外，尚需注意装配式板桥通常不夸起，另外装配式板应设置箍筋和架立钢筋，箍筋通常做成开口式并伸出预制板面以加强横向连接，而另加短的横向钢筋组成封闭式箍筋。

实心板桥形状简单，施工方便，建筑高度小，在小跨径桥中得到广泛使用。标准

6m，设计荷载为汽车——15级，挂车——100的装配式矩形板桥，纵向主筋用18mm的I级钢筋，箍筋用直径6mm的I级钢筋，架立钢筋用直径8mm的I级钢筋，预制板安装就位后，在企口缝内填筑标号比预制板高的小石子混凝土，并浇筑厚6cm的25号水泥混凝土铺装层使之连成整体。板边并设有栓孔，当下部结构采用重力式时，只需在一端设置栓孔，栓钉直径与主钢筋相同。块件吊点设置在距端头50cm处，预制板混凝土标号为20号。

（二）空心板桥

对于装配式板桥，当跨径增大时，实心板桥就显得不合理，而应将其截面中部部分挖空，做成空心板，不仅能减轻自重，而且能充分利用材料。

钢筋混凝土空心板桥适用跨径为8~13m，板厚为0.4~0.8m；预应力混凝土空心板适用跨径为8~16m，板厚为0.4~0.7m，空心板较同跨径的实心板重量轻，运输安装方便，空心板横截面的最薄处不得小于7cm，以保证施工质量和局部承载的需要。为了保证抗剪要求，应按需要布置弯起钢筋和箍筋。当采用预应力空心板时，通常采用冷拉N级钢筋或钢绞线，保护层厚度不小于2.5cm，为防止在支点上缘产生拉应力，可采用在上部增设短钢筋加强或将靠近支点的预应力钢筋予以隔离，使之不与混凝土粘接。

（三）装配式板桥的横向连接

装配式板桥板块之间必须采用横向连接构造，以保证板块共同承受车辆荷载。常用的横向连接方式有企口混凝土铰接连接和钢板焊接连接。

企口混凝土铰接有圆形、菱形和漏斗形三种。它是在块件安装就位后，在铰缝内用25号到40号细骨料混凝土填实而成，如果要使桥面铺装层也参与受力，也可以将预制板中的钢筋伸出与相邻板的同样钢筋互相绑扎，再浇筑在铺装层内。

实践证明：企口式混凝土铰能保证传递横向剪力，使各板块共同受力。由于企口缝内的混凝土需要养生一段时间才能通车，当需要加快工程进度，提前通车时也可采用钢板连接。具体做法是将钢板N1，焊在相邻两块件的预埋钢板N2上。连接构造的纵向中距通常为80~150cm，跨中部分布置较密，向两端支点处逐渐减疏。

三、斜交板桥构造设计

桥梁轴线与支承线的垂线呈某一夹角时，该桥称为斜交桥，其夹角习惯上称为斜交角。斜交板桥受力复杂，它具有如下特征：

1.最大主弯矩方向，在板的中部，接近于垂直支承边，在板的两侧，其主弯矩接近于支承线垂线与自由边夹角的平分线方向；斜交桥的最大跨内正弯矩比正交桥要小；而横向弯矩却比正交桥的要大。

2. 在钝角处有垂直于角平分线的负弯矩，但分布范围不宽且迅速削减。

3. 支承反力由钝角处向锐角处逐渐减小，锐角处有向上翘起的趋势。此时若固定锐角角点势必导致产生较大的扭矩。

斜交板的受力特性可用三跨连续梁来比拟，斜板在荷载作用下，在钝角 B、C 处产生较大的负弯矩，同时 B、C 点反力较大，锐角 A、D 反力较小。此外，当从 AB 和 CD 向 BC 部分传递弯矩时，对该部分产生扭矩。根据上述特性，当斜度小于 15° 时，可按正交板设计，大于 15° 时，应按其受力性能布置钢筋。

第三节 拱桥设计

一、拱桥概述

拱桥是一种常用的桥梁形式。拱桥与梁桥不仅在外形上不同，而且在受力性能上两者也有本质差别。在竖向荷载作用下，拱的两端支撑处除有竖向反力外，还有水平推力。

正是由于这个水平推力的作用，拱内弯矩大大减小。如果拱的形状设计得合理，还可以使拱主要承受压力，而弯矩、剪力较小。

1. 拱桥的组成

拱桥和其他桥梁一样，也是由桥跨结构（上部结构）和下部结构两部分组成。主拱圈是主要承重构件，承受桥上的全部荷载，并通过它把荷载传递给墩台及基础。由于主拱圈是曲线形，车辆无法直接在其上行驶，所以对实腹拱桥，需在水平桥面与主拱圈之间布置填充物；对空腹拱桥，需在主拱圈之间布置填充物，在行车道系与主拱圈之间布置传力构件。

这些主拱圈以上的行车道系和传力构件或填充物统称为拱上建筑。

拱桥的下部结构包括桥墩、桥台和基础，用以支撑桥跨结构，将桥跨结构的全部荷载传至地基。桥台还起与两岸路堤相连接的作用，使路桥形成一个协调的整体。

2. 拱桥的分类

拱桥的形式多种多样，构造各有差异，可以按照不同的方式来进行分类。

（1）按行车道的位置分类。根据行车道的位置，拱桥的桥跨结构可以做成上承式、中承式和下承式三种类型。就构造来讲，上承式拱桥较为简单，广为采用，其上部结构是由主拱圈（拱肋或拱箱，简称主拱）及拱上建筑（又称拱上结构）组成。

（2）按结构体系分类。

1）简单体系拱桥。在简单体系的拱桥中，上承式拱桥的拱上建筑或中承式、下承式拱桥的拱下悬吊结构，不与主拱一起承受荷载。桥上的全部荷载由主拱单独承受，它是桥跨结构的主要承重构件。拱的水平推力直接由墩台或基础承受。

按照主拱的受力特点，简单体系的拱桥又可以分成三铰拱桥、双铰拱桥、无铰拱桥三种。

2）组合体系拱桥。在拱式桥跨结构中，考虑行车道系结构与拱圈共同受力，可使用组合体系的拱桥（组合拱）。

由于行车道系与主拱的组合方式不同，其静力图也不同。组合拱可分为无推力的和有推力的两类；同样，也可以做成上承式或下承式。常用的组合拱有以下几种形式。

①无推力的组合体系拱桥。一般拱端的水平推力主要由地基承担。当地基不够坚实时，可以在拱的两拱脚之间加一系杆，这时水平力由系杆承担。

②有推力的组合体系拱桥。此种组合体系拱中不设系杆，由行车道梁和拱共同受力，拱的推力仍由墩台承受。

（3）按主拱圈截面分类。拱桥的主拱圈沿拱轴线可以做成等截面或变截面形式。等截面拱构造简单，施工方便，使用普遍。

主拱的横截面形式很多，常见有板拱、肋拱和箱拱。

如果主拱圈的横截面采用整块的实体矩形截面，就称为板拱。其特点是构造简单，施工方便，但截面抗弯惯性矩不大，适用于中、小跨度的砌体拱桥。

为了节省材料，减轻结构自重，可将整块的矩形实体截面划分为两条（或多条）分离式的肋，以加大拱圈高度，提高截面的抵抗矩，这样就形成了由几条肋组成的拱桥，称为肋拱。肋拱桥的材料用量一般比板拱桥少，多用于较大跨度的拱桥。因拱肋是受压构件，就需要考虑其稳定问题。当两拱肋都是位于竖向平面时，可以在两肋之间沿拱设置横向连接系。当两拱肋分别位于向内倾斜的面时，两拱肋的拱顶部分相互靠近，使连接系更易设置，对增进稳定有益，这时，因拱肋很像提篮的把手，故称其为提篮拱。

若拱圈为箱形截面，则称之为箱拱。由于截面挖空，箱拱的截面抗弯惯性矩远大于相同截面面积的板拱，从而能大大减小弯曲应力并节省材料。另外，闭口箱形截面的抗扭刚度大，结构的整体性和稳定性均较好。它是国内外大跨度钢筋混凝土拱桥主拱圈截面的基本形式。

二、拱桥的设计

1.拱桥的总体布置

通过必要的桥址方案比较确定了桥位之后，即可根据当地水文、地质、地形等具体情况进行拱桥的总体设计。总体布置是否合理，考虑问题是否全面，不但直接影响桥梁的总造价，而且对以后桥梁的使用、维护和管理带来直接的影响。因此，拱桥的总体布置十分重要。一个好的设计往往就体现在总体布置的优劣上。

总体设计的主要内容包括桥梁的长度、跨径、孔数、桥面标高以及主拱圈的矢跨比等。这里只阐明在具体设计拱桥中如何确定设计标高和矢跨比等问题。

（1）确定桥梁的设计标高和矢跨比。拱桥的标高主要有四个，即桥面标高、拱顶底面标高、起拱线标高、基础底面标高。这几项标高的合理确定对拱桥的设计有直接的影响。

拱桥桥面标高是指桥面与路缘石相接处的高程。一方面由两岸线路的纵断面设计来控制；另一方面还要保证桥下净空能满足泄洪及通航的要求。设计时应按规定，综合考虑有关因素，并与有关部门（如航运、防洪、水利等）商定。

桥面标高确定之后，由桥面标高减去拱顶处的建筑高度即可得到拱顶底面的标高。拱顶处的建筑高度包括拱顶填料厚度（30~50cm）及拱圈厚度。

拟定起拱线标高时，为了减小墩台基础底面的弯矩，节省墩台的砌筑数量，一般宜选择低拱脚设计方案。但具体设计时，拱脚的位置往往又受到通航净空排洪、流水等条件的限制。

至于基础底面的标高，主要根据冲刷深度、地质情况及地基承载能力等因素确定。矢跨比的确定：当拱顶、拱脚的标高确定后，根据分孔时拟定的跨径，即可确定拱的矢跨比（f/l）。拱桥主拱圈的矢跨比是拱桥设计的主要参数之一。它不仅影响拱圈内力，还影响拱桥施工方法的选择。同时，对拱桥的外形能否与周围景物相协调也有很大关系。

对于石、混凝土板拱桥，其矢跨比一般为 1/8~1/4；钢筋混凝土箱拱桥的矢跨比一般为 1/10~1/6。拱桥的矢跨比不宜小于 1/12。矢跨比大于或等于 1/5 的拱桥称为陡拱；矢跨比小于 1/5 的称为坦拱。

（2）不等跨连续拱桥的处理方法。多孔连续拱桥最好选用等跨分孔方案，但在受到地形、地质、通航等条件的限制，或引桥很大，考虑与桥面纵坡协调一致时，或对桥梁的美观有特殊要求时，可以考虑采用不等跨的分孔。由于不等跨拱桥相邻孔的恒载推力不相等，桥墩和基础承受两侧拱圈传来的恒载推力不平衡。这种不平衡推力不仅对桥墩和基础的受力极为不利，而且在采用柔性墩的多孔连续拱桥中产生连拱作用，使计算和构造复杂。为了减小这个不平衡推力，改善桥墩、基础的受力状况，可采用以下措施。

1）采用不同的矢跨比。在跨径一定时，推力的大小与矢跨比成反比。在相邻两孔中，大跨径孔采用较陡的拱（矢跨比较大），小跨径孔采用较坦的拱（矢跨比较小），以便使相邻孔在恒载作用下的不平衡推力尽量减小。

2）采用不同的拱脚高程。由于采用了不同的矢跨比，两相邻孔的拱脚标高不在同一水平线上。因大跨径孔的矢跨比较大，拱脚降低，减小了拱脚水平推力对基底的力臂，这样可以使大跨与小跨的恒载水平推力对基底所产生的弯矩得到平衡；但因拱脚不在同一水平面，桥梁外形欠美观，构造也稍复杂。

3）调整拱上建筑的恒载大小。在相邻两孔中，大跨径采用轻质的拱上填料或空腹式拱上建筑，小跨径采用重质拱上填料或实腹式拱上建筑，以改变恒载重量来调整拱桥的恒载水平推力。

4）采用不同类型的拱跨结构。小跨径孔采用板拱结构，大跨径则采用分离式肋拱结构，以减轻大跨径孔的恒载重量来减小恒载的水平推力。有时，为了进一步减小大跨径孔的恒载推力，可加大跨径拱肋的矢高，而做成中承式肋拱桥。

在具体设计时，可采用上述措施中的任意一种或同时采用几种。如果仍不能达到完全平衡恒载推力的目的，则需设计成体型不对称的或加大尺寸的桥墩和基础来解决。

2. 拱轴系数的选择和拱上建筑的布置

拱式结构受力的本质是：在竖向荷载作用下，支撑处不仅产生竖向反力，而且还产生水平推力。正是由于水平推力的存在，拱内的弯矩和剪力大大减小，主拱圈主要承受压力。拱轴线线型不仅直接影响着拱圈的内力分布及截面应力的大小（拱圈的承载能力），而且它与结构的耐久性（开裂影响）、经济合理性和施工安全性等都有密切的关系。因此，选择拱轴线的原则，就是要尽可能降低由于荷载产生的弯矩数值。最理想的拱轴线是使其与拱上各种荷载作用下的压力线相吻合，使拱圈截面内只受轴向压力而无弯矩作用，截面应力均匀分布，充分利用材料的强度和砌筑材料的抗压性能，这样的拱轴线称为合理拱轴线。但事实上这种拱轴线是不可能获得的，因为除恒载外，拱圈还要受到活载、温度变化和材料收缩等因素的作用。

一般来说，拱桥设计中所选择的拱轴线应满足以下四方面的要求：尽量减小拱圈截面的弯矩，使主拱圈在计入弹性压缩、均匀温降、混凝土收缩等各方面影响下各主要截面的应力相差不大，且最大限度地减小截面拉应力，最好是不出现拉应力；对于无支架施工的拱桥，应能满足各施工阶段的要求，并尽可能少用或不用临时性施工措施；计算方法简便，易为生产人员掌握；线型美观，便于施工。

目前拱桥常用的拱轴线形有以下几种：

（1）圆弧线。圆弧拱线形简单，全拱曲率相等，施工放样方便，易于掌握。其拱轴线方程为：

$$\left.\begin{array}{l} x^2 + y_1^2 - 2Ry_1 = 0 \\ x = R\sin\varphi \\ y_1 = R(1 - \cos\varphi) \\ R = \dfrac{1}{2}\left(\dfrac{1}{\dfrac{4f}{l}} + \dfrac{f}{l}\right) \end{array}\right\}$$

但在一般情况下，圆弧拱轴线与恒载压力线有偏离，当矢跨比 f/l 较小时，两者偏离不大，随着矢跨比 f/l 的增大，偏离逐渐增大，当矢跨比 f/l 接近 1/2 时，恒载压力线的两端将位于拱脚截面中心线以上相当远，实际中，常在拱脚处设置护拱，以帮助拱圈受力。荷载会在截面上产生较大的弯矩，且使各截面受力不均匀。因此圆弧拱轴线一般常用于 20m 以下的小跨径拱桥。有些大跨径钢筋混凝土拱桥，为了方便各拱节段的预制拼装，简化施工，也有采用圆弧线作为拱轴线的。

（2）抛物线。在均布荷载作用下，拱的合理拱轴线是二次抛物线。故对于恒载分布比较接近均匀的拱桥，例如矢跨比较小的空腹式钢筋混凝土拱桥、钢筋混凝土桁架拱和刚架桥等，可以采用二次抛物线作为拱轴线，其拱轴线方程为：

$$y_1 = \frac{4f}{l^2}x^2$$

在一些大跨径拱桥中，为了使拱轴线尽量与恒载压力线相吻合，也常采用高次抛物线作为拱轴线。

（3）悬链线。空腹式拱桥的恒载从拱顶到拱脚不再是连续分布的，其空腹部分的荷载由两部分组成，即拱圈自重分布恒载和拱上立柱（横墙）传来的集中恒载。实腹式拱桥，其恒载集度（单位长度上的恒载重力）是由拱顶向拱脚连续分布、逐渐增大的，这种荷载分布的拱圈的压力线是一条悬链线。因此，实腹式拱桥采用悬链线作为拱轴线，在恒载作用下，当不计拱圈由恒载弹性压缩产生的影响时，拱圈将只承受中心压力而无弯矩，即不计弹性压缩时，实腹式拱的合理拱轴线为悬链线。一般情况下，实腹式拱以选择悬链线作为拱轴线为宜。其拱轴线方程为：

$$y_1 = \frac{f}{m-1}(chk\xi - 1)$$

因此，其相应的恒载压力线不再是平滑的悬链线，而是一条在腹孔墩处有转折点的多段曲线。在实际设计中一般采用与恒载压力线相近的悬链线作为拱轴线。使拱轴线与恒载压力线在拱顶、跨径四分之一和拱脚五个截面相重合（称为五点重合法）。这时恒载压力线与拱轴线将存在一定的偏离。理论分析证明，这种偏离对拱圈控制截面的内力是有利的，它可以减小由于弹性压缩在控制截面上产生的弯矩。同时，用悬链线作为拱轴线，对各种空腹式的拱上建筑适应性较强，并且已有现成和完备的计算图表可以简化计算。因此，为了设计方便起见，空腹式拱桥也广泛采用悬链线作为拱轴线。所以悬链线是目前我国大、中跨径拱桥采用最普遍的拱轴线形。

由此可见，拱上建筑的形式及其布置，与拱轴线形的选择是否合理是有密切联系的。在一般情况下，小跨径拱桥可采用实腹式圆弧拱或实腹式悬链线拱；大、中跨径拱桥可采用空腹式悬链线拱；轻型拱桥或矢跨比较小的大跨径钢筋混凝土拱桥，可以采用抛物线拱。

对于无支架施工的拱桥（如双曲拱、箱拱），布置拱上建筑时，应使恒载强度的分布尽可能接近均布荷载，以便改善施工阶段裸拱肋与裸拱圈的受力状态，简化施工临时措施，保证施工的质量和安全。

3. 拱圈截面变化规律和截面尺寸的拟定

（1）拱圈截面变化规律。拱桥的主拱圈有等截面和变截面两种形式。所谓等截面拱，就是拱圈任一法向截面的横截面形状和尺寸是相同的。而变截面拱的法向截面，从拱顶到拱脚是逐渐变化的。变截面拱圈的做法通常有两种：一种是拱圈沿拱轴方向不变宽度而只变厚度；另一种是厚度不变而改变拱圈的宽度。

拱圈横截面沿跨径变化的规律，要能适应主拱圈内力变化的情况，有利于充分发挥主拱圈每个截面的材料强度。同时，截面变化的形式，还应考虑到使其构造简单、便于设计和施工。

在荷载作用下，拱圈内有轴向力 N 和弯矩 M 及剪力 Q，而轴向力可表示为 $N \approx H/\cos\varphi$，H 为水平推力，φ 中为任意截面处的拱轴线水平倾角，由于 $\cos\varphi$ 值由拱顶向拱脚逐渐减小，轴向力 N 就由拱顶向拱脚逐渐增大。弯矩 M 及剪力 Q 沿拱轴线的变化比较复杂，但一般情况下拱脚处的弯矩常常比拱顶处大一些。因此，为了使各截面的应力值趋于相等，拱圈的截面也自拱顶向拱脚逐渐增大。在相同条件（跨径、矢高、荷载）下，变截面拱圈的砌筑数量较等截面拱圈少，拱圈稳定性也较好。但施工较麻烦，特别是料石规格繁多，给备料和砌筑带来困难，即使是混凝土拱，制模工作也较复杂。

在一般情况下，为了方便施工，拱桥宜采用等截面形式。目前在无铰拱桥设计中，对于跨径小于 50m 的石板拱桥，跨径小于 100m 的双曲拱、箱拱或钢筋混凝土肋拱桥，均可采用等截面形式。只有在更大跨径或很陡的砌筑拱桥中，为了节省砌筑工程量，减轻拱圈自重，可考虑采用拱圈截面由拱顶向拱脚增厚的变截面形式。

（2）截面尺寸的拟定。

1）拱圈宽度的确定。拱圈的宽度取决于桥面的宽度（行车道宽度和人行道宽度之和）。中、小跨径拱桥的栏杆（宽 15~25cm），一般布置在帽石的悬出部分上。这样，拱圈的宽度就接近桥宽。

在大跨径拱桥中，为了减小主拱圈的宽度，可将人行道布置在钢筋混凝土悬臂上。钢筋混凝土人行道悬臂的做法大致有两种：一种是设置单独的人行道悬臂构件；另一种是采用横贯全桥的钢筋混凝土横挑梁，在挑梁上再安设钢筋混凝土人行道板。

采用悬臂式人行道结构，虽然用钢量较不设悬臂多，但减小了主拱圈宽度及墩台尺寸，节省了较多的砌筑量，从而能获得更大的经济效益，因此使用广泛。但悬出长度也不宜太大，一般以 1.0~2.0m 为宜，否则将增加悬臂的钢筋用量。同时，为了确保拱的横向稳定性，拱圈宽度一般不宜小于跨径的 1/20。否则，应验算拱圈的横向稳定性。

2）主拱圈高度及主要构造的尺寸拟定。

①实体板拱。对中小跨径的石板拱桥，其拱圈厚度可用如下经验公式计算：

$$d = mk\sqrt[3]{L_0}$$

式中 d——拱圈厚度（cm）；

L_0——拱圈净跨径（cm）；

m——系数，般为 4.5~6.0，取值随矢跨比的减小而增大；

k——作用系数。

大跨径石拱桥，其拱圈厚度可参照已建成拱桥的设计资料或参照其他经验公式进行估算。

②箱拱。拱圈的高度主要取决于拱的跨度，还与拱圈所用混凝土强度有很大关系，一般通过试算确定，在初拟时，可按如下经验公式估算：

$$d = \frac{L_0}{100} + \Delta$$

式中 d——拱圈厚度；

L_0——拱圈净跨径；

Δ——系数，取 0.6~0.8。

箱拱主拱圈截面形式有单室箱和多室箱两种。对于多室箱的截面，拱圈宽度确定之后，再横向划分成几个箱，主要取决于所采用的施工方法。箱形截面的挖空率可取 50%~70%。拱箱由底板腹板及顶板组成，其中腹板和顶板可由预制构件和现浇混凝土层组合构成。底板厚度预制腹板厚度及预制顶板厚度均应不小于 100mm。腹板的现浇混凝土厚度（相邻板壁间净距）及顶板的现浇混凝土厚度应不小于 100mm。箱预制边外壁应适当加厚。

箱拱的拱箱内应每隔 2.5~5.0m 设置一道横隔板，横隔板厚度可为 100~150mm，在腹孔墩下面以及分段吊装接头附近均应设置横隔板，在 3/8 拱跨长度至拱顶段的横隔板，应取较大厚度并适当加密。箱形板拱的拱上建筑采用柱式墩时，立柱下面应设横向通长的垫梁，其高度不宜小于立柱净距的 1/5。

箱拱采用预制吊装成拱时，除按现浇混凝土要求处理接合面外，尚应设置必要的连接钢筋。

箱拱应在底板上设排水孔，大跨径拱桥应在腹板顶部设通气孔。当箱拱可能被洪水淹没时，在设计水位下，拱箱内应设进、排水孔。

第四节　斜拉桥与悬索桥设计

一、斜拉桥

（一）斜拉桥的受力特点及分类

1.斜拉桥概述

斜拉桥指用锚固在塔、梁上的若干拉索吊住梁跨结构的桥，也叫斜张桥。其主要组成部分为主梁、拉索和索塔。与一般梁式桥相比，主梁除支撑于墩身上外，还支承在由索塔引出的拉索上。

斜拉桥的特点是从索塔上用若干拉索将梁吊起，相当于使主梁在跨内增加了若干弹性支点，从而大大减少了梁内弯矩，使梁高降低并减轻重量，提高了梁的跨越能力。当然，拉索对梁的这种弹性支撑作用，只有在拉索处于拉紧状态时才能得到充分发挥。因此必须在桥梁承受活载之前对拉索进行张拉。这种体系的优点是：梁体尺寸较小，桥梁的跨越能力增大；受桥下净空和桥面高程的限制少；抗风稳定性比悬索桥好；不需悬索桥那样的集中锚碇构造；便于采用悬臂施工等。另外，由于它是多次超静定结构，设计计算复杂；索与梁或塔的连接构造比较复杂；施工中高空作业较多，且施工控制等技术要求严格。

2.斜拉桥分类

（1）按孔跨布置分类。斜拉桥最典型的孔跨布置形式为双塔三跨式与独塔双跨式。在特殊情况下，斜拉桥也可以布置成独塔单跨式及多塔多跨式等。

双塔三跨式是一种最常见的斜拉桥孔跨布置方式。由于它的主孔跨度较大，一般可适用于跨越较大的河流、河口和海面。在跨越河流时，可用主孔一跨跨越，将两个桥塔设在河滩浅水处，两个边跨设在靠岸边；也可以将两个桥塔设在河中，用三孔来跨越整个河道或主航道。

双塔三跨式斜拉桥可以布置成两个边跨跨度相等的对称形式，也可以布置成两个边跨跨度不等的非对称形式，且可根据需要在两边跨内布置数量相等或不等的中间辅助墩，以提高结构体系的刚度。

独塔双跨式斜拉桥也是一种较为常见的孔跨布置方式，由于它的主孔跨径一般比双塔三跨式的主孔跨径小，故特别适用于跨越中等宽度的河流、谷地及交通道路。当采用双塔三跨式不经济时，可采用独塔双跨式跨越较宽河流的主航道部分，例如美国东享丁顿桥、四川宜宾金沙江中坝大桥等。独塔双跨式斜拉桥可以布置成两跨不对称的形式，即分为主跨与边跨；也可以布置成两跨对称即等跨形式。其中以两跨不对称的形式较多，也较合理。采用独塔双跨式时，根据河道情况，可以用两跨跨越河流，将桥塔设在河道中适当位置；也可以用主跨跨越河流，将桥塔及边跨设在河流的岸边。

为增加主跨跨度，可将独塔双跨式斜拉桥的主跨梁端与连续梁（刚构）相连，形成带协体系的斜拉桥，如广东西江金马大桥。另外，在适宜的地形条件下，有时也可采用独塔单跨式斜拉桥，此时边跨跨度很小甚至没有边跨，靠岸边的斜拉索（背索）直接锚固在地面锚碇上。

在跨越宽阔水面或谷地时，由于桥梁长度大，必要时也可采用三塔或多塔斜拉桥，如宜昌夷陵长江大桥（三塔），香港汀九大桥（三塔，塔高不同），希腊里奥安托里恩桥（四塔）和法国米约高架桥（七塔）等。由于中间桥塔没有端锚索来有效地限制塔顶的水平变位，多塔斜拉桥的结构柔性会有所增大。

（2）按主梁的支撑体系分类。斜拉桥在索塔处及墩（含辅助墩）处的支撑形式对主梁的受力及结构的使用性能影响较大。

按主梁支撑条件不同，其可分为连续梁式和连续刚架式等。连续梁式往往在墩台支撑处仅用一个固定铰支座，其余为活动支座，梁的温度变位、水平变位等则由斜索予以约束。主梁采用连续梁式可以获得连续梁桥的主要优点，如行车顺畅、伸缩缝少，便于采用连续梁桥的各种施工方法等。

（3）按拉索布置形式分类。

1）拉索的索面位置

拉索按其所组成的平面，通常分为单索面和双索面，双索面又可分为双平行索面和双斜索面。双平行索面又有两种布置方式：是将两索面布置在桥面外缘；二是将两索面布置在桥面宽度之内（如人行道内侧）。

当索塔在横向为 A 形、钻石形等时，就可能需要双斜索面与之配合。双斜索面的拉索可以提高梁的抗扭能力，抗风动力性能较好。

单索面设置在桥梁纵轴线上，这对于设置分车带的桥梁特别合适，基本上不需要增加桥面宽度，具有最小的桥墩尺寸和简洁的视觉效果。但是，单平面拉索只能支撑竖向荷载，由于竖向不对称活载或横向荷载（如风力）的作用而使主梁受扭，主梁横截面宜采用闭合箱梁。

对特殊情况，可能采用三索面，如正在建造的武汉天兴洲公铁两用桥，为突出桥梁造型，只在主跨内布置斜索，而取消边跨内或岸侧的斜索。具有这样索面布置的斜拉桥称为"无背索斜拉桥"，多在倾斜的独塔斜拉桥中采用。

2）拉索的索面形状

①辐射形。这种布置方法是将全部拉索汇集到塔顶，使各根拉索都具有可能的最大倾角。由于索力主要由其垂直分力的需要而定，因此索的拉力及截面可较小；而且辐射索使结构形成几何不变体系，对变形及内力分布都有利。这种做法的不足是：有较多数量的拉索汇集到塔顶，将使锚头拥挤，构造处理较困难；塔身从顶到底都受最大压力，自由长度较大，塔身刚度需保证压曲稳定的要求。

②扇形。扇形是介于辐射形和平行形之间的形式，一般在塔上和梁上分别按不同的等间距布置，兼顾了以上两种形式的优点而弥补了其不足，因此应用广泛。

③平行形。平行形中各拉索彼此平行，各索倾角相同。各对拉索分别锚固在塔的不同高度上，于是索与塔的连接构造易于处理；由于倾角相同，各索的锚固构造相同，塔中压力逐段向下加大，有利于塔的稳定性。但是索的用钢量较大；由于各对索力的差别，将在塔身各段产生较大的弯矩；由于是几何可变体系，对内力及变形的分布较不利，不过可以通过采用在边跨内设置辅助墩的办法来加以改善。

除此以外，还有星形（索在塔上分散锚固，在梁上汇集于一处），混合形（中跨为扇形，边跨为平行形或其他形状，多配合独塔斜拉桥采用），曲面形（索面形成空间曲面状，可用于讲究桥梁造型的城市桥梁和人行桥）等。正常情况下，所有斜拉索的下端均锚固于梁体。特殊情况下，也可将边跨靠外的部分长索（锚索）锚固于地面。

3）索距的选择。根据拉索在主梁上的间距，有稀索斜拉桥（对于钢梁，间距为30~60m，对于混凝土梁，为15~30m）与密索斜拉桥（6~8m）之分。早期斜拉桥多采用稀索，目前则多用密索。密索斜拉桥有下述优点：索间距较短，主梁弯矩可减小；每根索的拉力较小，锚固点的构造简单；悬臂施工时所需辅助支撑较少，甚至可以不用；每根拉索的截面及受力较小，易于更换。

4）索塔的布置形式。斜拉桥索塔的布置形式分为沿桥纵向的布置形式和沿桥横向的布置形式，其中后者又因索面的布置位置不同而有所差异。索塔的纵向形式一般为单柱形。当需索塔的纵向刚度较大，或者需要有2或4根塔柱来分散索塔的内力时，常常做成倒V形、倒Y形等。倒V形也可增设一道中间横梁变为A形。

适用于单索面的形式有单柱形、倒V形或A形、倒Y形，适用于双索面的形式有双柱式、门式（两根塔柱可以竖直，也可以略带倾斜）、H形（两根塔柱可以是如图所示的折线形，也可以布置成竖直形或倾斜形）、倒V形、倒Y形。

在斜拉桥的总体布置中，索塔高度与拉索的倾角有关，故其选取也是涉及工程技术经济指标的一个重要参数。塔的有效高度H一般从桥面以上算起。桥塔越高，拉索的倾角越大，斜拉索垂直分力对主梁的支撑效果也越好，但桥塔与拉索的材料用量也要增加。因此，桥塔的适宜高度H要由经济比较来决定。根据实桥资料分析，对于双塔斜拉桥，塔高与主跨之比约1/7~1/4；其中钢斜拉桥多为1/5；对于独塔斜拉桥，该值为 1/4.7~1/2.7。

（二）斜拉桥的设计

1. 主梁截面

斜拉桥的主梁截面形式根据所用材料（混凝土、钢或两者）及索面的布置方式有所不同。

一般来说，在主梁的横截面形式方面，梁式桥主梁的不少横截面形式都可用于斜拉桥，但需注意到由于梁在跨间支撑在一排或两排拉索支点上，因此要求横截面的抗扭刚度比较好，而且便于拉索与主梁的连接。

钢梁的常用横截面形式主要有双主梁、钢箱梁、桁架梁等。双主梁一般采用两根工字形钢主梁或钢箱梁，上置钢桥面板，主梁之间用钢横梁连接。钢箱梁截面的形式多样，有单箱单室、多箱单室、多箱多室等布置；为提高抗风稳定性，大跨度钢斜拉桥往往采用扁平钢箱梁。斜拉桥采用钢桁梁则主要是为了满足布置双层桥面（公铁两用）的需要。

钢斜拉桥（以及后述悬索桥的加劲梁）的桥面往往采用正交异性板。它是指在钢桥面板（或钢箱梁上翼缘）下布置纵向及横向的、开口或闭口的加劲肋而形成的一种桥面构造。因加劲肋在平面纵横两个方向上正交且桥面板在两个方向的抗弯惯性矩不同，故此得名。

2. 索塔

斜拉桥索塔的主要构件是以承受压力为主的塔柱。塔柱可竖直或倾斜布置，可取单根或多根。当采用多根时，各塔柱之间需布置横梁。混凝土斜拉桥常用的花瓶形索塔，整个塔柱由上、中、下三段组成；为简化设计和施工，拉索锚固区可集中布置在上塔柱内。主梁的中间支座布置在下横梁上，该横梁不仅为主梁提供支撑，还得承受塔柱因转折而产生的拉力。上横梁主要起联接作用，有必要时，也可在塔顶增设横梁。

混凝土斜拉桥和一部分钢斜拉桥采用混凝土塔，其优点表现在：塔身刚度较大，造价较低，易于成形，养护简单。索塔或塔柱的基本截面形状是矩形，在此基础上，可变化为五角形（矩形靠桥外侧的一边形成转折）、六角形（矩形靠桥上、下游侧的两边均形成转折）、八角形（去掉矩形的四个角）等。对中小跨度的斜拉桥，多采用实心截面；对大跨度斜拉桥，宜采用空心截面。当塔柱为空心截面时，横梁也多如此。沿塔柱高度，可保持截面不变（对中小跨度）或有所变化（尤其对下塔柱）。另外，在拉索锚固区，应水平设置井字形或双 U 形预应力钢筋，以保证传力可靠，避免混凝土受拉沿塔柱竖向开裂。

钢斜拉桥可采用钢塔。钢塔柱的基本截面是带竖向加劲肋和水平横隔板的箱形。国外（如日本、德国等）采用钢索塔的实例较多。

钢混结合的索塔指出于某种需要（如防撞击、防混凝土开裂等），让索塔的下塔柱采用混凝土，其余为钢（如南京长江三桥）；或让拉索锚固区为钢，其余为混凝土（如苏通长江大桥）。比照混合梁斜拉桥的定义，可将这类索塔称为混合塔。其关键技术是要处理好钢混结合段的设计与施工。

3. 拉索

拉索对斜拉桥的工作状态影响很大，而且造价占全桥的 25%~30%，因此对其构造要予以高度重视。

斜拉桥的拉索材料一般沿用悬索桥的大缆所采用的材料或预应力钢筋所用材料。目前在世界范围内用得较多的有平行钢丝索、钢绞线索和封闭式钢索等，在某些斜拉桥上也用过高强钢筋和型钢。我国斜拉桥常用 φ7mm 高强钢丝组成的平行钢丝索或 φ15mm 钢绞线组成的平行钢绞线索。

用平行排列的粗钢筋作为拉索，在少数斜拉桥中有过成功的运用。粗钢筋抗锈蚀能力好，便于锚固，但强度较低，材料长度较短（有时需要接长），运用有一定困难，故在斜拉桥中用得较少。

平行钢丝索在工厂制造，通常配合具有良好抗疲劳性能的冷铸镦头锚使用。它是先在锚板上钻孔（孔径稍大于钢丝直径），然后穿过钢丝，使用镦头机在钢丝端头镦头，最后进行整体张拉锚固，镦头就被支撑在锚板上。平行钢绞线索在工厂制成半成品（对每股钢绞线均进行防护处理），在现场装配成整索，需配合夹片锚使用。拉索用夹片锚为群锚体系，挂索张拉时，需先对每股钢绞线单独施锚，并采取措施保证各股钢绞线受力均匀、保证夹片在低应力状态下不松脱，然后按要求进行整体张拉。

二、悬索桥

（一）悬索桥概述

悬索桥是一种适合于特大跨度的桥型。它以大缆（或称主缆、主索）、锚碇和塔为主要承重构件，以加劲梁（或称刚性梁）、吊索、鞍座等为辅助构件。同其他桥型相比，跨度越大，悬索桥的优势越明显。

优势之一是在材料用量和截面设计方面。其他各种桥型的主要承重构件的截面面积，总是随着跨度的增加而增加，致使材料用量增加很快。但大跨悬索桥的加劲梁却不是主要承重构件，其截面面积并不需要随着跨度而增加。

优势之二是在构件设计方面。许多构件截面面积的增大是受到客观因素制约的，例如梁的高度、杆件的外廓尺寸、钢材的供料规格等，但悬索桥的大缆、锚碇和塔这三项主要承重构件在扩充其截面面积或承载能力方面所遇到的困难则较小。

优势之三是作为主要承重构件的大缆受拉，充分发挥钢材的抗拉强度高的优势，受力合理，这也是悬索桥适用于大跨径桥梁的一个重要因素。

优势之四是在施工方面。悬索桥的施工总是先将大缆架好，这样，大缆就是个现成的悬吊式支架。在架梁过程中，加劲梁段可以挂在大缆之下，为了防御飓风的袭击，虽然也必须采取防范措施，但同其他桥所用的悬臂施工方法相比，风险较小。

悬索桥由于跨越能力大，常可因地制宜地选择一跨跨过江河或海峡主航道的布置方案，这样可以避免修建深水桥墩，满足通航要求。

悬索桥也有一些缺点：由于悬索是柔性结构，刚度较小，当活载作用时，悬索会改变几何形状，引起桥跨结构产生较大的挠曲变形；在风荷载、车辆冲击荷载等动荷载作用下容易产生振动。

（二）悬索桥设计

1. 大缆

缆、索、链、绳都是指柔性大的构件，对独立的、直径较大的柔性构件，称为缆。其特点是抗弯刚度很小，而抗拉刚度可以很大，故只适合于受拉。

绝大部分悬索桥在全桥设有两根大缆，平行布置。有极少数悬索桥（如美国的维拉扎诺桥和乔治·华盛顿桥）在全桥设有四根平行的大缆。

（1）大缆的类型及基本要求。悬索桥的大缆可采用钢丝绳和平行钢丝束两种形式，前者一般用于中小跨度（跨度 500m 以下）的悬索桥，后者则适用于各种跨度的悬索桥。用于悬索桥的钢丝绳根据其规模大小可分别采用螺旋钢丝绳及绳股钢丝绳。平行钢丝束根据其架设方法分为空中纺线法（AS 法）和预制平行丝股法（PS 法）。前者是在施工现场通过移动的纺轮在空中逐丝编制而成，后者是预先在工厂按规定的钢丝根数及长度制成丝股并做好锚头，绕在丝股盘上，然后运到现场通过牵引系统架设到设计位置。

（2）大缆的矢跨比和安全系数。大缆的矢高与跨度之比称为矢跨比。矢跨比越小，大缆中的恒载内力就越大，其刚度也就越大。通常，恒载小的桥所用的矢跨比小。衍式加劲梁的悬索桥矢跨比用得较大，而梭状扁平钢箱加劲梁的矢跨比用得较小，一般在 1/12~1/9 之间。矢跨比的选择主要是从结构布置、经济合理、美观和结构抗风稳定性等多方面综合考虑的。

大缆的安全系数主要由以下因素决定：大缆的构造、计算精度、恒载应力与活载应力之比、二次应力的影响、应力不均匀的程度、结构物的重要性等。选取适当的值作为大缆的安全系数，做到既保证结构的安全又经济合理，是降低悬索桥大缆材料用量的关键。国外早期悬索桥大缆的安全系数取得比较大。目前安全系数一般都在 2.5 左右，对特大跨度桥，由于二次应力、施工误差等的影响比小跨度桥小，因此安全系数可取得小些，如明石海峡大桥的安全系数取 2.3 左右。

2. 桥塔

桥塔的作用是支撑大缆。悬索桥的桥塔按其材料可分为砌体桥塔、钢桥塔和钢筋混凝土桥塔。早期的悬索桥多采用由石料砌筑的门架形桥塔结构。钢桥塔在桥梁横向的结构形式可分为带斜腹杆的桁架式、只带横杆的刚构式和以上两者的混合式。一般来说，桁架式桥塔在塔顶横向水平位移、用钢量、功能性及经济性方面均较有利，但在外观上不如刚构式简洁明快。随着混凝土技术的发展，特别是爬升模板问世以来，大跨度悬索桥塔开始采用混凝土结构。混凝土塔只采用带横杆的刚构形式。

3. 锚碇

锚碇是对锚块基础（有扩大基础、地下连续墙、沉井基础、桩基础等多种形式）、锚块、大缆锚固系统及防护结构等的总称。它是固定大缆的端头、防止其走动的巨大构件。悬索桥大缆两端的锚固方式有地锚（锚碇设在两岸上）与自锚（将大缆锚固于加劲梁端部）两种形式。绝大部分悬索桥采用地锚。自锚不需要修建大体积的锚碇，但应用情况较少，并且只限于小跨度，这是因为大跨度悬索桥的大缆内力值远远超过其加劲梁的承受能力。从施工方面讲，自锚悬索桥需先架设加劲梁，后架设大缆，这使施工尤其困难。因此，只在小跨度的城市悬索桥中，若因两岸建筑物密集，无场地或无良好地质条件可用作地锚时，才考虑自锚体系。

地锚分重力式和隧洞式（或岩洞式）两种。重力式地锚是凭借混凝土锚块的重量（再加锚碇上的土重或配重）来固定大缆的两端。由于锚碇承受的竖向（向上）分力和水平（向河心）分力很大，所需要的重力式锚块尺寸也很大。

当大缆在锚碇前墙处需要展开成丝股并改变方向时，需设置大缆支架。大缆支架可以设置在锚碇之外，也可以设置在锚碇之内。大缆支架主要有三种形式，即钢筋混凝土刚性支架、钢制柔性支架及钢制摇杆支架。当采用刚性支架时，其底部必须设置辊筒，以适应大缆的伸缩。

4. 加劲梁

悬索桥加劲梁的作用不像斜拉桥的那样大，它主要起支撑和传递荷载的作用。现已建成的悬索桥的加劲梁大都采用钢结构，沿桥纵向等高度，一般采用桁架梁或梭状扁平钢箱梁。梭状扁平钢箱加劲梁的优点是：建筑高度小，自重较桁架梁轻，用钢量省，结构抗风性能好（风的阻力系数仅为桁架梁的 1/4~1/2）。

钢桁架式加劲梁在双层桥面的适应性方面远较钢箱梁优越，因此适合于交通量较大的或公铁两用的悬索桥。桁架加劲梁的立面布置多采用有竖杆的简单三角形形式，其横向布置应根据是否设双层桥面而定，桥面常采用钢筋混凝土板或正交异型钢桥面板。

大跨度悬索桥加劲梁的高度主要与结构的抗风性能等有关，与结构受力的关系不大，由于桁架的抗扭刚度相对较小，桁架加劲梁的梁高比流线型箱梁的高得多，如明石海峡大桥（主跨 1990m 桁架式加劲梁）梁高 14m，而大伯尔特桥（主跨 1624m，扁平钢箱梁）梁高仅 4.0m，我国目前所修建的大跨度钢箱加劲梁的梁高大都在 3.0m 左右。

5. 索夹及吊索

作用于悬索桥加劲梁上的恒载及活载通过吊索传给大缆。为保证传力途径的安全可靠，需在大缆上安装索夹。索夹由铸钢制作，分成左、右两半或上、下两半，安装之后，用高强螺杆将两半拉紧，使索夹内壁对大缆产生压力，防止索夹沿大缆向低处滑动。

吊索可用钢丝绳、平行钢丝束或钢绞线等材料制作。吊索的下端与加劲梁连接，上端连接有两种方式：一种方式是采用销钉连接，在索夹（此时为上、下两半）下半年的下垂板（又称吊耳）上设置销钉孔眼，吊索上端设开口套筒，两者通过销钉相连；另一种方式是让吊索绕过索夹（此时为左右两半），让吊索骑挂在索夹上，这类吊索常用钢丝绳制作，为避免过大直径钢丝绳绕过索夹时钢丝绳破断力降低太多，在每一索夹处常用两对直径较小的吊索。目前销钉连接方式用得较多。

传统悬索桥的吊索都是垂直的，但从英国的塞文桥开始使用斜吊索。至今，大跨度悬索桥采用斜吊索的仅有塞文桥、博斯普鲁斯 I 桥和亨伯尔桥三座。将吊索设计成斜索的目的是提高大跨度悬索桥振动时的结构阻尼值，因为将加劲桁梁改为加劲钢箱梁（梁重减轻）之后，担心结构阻尼值会降低。斜吊索与垂直吊索相比，索力较大，因此可以提高振动能量的衰减率。对于小跨度悬索桥，斜吊索还能较显著地增大悬索桥的竖向刚度。

吊索的安全系数要比大缆高得多，这主要是考虑到吊索的疲劳（风与车辆引起的振动）、设计制作及安装误差等的影响。国内外吊索的安全系数一般取 3.0~4.5。

6. 索鞍

鞍座是设在塔顶及桥台上直接支撑大缆并将大缆荷载传递给塔及桥台的装置。设在塔顶的鞍座叫主鞍，用作大缆跨过塔顶的支撑，承受大缆产生的巨大压力并传递给桥塔。主鞍一般由铸钢件构成，随着焊接技术的发展，目前的鞍座大多采用铸焊结合结构。鞍槽采用铸钢件，鞍槽下的支撑结构用厚钢板的焊接结构，鞍槽与支撑结构之间也用焊接。为方便吊装，往往将主鞍座在纵向分为两段或三段，吊装到塔顶后用高强度螺栓连接成一体。

鞍座的弯曲半径关系到大缆的弯曲应力和大缆与鞍座的接触压力。大缆的弯曲应力与弯曲半径成反比，削弱大缆拉力强度的接触压力也同样与弯曲半径成反比，因此确定鞍座的半径时必须对这些方面加以充分考虑。一般悬索桥的主鞍半径是大缆直径的 8~12 倍。

第六章　道路工程施工管理

道路工程在施工过程中应当考虑质量、安全、成本以及信息四个方面的管理措施，以保障工程质量的同时还能够降低成本、减少安全事故以及进行详细明确的信息管理。本章主要从道路工程的质量管理、安全管理、成本管理以及信息管理四个方面进行详细的研究。

第一节　质量管理

一、施工项目质量计划

1. 质量计划的作用

"计划"是管理的主要功能之一，质量管理同样必须首先做好质量计划工作，也就是为达到质量目标在活动之前进行详细的筹划。经编制所形成的质量计划文件，其中应规定：进行质量检查和控制应依据的标准及规范，应达到的质量目标，项目施工各阶段中各部门及其人员的责任和权限的分配，应采用的特定程序、方法和作业指导书，施工阶段的试验、检验和审核的指导大纲，随施工的进展而修改和完善质量计划的方法，为达到质量目标必须采取的其他措施。

2. 质量计划的内容

不同类型的企业、不同类型的工程，其施工质量控制计划的内容不尽相同，主要内容归纳起来有以下几个方面，可根据实际需要来选择采用。

（1）项目编制依据。

（2）项目概况。

（3）项目质量目标。

（4）项目质量组织机构和职责。

（5）项目质量控制及管理组织协调的系统描述。

（6）必要的质量控制手段、施工过程、质检、测量、检验、试验程序等。

（7）确定关键工序和特殊过程及其作业指导书。

（8）描述与施工阶段相适应的检验、试验、测量和验证要求。

（9）适用的质量规范标准清单。

（10）必需的质量记录清单。

（11）更改和完善质量保证计划的程序。

3. 质量计划的编制与实施

（1）项目质量计划的编制依据：招投标文件和总承包合同中的有关要求；公司批准发放的"项目管理实施规划"；项目适用的主要质量标准规范；公司的管理体系文件。

（2）质量计划的编制应符合以下规定：质量保证计划应体现从工序、分项工程、分部工程到单位工程的全过程控制，且应体现从资源投入到完成工程质量最终验收和评定的全过程质量控制；质量保证计划应成为对外质量保证和对内质量控制的依据。

（3）质量保证计划的实施应符合下列规定：项目质量部应按照分工，控制质量保证计划的实施，并应按规定保存控制记录；当发生质量缺陷或事故时，必须分析原因、分清责任、进行整改。

二、质量控制方法

（一）全面质量管理

全面质量管理的基本点应该是以国家和人民的需要为依据，以用户的要求为标准，以生产技术为基础，以科学方法为手段，以全员积极参加为保证，以最大的社会经济效益为目的，以实际使用效果为最终的评价。全面质量管理可从下述几方面来理解：

1. 全面质量的管理

它不仅要对工程质量进行管理，也要对工作质量进行管理。不仅要对产品性能，也要对可靠性、安全性、环保等方面进行管理；不仅管物，也要学会管人。

2. 全过程的管理

指不仅对工程的形成过程进行质量管理，还要对形成以后的过程进行质量管理。例如，公路建设项目从可行性研究、勘察、设计、辅助、施工、养护等影响工程质量的一切因素和环节都管理起来，才可称为全过程的管理。

3. 全面管理

即企业中各部门所有的人员都应在各自有关的工作中参与质量管理工作。

对于公路工程的全面质量管理工作，可包括如下内容：

（1）公路工程质量与工作质量的确定与管理。

（2）质量标准的分析与质量保证计划制订。

（3）施工过程工程质量与工作质量的控制与检查。

（4）辅助部门工作质量的控制与评价。

（5）质量管理方法和手段的研究。

（6）质量情报系统、质量管理干部培训、全体职工的质量管理教育。

（7）质量保证专门问题的研究。

（二）质量管理中常用的统计方法

质量管理常用而有效的统计方法有排列图法、因果分析图法、频数分布直方图法、管理图法、分层法、相关图法和统计分析表法七种。

1. 排列图法

排列图一般由两个纵坐标和一个横坐标组成。左边纵坐标表示频数即不合格品件数，右边纵坐标表示频率即不合格品的累计百分数；横坐标表示影响质量的各种不同因素，按各因素影响程度的大小，即按造成不合格品的多少，从左到右排列。直方形的高度表示某个因素影响的大小，曲线表示各影响因素大小累计的百分数，这条曲线称作巴雷特曲线。通常把累计百分数分为三类：0%~80% 为 A 类，80%~90% 为 B 类，90%~100% 为 C 类，A 类为影响质量的主要因素，B 类为次要因素，C 类为一般因素。

2. 因果分析图法

为了解决由于设计、施工、养护中出现的质量问题，查明原因，采取对策和措施来解决问题，采用因果分析图法（也称之为特性要因图或鱼刺图），是一种有效的方法。

该法根据质量存在的主要因素一步一步地寻找产生的原因，然后针对这些原因制定相应对策加以改进。在质量管理中，为了寻找这些原因的起源，可以采用一种从大到小，从粗到细，"顺藤摸瓜"，追根到底的方法。这种方法是由日本东京大学石川馨教授提出的。

一般造成工程质量问题的原因是多方面的，但一船总离不开机器（Machine），人（Man），方法（Method），原材料（Material），仪器（Meter）和环境（Environment）也即 5M1E。

在具体施工中，就某一个分项工程而言，这 5 个因素与 1 个条件并不一定同时存在，一定要具体分析。在分析每个原因（主要原因）时，又有它产生的具体原因和次要原因，而这些次要原因则是由于更小的原因形成的。把所能想到的原因分门别类归纳起来，结成图形，就能搞清各个原因之间的关系。这种因果关系图的表示方法，实际上也就是质量管理的静态分析法。

3. 频数分布直方图法

频数分布直方图法又叫质量分布图。它是将搜集到的数据，按一定的要求加工整理，然后画成长方形的柱状统计图，每个长方形的高度代表一定范围内数据所出现的频数，从而由频数的分布情况来分析质量问题，它可以了解工序是否正常，工序能力是否满足需要等。

频数及频数分布调查表：在质量管理的若干数据中，每个数据出现的次数即为频数。这种频数有两种含义：

（1）在一组数据中，某一个数据反复出现的次数。例如：测量 10 块砖的厚度，其尺寸误差分别为 10、9.6、9.8、9.6、9.9、9.7、9.6、9.9、9.8、9.6mm，由统计可知，9.6 的频数为 4，9.8 和 9.9 的频数为 2，9.7 和 10 的频数为 1。

（2）将一组数据划分为若干区间时，数据出现在该区间的次数。如上例的数据划分为 9.55~9.75，9.75~9.95，9.95~10.15mm 三个区间，在 9.55~9.75mm 区间内，9.6、9.7 两种，合计 5 个，则这一区间频数为 5。

将上列数据按大小顺序整理且划分为 3 组区间，统计各区间内的数据个数，就得到频数分布调查表，如表 6-1。

表 6-1　频数分布调查表

组号	组边界	组中值	频数	组号	组边界	组中值	频数
1	9.55~9.75	9.65	5	3	9.95~10.15	10.05	1
2	9.75~9.95	9.85	4				

由频数分布调查表就可大致看出数据分布的状况了。

4. 管理图（控制图）法

从管理角度考虑，最好能在施工过程中，对产品质量加以严格控制，这就必须在产品生产过程中及时了解质量随时间变化的情况，使它处于正常变化（即处于稳定状态）而不发生异常变化（即非稳定状态）。

（1）管理图的概念

管理图也可叫控制图。产品的质量情况由工序的状态决定，一定状态的工序，所制造的产品就形成一定的被动分布情况。观察产品质量波动分布情况，一是看围绕着什么中心分布，二是看分布的离散程度，管理图就是从这两个方面来观察产品质量波动分布情况，从而了解工序的变动情况。它通过观察每组数据的平均值（$\overline{X}$）与极差（R）随时间推移的变化情况，来实现控制过程。

（2）管理图的管理界线

为了区别由不可避免的原因引起的工序变动和由异常原因引起的工序变动，在管理图上画有控制界线。控制界线画在中心线的上下两侧，中心线与上下界线之间的宽度，一般取三倍标准偏差值。

三、施工工序质量控制

（一）工序质量控制的内容

工程质量是在施工工序中形成的，而不是靠最后检验出来的。为了把工程质量从事后检查把关，转向事前控制，达到"以预防为主"的目的，必须加强施工工序的质量控制。

工程项目的施工过程，是由一系列相互关联、相互制约的工序所构成，工序质量是基础，直接影响工程项目的整体质量。要控制工程项目施工过程的质量，首先必须控制工序的质量。

工序质量包含两方面的内容：一是工序活动条件的质量；二是工序活动效果的质量。从质量控制的角度来看，这两者是互为关联的。一方面要控制工序活动条件的质量，即每道工序投入品的质量（即人、机械、材料、方法和环境的质量）是否符合要求；另一方面又要控制工序活动效果的质量即每道工序施工完成的工程产品是否达到有关质量标准。

工序质量的控制，就是对工序活动条件的质量控制和工序活动效果的质量控制，据此来达到整个施工过程的质量控制。

（二）工序质量控制点

1. 质量控制点的设置

质量控制点设置原则是根据工程的重要程度，即质量特征值对整个工程质量的影响程度来确定。为此，在设置质量控制点时，首先要对施工的工程对象进行全面分析、比较，以明确质量控制点；然后进一步分析所设置的质量控制点在施工中可能出现的质量问题或造成质量隐患的原因；最后，针对隐患的原因，相应地提出对策措施予以预防。由此可见，设置质量控制点，是对工程质量进行预控的有力措施。

质量控制点的涉及面较广，根据工程特点，视其重要性、复杂性、精确性、质量标准和要求，可能是复杂结构的某一工程项目，也可能是技术要求高、施工难度大的某一结构构件或分项、分部工程，也可能是影响关键质量的某一环节中的某一工序或若干工序。总之，无论是操作、材料、机械设备、施工顺序、技术参数、自然条件、工程环境等均可作为质量控制点来设置，主要视其对质量特征影响的大小及危害程度而定。

2. 工序质量控制点的活动内容

（1）质量控制。包括质量目标、质量标准、质量检验、统计方法和工艺流程等的控制。

（2）质量改进。包括质量波动异常原因的分析、采取的对策、开展 TQC 小组活动等。

第二节　安全管理

一、安全管理的范围

（一）路基工程施工的安全管理

1. 路基工程施工安全管理范围

路基工程施工安全管理的范围包括：土方施工、石方施工、高边坡施工、爆破作业、机械作业、挡护工程等。其中各个管理方面都包含了对在过程中起到能动作用的人的管理和施工中的各种机械、工具等的管理，以及对施工环境的安全管理，即人们常说的"人、机、料、法、环"五个方面。

2. 路基工程施工安全管理的一般要求

（1）建立健全路基施工安全保障体系。项目经理部应建立健全路基施工安全保障体系，全面落实安全生产责任制，建立相应的安全生产预防、预警、预控、安全检查、隐患排查、事故报告与处理、应急处置等安全生产保障措施。

（2）施工现场布置应有利于生产，方便职工生活。施工现场的临时驻地与临时设施的设置，必须避开泥沼、悬崖、陡坡、泥石流、雪崩等危险区域，选在水文、地质良好的地段。施工现场内的各种运输道路、生产生活房屋、易燃易爆仓库、材料堆放，以及动力通信线路和其他临时工程，应按照有关规定绘出合理的平面布置图。

（3）施工现场内的坑、沟、水塘等边缘应设安全护栏，场地狭小，行人和运输繁忙的地段应设专人指挥交通。

（4）路基用地范围内若有通信、电力设施、上下水道（管）等，均应协助有关部门事先拆迁或改造，对文物古迹应妥善保护，下挖工程开挖前，应根据设计文件复查地下构造物（电缆、管道等）的埋置位置及走向，并采取相应的安全防护措施。施工中如发现可疑物品时，应停止施工，报请有关部门处理。

（5）路基施工机械设备应有专人负责保养、维修和看管。各种机械操作手、电工必须持证上岗，同时经常加强对驾驶员、电工及路基作业人员的安全教育。

（6）路基施工现场必须做好交通安全管理工作。夜间施工，路口、边坡顶必须设置警示灯或反光标志，专人管理灯光照明。

（7）现场操作人员必须按规定佩戴个人安全防护用品。机械燃料库必须设消防防火设备。

（8）施工现场易燃品必须分开放置，保证一定的安全距离。

（二）路面工程施工的安全管理

1. 路面工程施工的安全管理范围

路面工程施工的安全管理范围包括：沥青路面工程的安全管理；水泥混凝土路面工程的安全管理。其中包括对施工作业人员的安全管理、施工中机械的安全管理、施工环境的安全管理。

2. 路面工程施工安全管理的一般要求

（1）确定施工方案，及时准确发布路面施工信息。

施工前，施工单位应确定施工区的范围以及安全管理的施工方案，对路面情况进行深入细致的分析，并在开工前及时发布施工信息，明确告知过往车辆要注意施工路段的交通情况，提醒车辆绕道而行，避免车辆拥堵。

（2）详细划分施工区域，设置好安全标志，严格按警告区、上游过渡区、缓冲区、作业区、下游过渡区、终止区来划分施工区域。

（3）施工现场所有施工人员应统一穿着橘黄色的反光安全服，施工时还应设专职的交通协管员和专职安全员，而且安全员分班实行 24 h 施工路段安全巡查。

（4）施工车辆必须配置黄色闪光标志灯，停放在施工区内规定的地点。不得乱停乱放，要摆放整齐，特别在进出施工场地时，要绝对服从专职交通协管员的指挥，不得擅自进出。

（5）在施工区域两端应设置彩旗、安全警示灯、闪光方向标，给施工车辆和社会车辆以提示作用。

二、安全管理的原则

1. "管生产必须管安全"的原则

"管生产必须管安全"的原则是公路施工企业必须坚持的基本原则，是指企业主管生产的各级管理人员在生产过程中必须坚持在抓生产的同时要抓安全。"管生产必须管安全"的原则体现了"安全为了生产、生产必须安全"；体现了在计划、布置、检查、总结、评比生产工作的同时，即实现生产与安全的"五同时"。

2. "谁主管谁负责、一把手负总责"的原则

"谁主管谁负责、一把手负总责"作为企业安全生产的原则。首先明确了企业法定代表人是安全生产第一责任人，对本企业安全生产应负全面责任；分管安全生产工作的副职，在其分管工作中涉及安全生产内容的，也应承担相应的领导责任。企业在制定安全生产领导责任制的同时还应当制定全员安全生产责任制。这样才能保证企业的安全生产管理做到全面覆盖，使安全责任落实到位。真正形成主要领导负总责、分管领导具体抓、其他领导协助办、各部门各司其职、各尽其责、分工负责、齐抓共管的

安全生产工作新局面。

3. "预防为主"的原则

"预防为主"的原则，就是把安全生产工作的关口前移，超前防范，建立预教、预测、预想、预报、预警、预防的递进式、立体化事故隐患预防体系，改善安全状况，预防安全事故。在新时期，"预防为主"就是通过建设安全文化、健全安全法制、提高安全科技水平、落实安全责任、加大安全投入、强化有效的安全管理和技术手段，构筑坚固的安全防线。安全生产管理工作应该做到预防为主，减少和防止人的不安全行为和物的不安全状态，这就是对预防为主的原则要求。

4. "动态管理"的原则

即安全管理过程是一个动态的管理过程。随着施工项目进展，安全管理的内容和重点也在发生着变化。所以，在公路工程施工安全管理方面要坚持"动态管理"的原则。

5. "计划性、系统性"的原则

安全管理的两个显著特点即计划性和系统性，安全管理和其他管理大同小异，都要将其列入年度或月度计划中去。企业的安全管理要依据企业安全生产实际和上级主管部门的要求，合理确定企业某时期的安全生产方向、目标值以及实现安全目标的主要措施。所以，安全管理要坚持计划性的原则。另外，安全管理作为一种企业管理模式也具有一定的系统性，它包括在企业管理的大系统当中，同时安全管理自身也是一个系统，本身具有一定的整体性、相关性、目的性等。

6. "奖优和罚劣相结合"的原则

在公路工程施工安全管理当中既要采用奖励的管理手段，同时也要采用惩罚的管理手段。奖优要本着"精神鼓励与物质鼓励相结合"的原则，充分体现奖优罚劣。表扬先进，促进后进，形成有效的激励机制，做到奖励和惩罚相结合。

7. "安全第一"的强制性原则

安全第一就是要求在进行生产和其他活动时把安全工作放在一切工作的首要位置。当生产和其他工作与安全发生矛盾时，要以安全为主，生产和其他工作要服从安全，这就是"安全第一"原则。

8. "以人为本、关爱生命、安全发展"的原则

即在公路工程施工安全管理中，要处处做到把人的安全放到首位，以人为本，必须以人的生命为本，关爱生命、关注安全，从而做到安全发展。

9. "四不放过"的原则

"四不放过"的原则是指在发生安全生产事故时必须坚持的处理原则，即事故原因不查清不放过，事故责任人没处理不放过，事故相关者没得到应有的教育不放过，事故的防范措施不落实不放过。

10."一岗双责"制的原则

实现安全生产"一岗双责"制就是在落实安全生产责任制的基础上，强调每个具体岗位兼有双重责任，即该岗位的本职工作责任和相应的安全生产责任。具体来说就是企业在安全生产工作中主要负责人负总责，其他副职既要履行分管业务工作职责，又要履行安全生产工作职责；在项目施工中要求各级管理人员在完成施工管理工作的基础上，同时承担着施工中的安全管理工作。

11."一票否决"的原则

即对发生重特大事故的项目、部门和单位，将实行安全生产"一票否决"，即取消其参与各类综合性先进单位或先进个人或者干部晋职晋级的资格。"一票否决"也进一步坚持了"实事求是、公平公正、全面考核、公开透明"的安全生产事故处理原则，有助于突出落实安全生产领导责任。

三、安全隐患排查与治理

（一）安全生产事故隐患排查的基本概念

安全生产事故隐患（简称事故隐患），是指生产经营单位违反安全生产法律、法规、规章、标准、规程和有关安全生产管理制度的规定，或者因其他因素在生产经营活动中存在可能导致事故发生的物的危险状态、人的不安全行为和管理上的缺陷。排查的依据是国家和有关部门的法律法规等。

排查的事故隐患分为一般事故隐患和重大事故隐患。一般事故隐患是指危害和整改难度较小，发现后能够立即整改排除的隐患；重大事故隐患是指危害和整改难度较大，应当全部或者局部停产停业，并经过一定时间整改治理方能排除的隐患，或者因外部因素影响致使生产经营单位自身难以排除的隐患。

（二）安全生产事故隐患排查的目标及内容

公路工程施工安全生产隐患排查的目标是：落实工程项目安全生产主体责任和相关单位的安全管理责任，深入排查治理交通基础设施建设过程中的安全隐患，从而实现"两项达标""四项严禁""五项制度"的总目标。

1.两项达标

（1）施工人员管理达标：一线人员用工登记、施工安全培训记录、安全技术交底记录、施工意外伤害责任保险等都要符合有关规定。

（2）施工现场安全防护达标：施工现场安全防护设施和作业人员安全防护用品都要按照规定实行标准化管理。

2.四项严禁

（1）严禁在泥石流区、滑坡体、洪水位下等危险区域设置施工驻地。

（2）严禁违规进行挖孔桩作业，钻孔确有困难的不良地质区，设计单位要进行专项安全设计并按设计变更规定，经批准后实施。

（3）严禁长大隧道无超前预报和监控量测措施施工。

（4）严禁违规立体交叉作业。

3. 五项制度

（1）施工现场危险告知制度。按照《公路水运工程安全生产监督管理办法》，严格安全技术交底制度，施工单位负责项目管理的技术人员，应当如实向施工作业班组、作业人员详细告知作业场所和工作岗位存在的危险因素，并由双方签字确认。在上述场所应设置明显安全警示标志，在无法封闭施工的工地，还应当悬挂当日施工现场危险告示，以告知路人和社会车辆。

（2）施工安全监理制度。按照《建设工程安全生产管理条例》《公路水运工程安全生产监督管理办法》和《公路工程施工监理规范》，开展施工安全监理工作，加大现场安全监管力度。监理单位应当按照法律、法规和工程建设强制性标准进行监理，编制安全生产监理计划，明确监理人员的岗位职责、监理内容和方法，审查施工组织设计中的安全技术措施或专项施工方案，核验施工现场机械设备进场检查验收记录，对危险性较大的工程作业加强巡视检查，督促隐患整改。

（3）专项施工方案审查制度。按照《公路水运工程安全生产监督管理办法》，对下列危险性较大的分部分项工程应当编制专项施工方案，并附安全验算结果，经施工单位技术负责人、监理工程师审查签字确认后实施，由专职安全员进行现场监督。必要时，施工单位对上述所列工程的专项施工方案，还应当组织专家进行论证、审查。

（4）设备进场验收登记制度。按照《公路水运工程安全生产监督管理办法》，施工单位在工程中使用施工起重机械和整体提升式脚手架、滑模爬模、架桥机等自行式架设设施前，应当组织有关单位进行验收，或者委托具有相应资质的检验检测机构进行验收。使用承租的机械设备和施工机具及配件的，由承租单位和安装单位共同进行验收，验收合格的方可使用。验收合格后30d内，应当向当地交通主管部门登记。

（5）安全生产费用保障制度。按照财政部和应急管理部联合发布的《高危行业企业安全生产费用财务管理暂行办法》，对安全生产费用支取、使用情况纳入监理范畴。建设单位在施工招标文件中应当对安全生产保障措施提出明确要求。施工单位在工程投标报价中应当包含安全生产费用，一般不得低于工程造价的1.5%，且不得作为竞争性条件。安全生产费用应当用于施工安全防护用具及设施的采购和更新、安全施工措施的落实、安全生产条件的改善，不得挪作他用。

（三）安全生产事故隐患排查涉及的单位

公路工程施工安全生产事故隐患排查治理涉及的单位主要有：各项目建设、勘察、设计、施工、监理等单位。

第三节　成本管理

一、施工项目成本控制的内容与程序

成本管理的工作内容包括：成本管理的基础工作，如制定和贯彻各种定额，建立成本管理责任制、成本预测和成本计划、进行成本费用控制、加强成本核算和分析等。

（一）项目成本的构成

项目成本是施工企业构成施工总成本的各项成本因素，为加强成本管理、控制及考核提供客观依据，按市场经济及项目施工的客观规律其构成如下：工、料、机生产费用和现场其他管理费；项目经理部管理费；上级切块费用和投标费用；上交国家税金；项目利润。

为便于实际成本的测算、核算、分析和考核，上述项目总成本费用分为三大项：

1. 上级切块费用、投标费用和上交国家税金。

2. 项目部管理费：主要包括间接费和现场管理费。

3. 工程施工费用：操作层和协作队伍分包工程费用。

（二）项目成本控制的内容

1. 工程项目成本控制的概念

工程项目成本控制，是指项目经理部在项目成本形成的过程中，为控制人、机、材消耗和费用支出，降低工程成本，达到预期的项目成本目标所进行的成本预测、计划、实施、核算、分析、考核、整理成本资料与编制成本报告等一系列活动。

工程项目成本的控制是在成本发生和形成的过程中，对成本进行的监督检查。由于成本的发生和形成是一个动态的过程，决定了成本的控制是一个动态过程，因此，也可称为成本的过程控制。由于这一特点，决定了成本的过程控制既是成本管理的重点也是成本管理的难点。

2. 工程项目成本控制的作用

（1）监督工程收支、实现计划利润。在投标阶段分析的利润仅仅是理论计算而已，只有在实施过程中采取各种措施监督工程的收支，才能保证利润变为现实的利润。

（2）做好盈亏预测，指导工程实施。根据单位成本增高和降低的情况，对各分部项目的成本增降情况进行计算，不断对工程的最终盈亏做出预测，指导工程实施。

（3）分析收支情况，调整资金流动。根据工程实施中情况和成本增降的预测，对于流动资金需要的数量和时间进行调整，使流动资金更符合实际，从而可供筹集资金和偿还借贷资金参考。

（4）积累资料，指导今后投标。为实施过程中的成本统计资料进行积累并分析单项工程的实际成本，用来验证原来投标计算的正确性。所有这些资料都是十分宝贵的，特别是对该地区继续投标承包新的工程，有着十分重要的参考价值。

3. 工程项目成本控制的依据

（1）工程承包合同。施工成本控制要以工程承包合同为依据，围绕降低工程成本这个目标，从预算收入和实际成本两方面，努力挖掘增收节支潜力，以求获得最大的经济效益。

（2）施工成本计划。施工成本计划是根据工程项目的具体情况制定的施工成本控制方案，既包括预定的具体成本控制目标，又包括实现控制目标的措施和规划，是施工成本控制的指导文件。

（3）进度报告。进度报告提供了每一时刻工程实际完成量，工程施工成本实际支付情况等重要信息。施工成本控制工作正是通过实际情况与施工成本计划相比较，找出两者之间的差别，分析偏差产生的原因，从而采取措施改进以后的工作。此外，进度报告还有助于管理者及时发现工程实施中存在的隐患，并在事态还未造成重大损失之前采取有效措施，尽量避免损失。

（4）工程变更。在项目的实施过程中，由于各方面的原因，工程变更是很难避免的。工程变更一般包括设计变更、进度计划变更、施工条件变更、技术规范与标准变更、施工次序变更、工程数量变更等。一旦出现变更，工程量、工期、成本都必将发生变化，从而使得施工成本控制工作变得更加复杂和困难。因此，施工成本管理人员就应当通过对变更要求当中各类数据的计算、分析，随时掌握变更情况，包括已发生工程量、将要发生工程量、工期是否拖延、支付情况等重要信息，判断变更以及变更可能带来的索赔额度等。

除了上述几种施工成本控制工作的主要依据以外，有关施工组织设计、分包合同文本等也都是施工成本控制的依据。

（三）项目成本控制的程序

在确定了项目费用控制目标之后，必须定期地进行费用计划值与实际值的比较，当实值偏离计划值时，分析产生偏差的原因，采取适当的纠偏措施，以确保费用目标的实现。费用控制程序如下：

1. 比较

指按照某种确定的方式将费用计划位与实际值逐项进行比较，以发现费用是否已超支。

2. 分析

在比较的基础上，对比较的结果进行分析，以确定偏差的严重性及产生偏差的原因。这一程序是费用控制工作的核心，其主要目的在于找出产生偏差的原因，从而采取有针对性的措施，减少或避免相同原因的再次发生或减少发生后的损失。

3. 预测

根据项目实施情况估算整个项目完成时的费用。预测的目的在于为决策提供支持。

4. 纠偏

当工程项目的实际费用出现了偏差，应当根据工程的具体情况、偏差分析和预测的结果，采取适当的措施，以期达到使费用偏差尽可能小的目的。纠偏是费用控制中最具实质性的一步。只有通过纠偏，才能最终达到有效控制费用的目的。

5. 检查

它是指对工程的进展进行跟踪和检查，及时了解工程进展状况、纠偏措施的执行情况及其效果，为今后的工作积累经验。

上述过程是一个完整有机的整体，在实践中它们构成一个周期性的循环过程。

二、成本预测与成本控制实施

（一）成本预测与目标成本

成本预测是在成本发生之前根据预计的各种变化情况，测算成本的降低幅度，确定降低的目标成本。

1. 施工项目成本预测依据

（1）施工项目目标成本预测的首要依据是施工企业的利润目标对企业降低工程成本的要求。企业根据经营决策研究经营利润目标后。便对企业降低成本提出了总目标。每个施工项目的降低成本率水平应等于或高于企业的总降低成本率水平，以保证降低成本总目标的实现。在此基础上才能确定施工项目的降低成本目标和成本目标。

（2）项目合同价格。施工项目的合同价格是其收入价格，是所能取得的收入总额。施工项目的目标成本就是合同价格与目标利润（目标成本降低额与计划利润）之差。这个目标成本降低额就是企业利润目标分配到该项目的降低成本要求。根据目标成本降低额，求出目标成本降低率、再与企业的目标成本降低率进行比较，如果前者等于或大于后者，则目标成本额可行，否则，应予以调整。

（3）施工项目的成本估算（概算或预算）。成本估算（概算或预算）是根据市场价格或定额价格（计划价格）对成本发生的社会水平做出估计，它既是合同价格的基础，又是目标成本决策的依据，是量入为出的标准。这是目标成本预测最主要的依据。

（4）施工企业同类施工项目的降低成本水平。这个水平，代表了企业的成本控制水平，是该施工项目可能达到的成本水平，可用以与成本控制目标进行比较，从而做出成本目标决策。

2. 确定降低的目标成本计算

工程项目目标成本 = 工程项目预算收入 - 税金 - 项目计划利润

工程项目降低成本目标（成本降低率）= 项目预算成本—项目目标成本 / 项目预算成本 ×100%

在上式中，工程项目预算收入，在实行招投标情况下，即为工程中标的标价或承包合同确定的价格。项目计划利润包括工程法定利润和工程预计利润（即预计降低成本额）两项。其中工程预计利润是根据企业经营目标计划中的利润指标分解出来的，并通过单位工程经济承包合同规定必须实现的数额。

工程项目的目标成本也可以用盈亏平衡分析的原理来计算，其计算公式如下：

单位目标变动成本 = 工程预算收入 -（税金 + 目标利润）- 固定成本总额 / 计划完成工程量

目标固定成本 = 工程预算收入 -（税金 + 目标利润）-（计划工程量 × 单位目标变动成本）

以上各项公式中的目标成本，实际是计划成本或待实现成本。

3. 经济效果计算

降低成本或增产节约的措施确定后，要计算采用这些措施后的经济效果。这实际上也是对保证目标成本的预测。

（1）由于原材料、燃料、动力等物资消耗降低而使成本降低。

成本降低率 = 材料成本占全部成本比重 × 材料、燃料等消耗降低率（%）

（2）由于生产率提高超过平均工资增长率而使成本降低。

成本降低率 = 工资成本占全部成本比重（%）×[1-（1+ 平均工资计划增长率）/（1+ 劳动完成任务量增长率）]

（3）由于多完成工程任务，使固定费用相对节约而使成本降低。

成本降低率 = 固定费用占全部成本比重（%）×[1-（1+ 劳动完成任务量增长率）]

（4）由于节约开支、压缩管理费用而使成本降低。

成本降低率 = 管理费用占全部成本比重 × 费用压缩率（%）

（5）由于减少废品、返工损失而使成本降低。

成本降低率 = 废品、返工损失占全部成本比重 × 废品、返工损失降低率（%）

将上述各项因素计算的成本降低率相加，即为测算的成本降低率，与成本降低目标进行比较，如满足要求，即可把降低成本的措施落实下来，进行成本计划的编制，如不能满足要求，则还需再分析、选择或采用其他的降低成本措施，再进行测算和比较，直到满足成本降低目标的要求为止。

由此可见，成本预测过程也是不断动员挖潜，以保证达到成本降低目标，并保证成本指标与其他各项技术经济指标平衡与衔接的过程。所以，成本预测又叫成本的试算平衡。

（二）成本控制的方法

公路工程项目成本控制的方法很多，一般在工程实践中只要在满足质量、工期、安全的前提下，能够实现成本控制目的的方法都认为是可行的。下面重点介绍四种成本控制方法。

1. 以目标成本控制成本支出

在公路工程项目的成本控制中，可根据项目经理部制定的目标成本控制成本支出，这是最有效的方法之一，该方法主要从以下几个方面加以控制：

（1）人工费的控制

项目经理部要根据工程特点和施工范围来选择施工队伍，签订劳务合同。人工费单价采用中标后预算规定的人工费单价，辅工还可再低一些。同时，在施工过程中，必须严格按合同核定劳务分包费用控制支出，并每月底结算一次，发现超支现象应及时分析原因，清退不合格队伍。施工过程中，要注意加强预控管理，防止合同外用工现象的发生。

（2）材料费的控制

由于材料成本是整个项目成本的主要环节，因此，项目经理应对材料成本予以足够的重视。对材料成本控制，一是要以预算价格来控制材料的采购成本。由于材料市场价格变动频繁，往往会发生预算价格与市场价格严重背离而使采购成本失控的情况。材料管理人员有必要经常关注材料市场价格的变动，利用现代化信息手段，广泛收集材料价格信息，并积累系统、翔实的市场信息，优化采购，还应对材料价格的上升和下降有一定的预计和准备，以平衡成本支出，降低工程项目成本。二是对材料的数量控制，在工程项目的施工过程中，每月应根据施工进度计划，编制材料需用量计划，建立材料消耗台账，如超出限额领料，要分析原因，及时采取纠正措施；同时通过实行"限额领料"来控制材料领用数量，并控制工序施工质量，争取一次合格，避免因返工而增加材料损耗。

（3）周转工具使用费的控制

在项目施工责任成本中，周转工具使用费是根据施工组织设计中的有关施工方案计算的；目标成本中该项费用是经过对施工组织设计中有关施工方案进一步细化确定的。对周转工具使用费应从以下几个方面进行控制：

1）在计划阶段通过合理地安排施工进度，采用网络计划技术进行优化，采用先进的施工方案和先进的周转工具，控制周转工具使用费计划数低于目标成本的要求。

2）在施工阶段控制租赁数量和进出场次数，减少租赁数量和时间，选择质优价廉的租赁单位，降低租赁费用。

3）在使用过程中，通过建立规章制度，建立约束和激励机制，控制周转工具的损坏、修理和丢失。

（4）施工机械使用费的控制

机械使用费的控制与周转工具使用费的控制相似。在确定目标成本时尽量充分利用现有机械设备，内部合理调度，力求提高主要机械的利用率；对于租赁的机械，应按照使用数量、使用时间、使用单价逐项进行控制。小型机械及电动工具购置及修理费可采取由劳务队伍包干使用的方法进行控制。

（5）现场管理费的控制

现场管理费包括项目经理部管理人员工资、奖金、交通费、业务费等。现场管理费内容多，人为因素多，宜采用全面预算管理来控制，对业务费、差旅费等包干使用，对一些不易包干的费用项目，可通过建立严格的审批手续来控制。

2.以施工方案控制资源消耗

施工项目中资源消耗是成本费用的重要组成因素。因此，减少资源消耗，就等于减少成本费用；控制了资源消耗，也等于控制了资源费用。

采用施工方案控制资源消耗的方法和步骤是：

（1）在工程项目开工以前，根据施工图纸和工程现场的实际情况，同时制定施工方案，包括人力物资需用计划、机具设备等，以此作为指导和管理施工的依据。

（2）组织实施。施工方案是进行工程施工的指导性文件，对生产班组的任务安排，必须签发施工任务单和限额领料单，并向生产班组进行技术交底。在施工任务单和限额领料单的执行过程中，要求生产班组根据实际完成的工程量和实际消耗人工、实际消耗材料做好原始记录，作为施工任务单和限额领料单结算的依据。在任务完成后，根据回收的施工任务单和限额领料单进行结算，并按照结算内容支付报酬。

（3）采用价值工程，优化施工方案。同一工程项目的施工，可以有不同的方案，选择最合理的方案是降低工程成本的有效途径。采用价值工程，可以优化施工方案。应用价值工程，既要研究技术，又要研究经济，即研究在提高功能的同时不增加成本，或在降低成本的同时不影响功能，把提高功能和降低成本统一在施工方案中。

3.用净值法进行工期成本的同步控制

成本控制与施工计划管理、成本与进度之间必然存在着同步关系。因为成本是伴随着施工的进行而发生的，施工到什么阶段应该有什么样的费用，应用成本与进度同步跟踪的方法控制部分项目工程成本。如果成本与进度不对应，则必然会出现虚盈或虚亏的不正常现象，那么就要对此进行分析，找出原因，并加以纠正。

4.运用目标管理控制工程成本

运用目标管理控制工程成本，应从组织、经济、合同等多方面采取措施。要有明确的组织机构，有专人负责和明确管理职能分工；技术上要对多种施工方案进行选择；经济上要对成本进行动态管理，严格审核各项费用支出，采取对节约成本的奖励措施等；合同措施主要是收集、整理设计变更、工程签证、费用索赔、决算书发文等。具体做法有：

（1）施工前认真组织图纸会审和技术交底，组织学习操作规程和技术标准，编制质量保证措施、安全保证措施等。

（2）根据施工图等有关技术资料，对拟定的施工方法、顺序、作业形式、机械设备选型、技术组织措施等进行认真的研究分析，制定出具体明确的施工方案。

（3）台账管理。材料台账应对预算数与实耗数差异进行分析，为成本分析提供尽可能详细的资料。

（4）设立合同管理机构或者配备合同管理专职人员，建立合同台账统计、检查和报告制度。

在选用成本控制方法时，应该充分考虑与各项施工管理工作相结合。例如在计划管理、施工任务单管理、限额领料单管理、合同预算管理等工作中，跟踪原有的业务管理程序，利用业务管理所取得的资料进行成本控制，不仅省时省力，还能帮助各业务管理部门落实责任成本，从而得到他们的有力配合和支持。因此，综合各种有效的成本控制方法是实现施工项目成本控制的要求，是降低额外消耗、实现目标成本、实现项目盈利的关键。

三、成本核算与分析

（一）施工成本核算的对象

施工成本核算对象是指在工程成本计算中，确定归集和分配生产费用的具体对象，即生产费用承担的客体。成本计算对象的确定，是设立工程成本明细分类账户，归集和分配生产费用，以及正确计算工程成本的前提。施工单位工程项目成本核算的应以具有独立设计文件、造价文件以及能独立组织施工的单位工程为核算对象。但施工合同包含两项以上单位工程时，要分别进行不同单位工程的成本核算，以便掌握不同工程类型产品的成本水平和相关资料。对于达不到单位工程整体范围的施工合同，则按合同造价界定范围进行成本核算；承包多个单位工程中同类性质专业工程的施工合同，仍应按各单位工程进行专业工程成本核算。

在公路工程施工中，工程成本核算对象的划分，一般是根据《公路基本建设项目工程概算预算编制办法》的规定确定的。例如，路线工程成本对象可以分为：路基、路面、小桥、中桥、大桥、涵洞、互通式立体交叉、分离式立体交叉、平面交叉道、通道、隧道、其他沿线工程、临时工程及管理、养护、服务用房屋等。独立大（中）桥工程成本对象可分为：桥头引道（还可分为路基、路面、涵洞等）、桥基础工程、下部结构、上部结构、调治及其他工程、临时工程等。

（二）施工成本核算的内容

施工企业在工程施工过程中发生的各项施工费用，凡是能够直接计入有关工程成本核算对象的，直接计入各工程核算对象的成本项目中；不能直接计入的，应先计入"工程施工 - 间接费用"账户，然后再采用一定的方法分配计入各工程成本核算对象的成本项目，最后计算出各工程的实际成本。

1. 人工费的核算

人工费计入成本的方法，一般应根据企业实行的具体工资制度而定。

（1）在实行计件工资制度下，所支付的工资一般都能分清受益对象，应根据工程任务单和工资结算汇总表，将归集的工资直接计入各成本核算对象的人工费成本项目中。

（2）在实行计时工资制度下，只有一个成本核算对象或者所发生的工资能分清是在哪个成本核算对象的施工中，可将其直接计入该成本核算对象的"人工费"项目中；如果工人同时在为多个成本核算对象施工，就需将所发生的工资在各个成本核算对象之间进行分配。

（3）职工福利费、工会经费、职工教育经费等工资附加费，应根据各个成本核算对象当期实际发生或分配计入的工资总额，按规定计提并计入"人工费"项目。

（4）工资性质的津贴，按规定应计入成本的奖金、劳动保护费等人工费，比照计件和计时工资的归集和分配方法，直接计入或分配计入有关成本核算对象的"人工费"项目。

（5）对于支付给分包单位的人工费，直接计入该分包工程的"人工费"项目。

2. 材料费的核算

由于工程项目耗用的材料品种繁多、数量大、领用次数频繁，因此，企业必须建立、健全材料的收、发、领、退等管理制度，制定统一的定额领料单、大堆材料耗用计算单、集中配料耗用计算单、周转材料摊销分配表、退料单等自制原始凭证，并按不同的情况进行费用的归集和分配。

3. 机械使用费的核算

工程施工中使用的施工机械，分为自有机械和租用机械。因此，机械使用费的核算也可以分以下两种情况：

（1）租入机械费用的核算。从外单位或本企业内部独立核算单位租入施工机械支付的租赁费，一般可以根据机械租赁费结算单所列金额，直接计入成本核算对象的"机械使用费"成本项目中。如果租入的施工机械是为两个或两个以上的工程服务，应以租入机械所服务的各个工程受益对象提供的作业台班数量为基数进行分配。

（2）自有机械费用的核算。工程项目使用自有施工机械和运输设备进行机械作业所发生的各项费用，首先应通过"机械作业"科目，分别归集，月末根据各个成本核算对象实际使用机械的台班数计算各成本核算对象应分摊的施工机械使用费。

4. 其他直接费的核算

项目施工生产过程中实际发生的其他直接费，包括材料二次搬运费、临时设施摊销费、生产工具用具使用费等。凡能分清受益对象的，应直接计入受益对象的成本核算账户"工程施工 - 其他直接费"，如与若干个成本核算对象有关的，可先归集到项目经理部的"其他直接费"账户科目，再按规定的方法分配计入有关成本核算对象的"工程施工 - 其他直接费"成本项目内。

5. 间接费用的核算

间接费用主要是指现场施工管理费，主要有管理人员的工资、奖金和按比例计提上交企业的职工福利费、工会经费、教育经费、劳保统筹费，以及现场公共生活服务等费用。施工间接费，先在项目"施工间接费"总账归集，再按一定的分配标准计入受益成本核算对象（单位工程）"工程施工 - 间接成本"。

第四节　信息管理

信息在工程实际中是动态的、不断变化的和不断产生的，应及时处理数据，及时得到信息，才能做好工程管理工作，避免事故的发生，真正做到事前管理信息。

一、公路工程项目信息管理分类

公路工程项目的信息量大、构成情况复杂，按照不同的类型、信息的内容、项目实施的主要工作环节以及参与项目的各个方面等情况进行分类。

1. 按项目管理的目标划分

（1）投资控制信息。投资控制信息是指与投资控制直接有关的信息。如各种估算指标、类似工程造价、物价指数，设计概算、概算定额，施工图预算、预算定额，工程项目投资估算，合同价组成，投资目标体系，计划工程量、已完工程量、单位时间付款报表，工程量变化表，人工、材料调差表，索赔费用表，投资偏差、已完工程结算，竣工决算、施工阶段的支付账单，原材料价格、机械设备台班费、人工费、运杂费等。

（2）成本控制信息。成本控制信息是指与成本控制直接有关的信息。如项目的成本计划、工程任务单、限额领料单、施工定额、对外分包经济合同、成本统计报表、原材料价格、机械设备台班费、人工费、运杂费等。

（3）质量控制信息。质量控制信息是指与项目质量控制直接有关的信息。如国家或地方政府部门颁布的有关质量政策、法令、法规和标准等，质量目标体系和质量目标的分解，质量目标的分解图表，质量控制的工作流程和工作制度、质量保证体系的组成，质量控制的风险分析，质量抽样检查的数据、各种材料设备的合格证、质量证明书、检测报告、质量事故记录和处理报告等。

（4）进度控制信息。进度控制信息是指与项目进度控制直接有关的信息。如施工定额，项目总进度计划、进度目标分解、项目年度计划、项目总网络计划和子网络计划、计划进度与实际进度偏差、网络计划的优化、网络计划的调整情况，进度控制的工作流程、进度控制的工作制度、进度控制的风险分析，材料和设备的到货计划，各分项分部工程的进度计划、进度记录等。

（5）合同管理信息。合同管理信息是指与公路工程相关的各种合同信息。如工程招投标文件，工程建设施工承包合同，物资设备供应合同，咨询、监理合同，合同的指标分解体系，合同签订、变更、执行情况，合同的索赔等。

2.按项目信息的来源划分

（1）项目内部信息。内部信息取自公路项目本身，如工程概况、设计文件、施工方案、合同结构、合同管理制度、信息资料的编码系统、信息目录表、会议制度、监理班子的组织、项目的投资目标、项目的质量目标、项目的进度目标等。

（2）项目外部信息。外部信息是指来自项目外部环境的信息，如国家有关的政策及法规、国内及国际市场与原材料及设备价格、物价指数、类似工程造价、类似工程进度、投标单位的实力、投标单位的信誉、毗邻单位情况等。

3.按项目的性质划分

（1）技术信息。技术信息是最基本的组成部分，如工程的设计，技术要求、规范，施工要求、操作和使用说明等，这一部分信息也往往是公路工程信息的主要组成部分。

（2）经济信息。经济信息是公路工程项目信息的一个重要组成部分，也是经常受到各方面关注的部分之一，如材料价格、人工成本、项目的财务资料、现金流情况等。

（3）管理信息。管理信息有时在公路工程信息中并不很引人注目，如项目的组织结构、具体的职能分工、人员的岗位责任、有关的工作流程等，但它设定了一个项目运转的基本机制，是保证项目顺利实施的关键因素。

（4）法律信息。法律信息指项目实施过程中的一些法规、强制性规范、合同条款等，这些信息与建设工程模型并不一定有直接的对应关系，但它们设定了一个比较硬性的框架，项目的实施必须满足这个框架的要求。

二、公路工程项目信息管理的基本要求及工作原则

1.项目信息管理的基本要求

信息管理是指对信息收集、整理、处理、贮存、传递与应用等一系列工作的总称。工程项目的信息管理应根据其信息的特点，有计划地组织信息沟通，以保证及时、准确地获得各级管理者所需的信息，达到能正确做出决策的目的。为全面、及时、准确地向项目管理人员提供有关信息，公路工程项目信息管理应满足以下几方面的基本要求：

（1）要有严格的时效性。一项信息如果不严格注意时间，那么信息的价值就会随之消失。因此，应适时提供信息。

（2）要有针对性和实用性。信息管理要做到如何根据需要，提供针对性强、十分适用的信息。如果仅仅能提供成沓的细部资料，其中又只能反映一些普通的、不重要的变化，这样会使决策者不仅要花费许多时间去阅览这些作用不大的烦琐信息，而且仍得不到决策所需要的信息，使得信息管理起不到应有的作用。

（3）要有必要的精确度。要使信息具有必要的精确度，需要对原始数据进行认真的审查和必要的核校，避免分类和计算的错误，保证信息有效、可靠。但信息的精度应以满足使用要求为限，并不一定是越精确越好，过度的精度需耗用更多的精力、费用和时间，易造成浪费。

（4）要考虑信息成本。各项资料的收集和处理所需要的费用直接与信息收集的多少有关，如果要求越细、越完整，则费用将越高。在进行工程项目信息管理时，要综合考虑信息成本及信息所产生的收益，寻求最佳的切入点。

2.项目信息管理工作的原则

公路工程产生的信息数量巨大，种类繁多，所以为了便于信息的搜集、处理、贮存、传递和利用，在进行项目信息管理具体工作时，应遵循以下基本原则：

（1）标准化原则。在公路工程项目的实施过程中要求对有关信息的分类进行统一，对信息流程进行规范，产生控制报表则力求做到格式化和标准化，通过建立健全的信息管理制度，从组织上保证信息生产过程的效率。

（2）定量化原则。公路工程产生的信息不应是项目实施过程中产生数据的简单记录，应该是经过信息处理人员的比较与分析。所以采用定量工具对有关数据进行分析和比较是十分必要的。

（3）有效性原则。项目信息管理者所提供的信息应针对不同层次管理者的要求进行适当加工，针对不同管理层提供不同要求和浓缩程度的信息。例如，对于项目的高层管理者而言，提供的决策信息应力求精练、直观，尽量采用形象的图表来表达，以

满足其战略决策的信息需要。

（4）时效性原则。公路工程的信息都有一定的生产周期，如月报表、季度报表、年度报表等，这都是为了保证信息产品能够及时服务于决策。所以，公路工程的成果也应具有相应的时效性。

（5）可预见原则。公路工程产生的信息作为项目实施的历史数据，可以用于预测未来的情况，管理者应通过采用先进的方法和工具为决策者制定未来的目标和行动规划提供必要的信息。如通过对以往投资执行情况的分析，对未来可能发生的投资进行预测，作为采取事先控制措施的依据。

（6）高效处理原则。通过采用高性能的工程信息管理系统，尽量缩短信息在处理过程中的延迟，项目信息管理者的主要精力应放在对处理结果的分析和控制措施的制定上。

三、公路工程项目信息管理现状

1. 信息管理手段落后

在公路施工项目管理过程中，涉及投标管理、合同管理、材料管理、设备管理、质量安全、管理等多方面，数据庞大复杂，单纯的人力汇总不及时并且容易出错，无法满足现代化施工企业的管理需要，有些企业将大量的项目历史数据和有用信息或被分散保存在各机构及部门的计算机中，或是被锁在文件柜中。这种信息的存在形式形成了一个个的"信息孤岛"，一方面使得信息不能方便迅速地流转与查询，增加了沟通和协调工作的难度，无法进行信息的深度加工分析，形成有效的决策支持数据。另一方面，由于公司员工的频繁流动，造成了企业大量宝贵的信息资源流失，给企业带来了巨大损失。企业运营过程中缺乏有效的、先进的信息管理控制手段。

2. 信息化建设意愿强烈

很多企业已经意识到信息管理的重要性，希望通过借助于信息化建设，解决面临的项目监控和管理难度大、信息及时传输困难、管理经验和数据不能有效积累等困难，从而进行科学管理、科学决策。很多企业需要一个集成化的管理信息系统，通过实施该系统，可以实现：

（1）企业和项目目标的有效协同管理。

（2）有效积累历史数据，有助于企业和项目的经营管理。

（3）实现投标的合理化和高效化。

（4）及时进行成本核算、成本分析和过程监控。

（5）规范企业的业务管理流程。

第七章　桥梁工程施工管理

与道路一样，桥梁工程在施工过程中也应当考虑质量、安全、成本以及信息四个方面的管理措施。本章主要从桥梁工程的质量管理、安全管理、成本管理以及信息管理四个方面进行详细的研究。

第一节　质量管理

质量管理是施工单位在项目施工过程中，在工程质量方面的各项指挥和控制组织的协调的活动。通过确定施工项目的质量目标，建立有效的质量管理体系，通过各层面的 PDCA 循环，控制工程质量，使分部分项工程达到质量检验评定标准的各项要求，实现既定的保证施工质量的技术组织措施，确保施工项目质量目标的实现。

对于桥梁工程项目的质量管理，主要采用的是全面质量管理（TQC）。全面质量管理是全过程全方位、全员参与的质量管理。管理的重点在于工序控制和质量检验，应充分利用现代科技及检测手段，并将主动控制与被动控制相结合，同时建立职责明确的质量责任制，才是提高工序分项、分部、单位工程，以至整个项目质量水平的有效途径。

一、桥梁工程质量管理的重要意义及原则

1. 桥梁工程质量管理的重要意义

桥梁工程质量是桥梁使用价值的集中表现，只有符合质量要求的工程才具有使用价值，才能投入生产和交付使用，取得投资效果。质量不合格，就丧失了使用价值，是最大的浪费。工程质量高，使用价值就大。因此，在施工中必须牢固树立"百年大计、质量第一"的思想，做到"好中求快、好中求省"。

投资者（建设单位）最关心工程的质量，从一定意义上说保证工程质量应视作施工企业的生命，不重视工程质量的施工企业必然将在竞争中被淘汰。

就企业来说，要增加社会物质财富和经济效益，一是加快施工进度增加产品数量，二是提高产品质量，三是降低成本。而提高产品质量则是国家根本利益所在，没有质

量的工程就没有效益，就形不成财富；如果不能保证工程质量，则无法谈及节约成本，速度再快也是浪费。

在现代化的建设中，工程质量好坏，不仅关系到企业的信誉，而且关系到人民生活，关系到国民经济的全局。由于桥梁工程与其他工程不同，即便是一般的桥梁，其质量一旦出现问题，均会对桥上的人的生命造成巨大危害，这样的惨痛的教训为数不少，因此，桥梁工程确为"百年大计、质量第一"。

总而言之，保证工程质量合格，是施工企业求产值产量、求速度、求成本节约、求企业信誉、求经济效益和社会综合效益的基础，必须把工程质量当作关系现代化建设的大事来抓。

2. 桥梁施工项目质量管理的原则

对施工项目而言，质量管理就是为了确保合同、规范所规定的质量标准所采取的一系列检测、监控措施、手段和方法。在进行施工项目质量管理过程中，应遵循以下几点原则：

（1）坚持"质量第一，用户至上"

桥梁工程作为一种特殊的商品，使用年限较长，是"百年大计"，其质量直接关系到人民生命财产的安全。所以，桥梁工程项目在施工中应自始至终把"质量第一，用户至上"作为质量管理的基本原则。

（2）以人为本

人是质量的创造者，质量管理必须以人为本，把人作为控制的动力，调动人的积极性、创造性；增强人的责任感，树立质量第一观念；提高人的素质，避免人为失误，以人的工作质量保工序质量促工程质量。

（3）全面控制施工过程，重点控制工序质量

任何一项工程均由若干分项、分部工程组成，而工序又是组成它们的基础单元，只要每一道工序均能保证质量，整个工程的质量就能得到保障。

（4）坚持质量标准、严格检查，一切用数据衡量

质量标准是评价产品质量的尺度，数据是质量管理的基础和依据。工序质量、工程质量是否符合质量标准，必须通过严格检查，科学的分析，用数据衡量。

（5）以防为主

以防为主，就是要从对质量的事后检查把关，转向对影响质量因素的事前管理，转向对质量的事前控制：事中控制：从对工程项目质量的检查，转向对投入品质量、工作质量的检查，对工序质量的检查，对中间产品的质量检查。这是确保施工项目质量的有效措施。

（6）贯彻科学、公正、守法的职业规范

桥梁施工项目经理在处理质量问题过程中，要尊重客观事实、尊重科学、正直、

公正，不持偏见；遵纪、守法，杜绝不正之风；既要坚持原则、严格要求、秉公办事，又要谦虚谨慎、实事求是、以理服人。

二、桥梁工程全面质量管理的概念及基础要求

1. 桥梁工程全面质量管理

在桥梁工程的施工中，其质量的管理应采用全面质量管理。所谓全面质量管理，类似于全面技术管理，就是全过程、全方位、全员参与的质量管理，是施工项目部或企业为提高工程质量、组织项目部全体职工及企业有关职能部门同心协力，综合运用管理技术、专业技术和科学方法，经济合理地开发、研制、生产并提供给用户满意的工程的管理活动。

桥梁工程全面质量管理的直接目的是：保证和提高桥梁施工生产工作质量和工程质量，提供用户满意的工程。

桥梁施工的全面质量管理中质量的含义，主要有以下几方面：

首先，是指工程质量，即所造桥梁能够满足国家建设和人民需要所具备的自然属性。工程质量一般包括适用性，可靠性、安全性、经济性和使用寿命等，也就是工程的使用价值。桥梁工程的施工质量，是指其所含构筑物或构件是否符合设计文件和《建筑安装工程施工及验收规范》《桥梁工程质量检验评定标准》的要求，以及施工周期、缺陷责任期的长短及服务内容和质量。

其次，指工序质量。施工企业工程项目的经营管理技术组织工作不仅是提高工程质量的保证，也是提高企业经济效益的保证。它不像产品质量那样直观，它体现在有关施工工程中，并通过经济效果、生产效率、工作效率和产品质量，集中地表现出来。

2. 桥梁工程全面质量管理的基本要求

（1）桥梁工程全面质量管理所含的范围是质量产生形成和实现的全过程

桥梁：工程项目的全过程包括工程的设计、制造和使用过程，也就是工程项目质量的产生、形成和实现过程。作为桥梁工程的施工这一环节，要保证工程质量就要管好施工全过程，对施工全过程的质量管理体现预防为主的思想，并将各个环节都管起来，形成一个全面综合性的质量管理工作体系；并要求施工全过程的各个环节都要树立为用户服务的思想。在项目部的内部，每道工序都应该把自己的下道工序当作用户，才能目标一致地、协调地建造出用户满意工程来。

（2）桥梁工程全面质量管理要求是全企业的管理

桥梁工程的施工虽然只是一个项目部的工作，但是其质量管理工作仍然与企业的管理体系、制度、目标息息相关。下面先简单介绍企业的质量管理。

每个企业的质量管理都可以分为上层管理、中层管理和基层管理，对于施工企业，

上层管理主要在于企业管理，中层管理和基层管理主要在于项目部的管理。不同层次的质量管理内容和侧重点不一样，但其总目标是一致的，都在同一个目标系统中进行全面的管理。企业管理侧重于质量决策，制定质量方针、质量目标与质量计划，并统一组织、协调施工企业各职能部门、各项目部、各类人员的质量管理活动，保证实现企业总的经营管理目标。

项目部则要实施企业的质量决策，进行质量方针展开、目标分解和质量计划的执行。项目部的职工按照各自的质量职能，进行具体的业务管理；严格按照技术标准规章制度进行具体工作，完成各项任务。

全面质量管理必须是全企业的管理，同时，在工程质量的产生形成与实现的全过程中，质量职能是分散在与全过程有关的各个职能部门及人员之中，要保证或提高工程质量，就必须将分散在各部门及人员的质量职能充分地发挥出来，所以企业的各有关部门及人员都要参加全面质量管理，因此全面质量管理必须是全企业的管理。

（3）全面质量管理是要求全员参加的质量管理

项目的全面质量管理所管的范围是全过程的，要求的是全企业的管理，当然全面质量管理就是要求全体人员都来参加。只有通过企业的各级领导、各相关职能部门、项目部全体成员的共同努力才能实现全面质量管理，才能真正把工程质量搞好。因为工程质量是施工各个环节相关部门的工作质量的综合反映，因此上自企业负责人、项目经理，下至每个工人，都积极参加全面质量管理，自觉地参加质量管理的各项活动，努力做好本职工作，不断提高个人的技术素质管理素质和政治素质，牢固地树立质量第一的思想，有强烈的质量意识，从而才能不断地提高施工质量，创造更高的经济效益和社会效益。

（4）全面质量管理所应用的管理方法是多种多样的

随着现代科学技术的发展及社会文明的不断提高，对工程质量提出了越来越高的要求。同时，影响工程质量的因素也越来越多，越来越复杂，既有物的因素，又有人的因素；既有企业内部的因素，又有企业外部的因素；既有技术的因素，又有组织管理的因素。要满足社会需求，做好一系列影响工程质量的控制管理工作，必须采用一整套科学的质量管理方法。

全面质量管理所应用的方法是多种多样的，其中有排列图、直方图、控制图、回归分析法、抽样检查法、正交试验法等多种常用的统计方法，也有大家比较熟悉的PDCA循环工作法，还有价值分析法、系统工程和运筹方法等等，同时又广泛地运用了科学技术的最新成果，如先进的专业技术、检测手段和计算机技术等。目前用得最多最有效的是数理统计方法。随着全面质量管理的推广和深入，它所应用的方法也会有所发展，有所创新，并更为有效。

三、桥梁工程全面质量管理的基础工作

桥梁工程施工项目要推行全面质量管理，就必须做好质量教育、标准化、计量、质量责任制和质量信息等五项基础工作。为了更好地开展全面质量管理，还必须为施工项目组织起各种类型的质量管理小组，以吸收更多的职工参加质量管理活动并为建立健全质量保证体系打好群众基础。

1. 桥梁工程质量教育工作

（1）桥梁工程质量教育的内容

桥梁工程质量教育工作包括两个方面的内容：一是技术教育与培训，二是全面质量管理基础知识的宣传教育。工程质量的好坏，归根到底取决于参与施工的人员的技术水平、管理工作水平和质量意识。如果职工缺乏必要的技术训练，没有掌握好必要的操作技术，肯定创造不出好产品来；如果项目的管理人员和技术人员不能熟练地掌握有关的业务、技术和管理知识，缺乏工作能力与组织能力，也不能保证工程的施工质量及效益。所以必须对全体职工不断进行有关质量的教育与培训，使全体职工牢固树立质量第一的思想，强化质量意识，掌握全面质量管理的基本理论，熟练运用全面质量管理的各种方法。

（2）桥梁工程质量教育的任务

桥梁工程质量教育工作的主要任务，就是要不断增强全体项目施工人员的质量意识，并能掌握和运用质量管理的方法和技术。通过质量教育，树立质量第一的思想，认识到质量与人民生活息息相关，质量是企业生存和发展的根本所在，认识到提高质量对于现代化建设的重要意义，使每个职工明确自己在提高质量中的责任，自觉提高工作质量。因此，质量教育工作是项目施工的需要，是现代化建设的需要，也是企业推行全面质量管理的一项基础工作。

2. 标准化工作

（1）标准的内容

标准是指为取得全局的最佳效果，依据科学技术和实践经验的综合成果，在充分协商的基础上，对经济技术和管理等活动中具有多样性相关性特征的重复事物和概念，以特定的程序和形式颁发的统一规定。技术标准在我国一般又分为国家标准、部颁标准和企业标准。管理标准是组织和管理企业生产经营活动的依据和手段。管理标准包括企业规定的施工生产经营工作标准、管理业务标准和生产班组管理标准等。例如施工项目的各项管理活动的工作程序、办事准则、工作规程和规章制度等。

（2）标准化工作的重要性

标准化是指以国家利益为目标，以重复性特征事物和概念为对象，以管理、技术

和科学实验为依据，以制订和贯彻标准为主要内容的一种有组织的活动过程。对施工企业来说，从原材料进场到产品完成的各个环节都要有标准，要建立一套完整的标准化体系，既有技术标准，又有管理标准。没有标准，就无法进行质量管理。随着科学技术的发展和社会需要的扩大，标准化的对象与范围越来越广泛，几乎无所不包，其中大多数标准都同质量管理直接有关。因此可以说，标准是质量管理的基础，质量管理体制贯彻执行标准的保证。在桥梁施工项目中要推行全面质量管理，首先，在施工企业及项目部中就必须认真做好标准化这项基础工作。

3. 计量工作

计量工作是桥梁工程施工的重要环节，是保证工程质量的重要手段和方法。计量工作的首要任务是统一国家的计量单位制度，组织量值传递保证量值的统一。没有计量单位制度的量值的统一，执行标准就是一句空话，全面质量管理也就无从谈起。所以做好计量工作，包括测试化验、分析、能源计量等工作，是开展全面质量管理的一项重要的基础工作。

计量工作的主要要求是：配备齐全必要的量具和分析、化验用的仪器，要做到完整无缺；保证量具和仪器的质量稳定，示值准确一致；出现异常时修复要及时；选择正确的测定计量方法。为此，搞好计量工作，必须着重抓好以下几个主要环节：

（1）建立必要的计量组织机构和配备适当的计量人员。

（2）建立健全计量管理制度。

（3）保证计量器具和仪器的正确合理使用。

（4）定期进行计量器具和仪器的检定。

（5）及时修理（或报废）计量器具和仪器。

（6）改进计量工具和计量方法。

4. 桥梁施工质量责任制

建立质量责任制，是施工项目中建立经济责任制的首要环节。只有实行严格的质量责任制，才能建立正常的生产技术工作秩序，才能加强对设备、工具、原材料和技术工作的管理，才能统一工艺操作，提高各项相关工程质量工作的质量和各项专业管理的工作质量，把各方面的隐患消灭在萌芽之中，防止工程质量缺陷的产生。

实行经济责任制，必须首先实行质量责任制。在建立质量责任制时，首先要明确的是责、权、利三者的关系，责任制的中心问题是责任问题，要以责定权，以权定利。首先要分对象，分层次，分专业确定责任制定各类人员的质量责任，同时注意由粗到细，先易后难，先定性后定量，逐步完善。在制定经济责任制时，必须以质量责任为依据与主要内容，将经济利益与质量责任紧密相连，进行严格考核和奖励，使质量具有一票否决权。

桥梁质量管理责任制的主要内容如下：

（1）明确桥梁工程质量目标建立和健全保证工程质量的各项管理制度，使项目各级机构、各个职能部门、各道环节从上到下都担负起质量管理的职责。推行质量管理标准化，促进各项质量管理基础工作的巩固和发展。

（2）建立各级人员的质量岗位责任制，由项目经理负责项目的管理工作，对工程质量负全面责任。总工程师和主管技术、生产的副经理等要解决施工过程中的重大技术问题，组织技术攻关和建设工程创优活动，并协助经理督促检查各项质量计划的实现。同时将质量责任层层分解，明确与之相应的经济责任、权限和利益，并作为经济责任制的一项重要内容。

（3）组织各种形式的质量检查，及时分析工程质量改进情况和存在问题。依据质量、经济责任制对质量管理工作进行严格考核与奖惩，将质量责任与个人的经济利益挂钩。

（4）建立质量回访制度，做好工程保修工作，及时进行信息反馈。

（5）严肃处理质量事故，认真做到"三不放过"（即事故原因调查不清不放过，事故责任者和群众没有受到教育不放过，没有改进及防范措施不放过）。

5. 桥梁施工质量信息工作

桥梁施工质量信息是质量管理的耳目，它泛指反映施工各个环节工作质量和反映工程质量的各种基本数据、原始记录以至使用过程中反映出来的各种资料。

影响工程质量的因素是多方面的，也是错综复杂的。保证提高工程质量，关键是要对来自各方面的影响因素有清楚的认识，做到心中有数，决策及时。质量信息是质量管理不可缺少的重要依据，是改进产品质量，改善各项工作质量的依据，也是正确认识影响工程质量诸因素变化规律的依据，又是制定质量决策的依据。因上，施工项目推行全面质量管理就必须做好质量信息这项基础工作。

6. 开展桥梁施工质量管理小组活动

桥梁施工质量管理小组（简称 QC 小组），是职工参加民主管理活动、改进管理工作、提高管理水平、实行全面质量管理的一个重要环节和组织保证。

（1）质量管理小组的组建

小组的组建要从实际出发，自愿和行政组织相结合。可在班组和施工队内建立，也可跨班组跨施工队建立。小组的组长应由热心质量管理，有一定文化技术水平且能带领全体组织成员开展活动的人员担任。

小组建立并确定课题后，要向所在工程队登记，并由工程队汇总报送项目质量管理部门。

（2）质量管理小组的活动

小组的活动要根据工程的质量目标展开，从分析本岗位、班组、工程队的现状着手，围绕提高质量、降低消耗以及文明施工、改善管理、提高小组素质等方面选择课题。

项目负责人也可根据需要布置课题。

小组完成课题后，应选择新的课题，继续开展活动。课题变更，要及时备案。

小组活动要按照 PDCA 这一工作程序开展活动，做到目标明确、现状清楚、对策具体、措施落实，并要及时检查、总结。

小组活动要学创结合，讲求实效，注意吸取我国群众性质量管理活动经验。同时也要学习和借鉴外国的科学管理经验，努力做到专业技术、管理技术和其他科学方法相结合。

小组要如实做好活动记录，包括课题、实施情况、现状分析、对策措施、数据处理及出席人员等内容。

小组取得成果后，要制定标准化措施，逐步形成制度，予以巩固，并由项目质量管理部门定期组织经验交流、成果发表会，以推进小组活动。

（3）优秀质量管理小组的评选和奖励

为了总结经验，表彰先进，应当及时对优秀质量管理小组和推动小组活动做出贡献的质量管理工作人员给予一定的奖励。

第二节　安全管理

一、桥梁现场安全管理

通常所说的"安全生产"与桥梁"安全运行"的含义是一样的，都是指生产或运行安全。广义地说，桥梁安全生产范围不仅是指生产安全，还包括消防安全、特种设备安全、桥梁交通安全、水上交通安全和社会公共安全等。桥梁安全运行管理就是由一系列活动构成的动态过程，每一个进程都包含不同的内容，这些内容可通过采取不同的方法来实现。因此，在桥梁安全运行管理中，首先必须明确安全管理的目标，确定工作的内容，选用正确的方法，使这一过程顺利进行，最终实现桥梁安全运行的目的。

（一）桥梁安全运行重在管理到位

桥梁运行安全管理应当立足当前，着眼长远，完善体制机制，强化制度设计，建立健全法律法规制度，科学制定安全管理规范体系，构建覆盖全领域、贯穿全过程的桥梁运行安全管理长效机制，为桥梁安全运行奠定坚实的制度基础。按照制定的安全管理科学规划方案，明确责任分工，注重标本兼治，切实发挥现有法规、标准、制度在城市桥梁运行安全管理中的引领、推动和促进作用，确保各项工作扎实开展，落实到位。要以问题为导向，抓住关键环节，从桥梁设施运行的质量、从业人员职业素质等影响城市桥梁运行安全的突出问题着手，建立健全安全管理制度。要以提升桥梁运行安全水平为主线，围绕运行安全管理的关键环节，积极推进法律法规建设、强化标准规范、提高队伍素质、提升应急能力、筑牢城市桥梁运行的安全基础，为推进城镇化建设和城市化进程提供强有力的城市交通保障。

桥梁安全运行管理系统是一个人造系统，这种客观实际给预防事故提供了基本的前提，即安全事故应该从源头开始预防，一直到整个过程始终都要预防事故的发生，如果每个环节都能科学、理性、细致入微地处理，事故就可以预防。因此，任何事故从理论和客观上讲，都是可以预防的。认识这一特性，对坚定信念，防止事故发生有促进作用。因此，人们应该通过各种合理的对策，努力从根本上消除事故发生的隐患，将桥梁运行事故的发生概率降到最低。与此同时，只有将"事故是可以预防的"这一理念作为武器，人们才能超越事后的、被动的传统"事故追究型"管理，进入超前的、系统的"事故预防型"管理阶段。

将安全管理挂在嘴上、写在纸上、贴在墙上是远远不够的，关键是要以实际行动抓好落实安全管理工作，将桥梁安全运行管理体现在具体工作中。管理不到位，再完善的系统、再先进的装备也难以发挥应有的作用。管理到位的基本要求是责任明确、制度完善、执行有力、监管严格。责任明确，就是将桥梁安全运行的责任细化，分解落实到各个层级、各个环节和各个岗位，每个人都要明确自己的具体职责。制度完善，就是要建立健全各项规章制度，将对各个环节、各个岗位的工作要求全部纳入规范化、制度化的轨道，做到有章可循。根据条件的变化和随时出现的新情况、新问题，不断修改、充实、完善规章制度，不断改进各项措施，使管理工作常抓常新，科学有效。执行有力，就是要加大贯彻执行力度，在抓落实上狠下功夫。坚持从严要求、一丝不苟，严格执行规章制度，严厉惩处违章指挥、违章作业、违反劳动纪律等行为。监管严格，就是要建立强有力的监督机制，加强监督检查。

随着科学技术的发展，新型桥梁、大型桥梁不断增多，桥梁的运行维护变得越来越复杂，桥梁安全运行管理也变得越来越重要。不断学习桥梁安全运行管理技术，有助于加深对安全管理的认识，更好地掌握安全管理理论、技术和方法，提高安全管理水平，切实做好安全管理工作。首先，要通过安全生产理论、法律法规、规范、标准的学习获得专业的安全管理知识；其次，要学习国内外先进的桥梁安全运行管理经验，更新桥梁运行维护知识，开阔视野，提高安全管理能力；最后，要从桥梁坍塌、船舶撞击等事故中去学习，吸取经验和教训，因为事故是人们违背客观规律受到的惩罚，是对各项工作进行的最公正的检查，是强迫人们接受的最真实的科学实践，所以要吸取教训，避免自己重蹈覆辙。

（二）现场安全管理的五种方法

桥梁现场安全管理就是针对桥梁运行过程中出现的安全问题，运用有效的资源，通过人们的努力，进行有关决策、计划、组织和控制等活动，实现桥梁运行过程中人与桥梁设施、环境的和谐，达到桥梁安全运行的目标。当前城市桥梁的数量比以前有了较大的增长，相应地安全管理工作任务也显得十分繁重，按照桥梁运行安全、科学、有序发展的要求，桥梁现场的养管、监理及监测等单位应采取切实有效的管理措施，完善安全管理体制机制，着力提升桥梁运行安全管理水平。

现场这个说法，有广义和狭义两种。广义上，凡是企业用于从事生产经营的场所都称为现场，如厂区、车间、仓库、运输线路、办公室及营销场所等。狭义上，现场是指企业内部直接从事基本或辅助生产过程的场所，是生产系统布置的具体体现，是企业实现生产经营目标的基本要素之一。桥梁运行安全管理的场所主要是指桥梁及相应管辖范围。桥梁运行管理的现场就是指运用科学的管理制度、标准和方法对现场各生产作业要素，包括人（作业及管理人员）、机（设备、主体构件、工具）料（原材料）、法（操作、检测方法）、环（环境）、信（信息）等。对生产作业要素进行合理有效的计划、组织、协调、控制和检测，使其处于良好的结合状态，实现安全、文明生产作业的目的。现场管理是一项综合管理，是桥梁运行管理的重要内容。现场管理以问题发生现场作为管理的对象和背景，强调对现场进行现实的检查、检测及分析，进而采取切实有效的措施解决现场的问题。现场管理又是一个企业的形象、管理水平、服务质量控制和精神面貌的综合反映，是衡量企业综合素质及管理水平的重要标志。据有关资料统计，全国各类安全事故 90% 以上发生在生产现场。所以，安全工作应以现场管理为重点，而安全制度则应围绕现场管理制定，使安全贯穿于现场管理的每个环节、每个部位。

二、安全文化建设

安全文化伴随人类的出现而产生，伴随人类社会的进步而发展。

（一）安全文化的内涵

安全文化是人们在长期安全生产活动中形成的，或有意识塑造并为人们接受、遵循的，具有企业特色的安全思想和意识、安全物态及环境条件、安全作风和态度、安全管理机制及安全行为规范。安全文化是多层次的复合体，具体内容应包括保护职工从事生产经营活动中的身心安全与健康，既包括无损、无害、不伤、不亡的物质条件及作业环境，也包括职工对安全生产及经营活动的安全意识、信念、价值观、经营思想、道德规范等精神因素。安全文化应以人为本，提倡科学发展、安全发展，以提高职工安全文化素质为目标，形成群体和企业的安全价值观。如果要使职工建立起安全自护、互爱、互救、应急的安全文化体系，以安全为荣，那就应当在职工的心灵深处树立起安全行为规范、安全与健康奋斗目标。

（二）安全文化的功能

安全文化的功能主要表现有凝聚功能、导向功能、激励功能、约束功能、协调功能。

1. 凝聚功能：安全文化是大家的共识，它体现一种强烈的整体意识，并具备凝聚功能。具体说，全体成员在安全观念、目标和行为准则等方面保持一致，有利于形成强烈的心理认同感，能表现出强大的凝聚力和向心力。

2. 导向功能：安全文化具有感召力，通过教育培训、手段和安全氛围的烘托，安全价值观、安全目标在全体成员中可以达成共识，并以此引导人们规范安全行为，指引人们向既定的安全生产目标前进。

3. 激励功能：始于领导层对安全文化的重视，特别是组织安全操作活动竞赛，对优胜者进行奖励等，对员工来说，这自然而然地会成为一种无形的激励，激发他们积极开展安全生产的活动。

4. 约束功能：若违反安全文化的道德规范和行为准则，必然会受到群众舆论和规章制度的约束。同样，当置身于已经达成共识的安全文化氛围中时，职工个人也会产生自我安全意识，形成内在的自我约束。

5. 协调功能：安全文化的形成，使人们对达成安全共识有共同的价值观、态度和信念，这不仅便于相互沟通，也便于团结协作。另外，安全文化也能成为协调矛盾的尺度或准则。

（三）安全文化建设的内容

安全文化建设是企业安全管理中高层次的工作，是实现零事故目标的必由之路，是超越传统安全管理方法来解决安全生产问题的根本途径。因此，桥梁运行养管企业应紧紧围绕"安全——健康——文明——环境"的理念，采取管理控制、精神激励、环境感召、心理调适、习惯培养等一系列方法，推进安全文化建设的深入发展，同时又丰富了安全文化内涵。桥梁运行养管企业安全文化的建设应充分考虑自身内部和外部的文化特征，引导全体员工规范安全行为，以实现在法律和政府监管要求之上的安全约束，并通过全员参与提高桥梁运行安全管理水平。安全文化建设的基本要素为安全承诺、行为规范、激励制度、信息传播、教育培训。安全承诺是由企业公开做出的，代表全体员工在关注安全与追求安全绩效方面具有稳定意愿的明确表示。这个意愿的内容应包括安全价值观、安全愿景、安全使命及安全目标等，而安全承诺的含义应清晰明了，能被全体员工和相关方面知晓理解。

综合利用各种传播途径和方式，提高安全信息传播效果。因此，企业应优化安全信息的传播内容，可将有关安全实践的经验作为主要信息传播内容，对涉及安全事件的信息传播要求真实、开放，同时也可从他人处获取信息或向他人传递信息。

第三节 成本控制

一、施工成本计划

（一）施工成本计划的类型

对于施工项目而言，其成本计划的编制是一个不断深化的过程，按照其发挥的作用可以分为以下三类。

1.竞争性成本计划

竞争性成本计划是施工项目投标及签订合同阶段的估算成本计划。这类成本计划以招标文件中的合同条件、投标者须知、技术规范、设计图纸和工程量清单为依据，以有关价格条件说明为基础，结合调研、现场踏勘、答疑等情况，根据施工企业自身的工料消耗标准、水平、价格资料和费用指标等，对本企业完成投标工作所需要支出的全部费用进行估算。在投标报价过程中，虽也着力考虑降低成本的途径和措施。但总体上比较粗略。

2.指导性成本计划

指导性成本计划是选派项目经理阶段的预算成本计划，是项目经理的责任成本目标。它是以合同价为依据，按照企业的预算定额标准制定的设计预算成本计划，且一般情况下确定责任总成本目标。

3.实施性成本计划

实施性成本计划是项目施工准备阶段的施工预算成本计划，它是以项目实施方案为依据，以落实项目经理责任目标为出发点，采用企业的施工定额通过施工预算的编制面形成的实施性施工成本计划。

以上三类成本计划相互衔接、不断深化，构成了整个工程项目施工成本的计划过程。其中，竞争性成本计划带有成本战略的性质，是施工项目投标阶段商务标书的基础，具有竞争力的商务标书又是以其先进合理的技术标书为支撑的。因此，它奠定了施工成本的基本框架和水平。指导性成本计划和实施性成本计划，都是战略性成本计划的进一步开展和深化，是对战略性成本计划的战术安排。

4.施工预算

施工预算是编制实施性成本计划的主要依据。是施工单位为了加强企业内部的经济核算，在施工图预算的控制下，依据企业内部的施工定额，以建筑安装单位工程为对象，根据施工图纸、施工定额、施工及验收规范、标准图集、施工组织设计（或施工方案）编制的单位工程（或分部分项工程）施工所需的人工、材料和施工机械台班用量的技术经济文件。它是施工企业的内部文件，同时也是施工企业进行劳动调配、物资技术供应、控制成本开支、进行成本分析和班组经济核算的依据。施工预算不仅规定了单位工程（或分部分项工程）所需人工、材料和施工机械台班用量，还规定了工种的类型，工程材料的规格、品种，所需各种机械的规格，以便有计划、有步骤地合理组织施工，从而达到节约人力、物力和财力的目的。

（1）施工预算不同于施工图预算。虽然有一定联系，但区别较大。

1）编制的依据不同。施工预算的编制以施工定额为主要依据，施工图预算的编制以预算定额为主要依据。而施工定额比预算定额划分得更详细、更具体，并对其中所包括的内容，如质量要求、施工方法，以及所需劳动工日、材料品种、规格型号等均有较详细的规定或要求。

2）适用的范围不同。施工预算是施工企业内部管理用的一种文件，与发包人无直接关系；而施工图预算既适用于发包人，又适用于承包人。

3）发挥的作用不同。施工预算是承包人组织生产、编制施工计划，准备现场材料、签发任务书、考核工效、进行经济核算的依据，也是承包人改善经营管理、降低生产成本和推行内部经营承包责任制的重要手段；而施工图预算则是投标报价的主要依据。

（2）在编制实施性计划成本时要进行施工预算和施工图预算的对比分析，通过"两算"对比，分析节约和超支的原因，以便提出解决问题的措施，防止工程亏损，为降低工程成本提供依据。"两算"对比的方法有实物对比法和金额对比法。

1）实物对比法。将施工预算和施工图预算计算出的人工、材料消耗量，分别填入两算对比表进行对比分析，算出节约或超支的数量及百分比，并分析其原因。

2）金额对比法。将施工预算和施工图预算计算出的人工费、材料费、机具费分别填入两算对比表进行对比分析，算出节约或超支的金额及百分比，并分析其原因。

（3）"两算"对比的内容如下：

1）人工量及人工费的对比分析。施工预算的人工数量及人工费比施工图预算一般要低 6% 左右。这是由于两者使用不同定额造成的。例如，砌砖墙项目中，砂子、标准砖和砂浆的场内水平运输距离，施工定额按 50m 考虑，而计价定额则包括了材料。半成品的超运距用工。同时，计价定额的人工消耗指标还考虑了在施工定额中未包括，而在一般正常施工条件下又不可避免发生的一些零星用工因素，如土建施工各工种之间的工序搭接所需停歇的时间；因工程质量检查和隐蔽工程验收而影响工人操作的时间；施工中不可避免的其他少数零星用工等。所以，施工定额的用工量一般都比预算定额低。

2）材料消耗量及材料费的对比分析。施工定额的材料损耗率一般都低于计价定额，同时，编制施工预算时还要考虑扣除技术措施的材料节约量。所以，施工预算的材料消耗量及材料费一般低于施工图预算。

有时，由于两种定额之间的水平不一致，个别项目也会出现施工预算的材料消耗量大于施工图预算的情况。不过，总的水平应该是施工预算低于施工图预算。如果出现反常情况，则应进行分析研究，找出原因，制定相应的措施。

3）施工机具费的对比分析。施工预算机具费指施工作业所发生的施工机械，仪器仪表使用费或其租赁费。而施工图预算的施工机具是计价定额综合确定的，与实际情况可能不一致。因此，施工机具部分只能采用两种预算的机具费进行对比分析。如果发生施工预算的机具费大量超支，而又无特殊原因时，则应考虑改变原施工方案，尽量做到不亏损而略有盈余。

4）周转材料使用费的对比分析。周转材料主要指脚手架和模板。施工预算的脚手架是根据施工方案确定的搭设方式和材料计算的，施工图预算则综合了脚手架搭设方式，按不同结构和高度，以建筑面积为基数计算；施工预算模板是按混凝土与模板的接触面积计算，施工图预算的模板则按混凝土体积综合计算。因而，周转材料宜按其发生的费用进行对比分析。

（二）施工成本计划编制原则

为了编制出能够发挥积极作用的施工成本计划，在编制施工成本计划时应遵循以下一些原则。

1. 从实际情况出发

编制成本计划必须根据国家的方针政策，从企业的实际情况出发，充分挖掘企业内部潜力，使降低成本指标既积极可靠，又切实可行。施工项目管理部门降低成本的潜力在于正确选择施工方案，合理组织施工；提高劳动生产率；改善材料供应；降低材料消耗；提高机械利用率；节约施工管理费用等。但必须注意避免以下情况发生：为了降低成本面偷工减料，忽视质量；不顾机械的维护修理而过度、不合理地使用机械；片面增加劳动强度，加班加点；忽视安全工作，未给职工办理相应的保险等。

2. 与其他计划相结合

施工成本计划必须与施工项目的其他计划，如施工方案、生产进度计划、财务计划。材料供应及消耗计划等密切结合，保持平衡。一方面，成本计划要根据施工项目的生产技术组织措施、劳动工资、材料供应和消耗等计划来编制：另一方面，其他各项计划指标又影响着成本计划，所以其他各项计划在编制时应考虑降低成本的要求，与成本计划密切配合，而不能单纯考虑单一计划本身的要求。

3. 采用先进技术经济定额

施工成本计划必须以各种先进的技术经济定额为依据，并结合工程的具体特点，采取切实可行的技术组织措施作保证。只有这样，才能编制出既有科学依据、又切实可行的成本计划，从而发挥施工成本计划的积极作用。

4.统一领导，分级管理

编制成本计划时应按照统一领导，分级管理的原则，同时应树立全员进行施工成本控制的理念。在项目经理的领导下，以财务部门和计划部门为主体，发动全体职工共同进行，总结降低成本的经验，找出降低成本的正确途径，使成本计划的制订与执行更符合项目的实际情况。

5.适度弹性

施工成本计划应留有一定的余地，保持计划的弹性。在计划期内，项目经理部的内部或外部环境都有可能发生变化，尤其是材料供应、市场价格等具有很大的不确定性，给拟定计划带来困难。因此在编制计划时应充分考虑到这些情况，使计划具有一定的适应环境变化的能力。

（三）施工成本计划的编制依据

施工成本计划的编制依据包括：

1.投标报价文件。

2.企业定额、施工预算。

3.施工组织设计或施工方案。

4.人工、材料、机械台班的市场价。

5.企业颁布的材料指导价、企业内部机械台班价格、劳动力内部挂牌价格。

6.周转设备内部租赁价格、摊销损耗标准。

7.已签订的工程合同、分包合同（或估价书）。

8.结构件外加工计划和合同。

9.有关财务成本核算制度和财务历史资料。

10.施工成本预测资料。

11.拟采取的降低施工成本的措施。

12.其他相关资料。

（四）施工项目成本计划的编制程序

施工项目的成本计划工作，是一项非常重要的工作，它是选定技术上可行，经济上合理的最优降低成本方案的过程。同时，通过成本计划把目标成本层层分解，落实到施工过程的每个环节，以调动全体职工的积极性，有效地进行成本控制。编制成本计划的程序，因项目的规模大小、管理要求不同而不同，大中型项目一般采用分级编制的方式，即先由各部门提出部门成本计划，再由项目经理部汇总编制全项目工程的成本计划；小型项目一般采用集中编制方式，即由项目经理部先编制各部门成本计划，再汇总编制全项目的成本计划。无论采用哪种方式，其编制的基本程序如下：

1. 搜集和整理资料

（1）国家和上级部门有关编制成本计划的规定。

（2）项目经理部与企业签订的承包合同及企业下达的成本降低额、降低率和其他有关技术经济指标。

（3）有关成本预测、决策的资料。

（4）施工项目的施工图预算、施工预算。

（5）施工组织设计。

（6）施工项目使用的机械设备生产能力及其利用情况。

（7）施工项目的材料消耗、物资供应、劳动工资及劳动效率等计划资料。

（8）计划期内的物资消耗定额。劳动工时定额、费用定额等资料。

（9）以往同类项目成本计划的实际执行及有关技术经济指标完成情况的分析资料。

（10）同类项目的成本、定额、技术经济指标资料及增产节约的经验和有效措施。

（11）本企业的历史先进水平和当时的先进经验及采取的措施。

（12）国外同类项目的先进成本水平情况等资料。

此外，还应深入分析当前情况和未来的发展趋势，了解影响成本升降的各种有利和不利因素，研究如何克服不利因素和降低成本的具体措施。为编制成本计划提供丰富具体和可靠的成本资料。

2. 估算计划成本，即确定目标成本

财务部门掌握了丰富的资料，并加以整理分析，最终确定目标成本，并把总的目标分解落实到各相关部门、班组，大多采用工作分解法。

工作分解法又称工程分解结构，它的特点是以施工图设计为基础，以本企业做出的项目施工组织设计及技术方案为依据，以实际价格和计划的物资、材料、人工、机械等耗量为基准，估算工程项目的实际成本费用，据以确定成本目标。

具体步骤是：首先把整个工程项目逐级分解为内容单一、便于进行单位工料成本估算的小项或工序，然后按小项自下而上估算、汇总，从而得到整个工程项目的估算。估算汇总后还要考虑风险系数与物价指数，对估算结果加以修正。

工作划分的越细、越具体，价格的确定和工程量估计越容易，工作分解自上而下逐级展开，成本估算自下而上，将各级成本估算逐级累加，便得到整个工程项目的成本估算。

3. 编制成本计划草案

对大中型项目，经项目经理部批准下达成本计划指标后，各职能部门应充分发动项目成员积极性，在总结上期成本计划完成情况的基础上，结合本期计划指标，找出完成本期计划的有利和不利因素，提出挖掘潜力、克服不利因素的具体措施，以保证计划任务的完成。为了使指标真正落实，各部门应尽可能将指标分解落实下达到各班组及个人，使得目标成本的降低额和降低率得到充分讨论、反馈、再修订，使成本计划既能够切合实际，又成为项目成员共同奋斗的目标。

各职能部门亦应认真讨论项目经理部下达的费用控制指标，拟定具体实施的技术经济措施方案，编制各部门的费用预算。

4.综合平衡，编制正式的成本计划

在各职能部门上报了部门成本计划和费用预算后，项目经理部应结合各项技术经济措施，检查各计划和费用预算是否合理可行，并进行综合平衡，使各部门计划和费用预算之间相互协调、衔接；其次，要从全局出发，在保证企业下达的成本降低任务或本项目目标成本实现的情况下，以生产计划为中心。分析研究成本计划与生产计划、劳动工时计划、材料成本与物资供应计划、工资成本与工资基金计划、资金计划等的相互协调平衡。经反复讨论多次综合平衡，最后确定的成本计划指标，即可作为编制成本计划的依据，项目经理部正式编制的成本计划，上报企业有关部门审核后即可正式下达至各职能部门执行。

（五）编制施工成本计划的方法

施工成本计划的编制以成本预测为基础，关键是确定目标成本。计划的制订，需结合施工组织设计的编制过程，通过不断地优化施工技术方案和合理配置生产要素，进行工、料、机消耗的分析，制定一系列节约成本的措施，确定施工成本计划。一般情况下，施工成本计划总额应控制在目标成本的范围内，并建立在切实可行的基础上。

施工总成本目标确定之后，还需通过编制详细的实施性施工成本计划把目标成本层层分解，落实到施工过程的每个环节，有效地进行成本控制。施工成本计划的编制方式如下：按施工成本构成编制施工成本计划；按施工项目组成编制施工成本计划；按施工进度编制施工成本计划。

1.按施工成本构成编制施工成本计划的方法

施工成本可以按成本构成分解为人工费、材料费、施工机具使用费和企业管理费等，在此基础上，编制按施工成本构成分解的施工成本计划。

2.按施工项目组成编制施工成本计划的方法

大中型工程项目通常是由若干单项工程构成的，而每个单项工程包括了多个单位工程，每个单位工程又是由若干个分部分项工程所构成。因此，首先要把项目总施工成本分解到单项工程和单位工程中，再进一步分解到分部工程和分项工程中。

在编制成本支出计划时，要在项目总体层面上考虑总的预备费，也要在主要的分项工程中安排适当的不可预见费，避免在具体编制成本计划时，可能发现个别单位工程或工程量表中某项内容的工程量计算有较大出入，偏离原来的成本预算。因此，应在项目实施过程中对其尽可能地采取一些措施。

3. 按施工进度编制施工成本计划的方法

按施工进度编制施工成本计划，通常可在控制项目进度的网络图的基础上，进一步扩充得到。即在建立网络图时，一方面确定完成各项工作所需花费的时间，另一方面确定完成这一工作合适的施工成本支出计划。在实践中，将工程项目分解为既能方便地表示时间，又能方便地表示施工成本支出计划的工作是不容易的，通常如果项目分解程度对时间控制合适的话，则对施工成本支出计划可能分解过细，以至于不可能对每项工作确定其施工成本支出计划；反之亦然。因此在编制网络计划时，应在充分考虑进度控制对项目划分要求的同时，还要考虑确定施工成本支出计划对项目划分的要求，做到二者兼顾。

通过对施工成本目标按时间进行分解，在网络计划基础上，可获得项目进度计划的横道图，并在此基础上编制成本计划。其表示方式有两种：一种是在时标网络图上按月编制的成本计划直方图；另一种是用时间 - 成本累积曲线表示。

二、施工成本控制

施工成本控制是在项目成本的形成过程中，对生产经营所消耗的人力资源、物资资源和费用开支进行指导，监督、检查和调整，及时纠正将要发生和已经发生的偏差，把各项生产费用，控制在计划成本的范围之内，以保证成本目标的实现。

施工成本控制具有主动性、综合性、超前性的特点。

（一）施工成本控制的原则

成本控制的对象是工程项目，其主体则是人的管理活动，目的是合理使用人力、物力、财力，降低成本，增加效益。为此，成本控制的一般原则如下。

1. 开源与节流相结合的原则

降低项目成本，需要一面增加收入，一面节约支出。在成本控制中。要求做到每发生一笔金额较大的成本费用，都要查一查有无与其相对应的预算收入，是否支大于收，在经常性的分部分项工程成本核算和月度成本核算中，也要进行实际成本与预算收入的对比分析。以便从中探索成本节超的原因，纠正项目成本的不利偏差，提高项目成本的降低水平。

2. 全面控制原则

（1）项目成本的全员控制。项目成本涉及项目组织中各个部门、单位和班组的工作业绩。也与每个职工的切身利益有关。施工项目成本管理（控制）需要项目建设者的全员参与。

（2）项目成本的全过程控制。是指在工程项目确定以后，自施工准备开始，经过工程施工，到竣工交付使用后的保修期结束的每一项经济业务，都要纳入成本控制的轨道。既不能疏漏，又不能时紧时松，使施工项目成本自始至终置于有效地控制之下。

（3）中间控制原则。又称动态控制原则，对于具有一次性特点的施工项目成本来说，应该特别强调项目成本的中间控制。因为施工准备阶段的成本控制、重心确定、成本目标、编制成本计划、制定成本控制的方案，为今后的成本控制做好准备。而竣工阶段的成本控制。由于成本盈亏已经基本定局，即使发生了偏差，也已来不及纠正。因此，把成本控制的重心放在主要施工阶段上，则是十分必要的。

（4）目标管理原则。目标管理是贯彻执行计划的一种方法，把计划逐一加以分解，提出进一步的具体要求，并落实到执行计划的部门、单位甚至个人。目标管理的内容包括目标的设定和分解，目标的责任到位和执行，检查目标的执行结果，评价目标和修正目标，形成目标管理的 P（计划）、D（实施）、C（检查）、A（处理）循环。

（5）节约原则。节约人力、物力、财力的消耗，是提高经济效益的核心，也是成本控制的一项最主要的基本原则。

（6）例外管理原则。在工程项目建设过程的诸多活动中，有许多活动是例外的，常伴有一些不经常出现的问题，称为"例外问题"。这些"例外问题"，往往是关键性问题。对成本目标的顺利完成影响很大，必须予以高度重视。例如，在成本管理中常见的成本盈亏异常现象，如由于平时机械维修费的节约，可能会造成未来的停工修理和更大的经济损失等，都应该视为"例外问题"，进行重点检查，深入分析，并采取相应的积极的措施加以纠正。

（7）责、权、利相结合的原则。在项目施工过程中，项目经理、工程技术人员、业务管理人员以及各单位和生产班组都负有一定的成本控制责任及享有一定成本控制的权力，从而形成整个项目的成本控制责任网络。项目部要根据各成员在成本控制中的业绩进行定期的检查和考评，并与工资分配紧密挂钩，实行有奖有罚。实践证明，只有责、权、利相结合的成本控制，才是名实相符的项目成本控制，才能收到预期的效果。

（二）施工成本控制的分类

1. 按成本控制的对象分

按成本控制的对象可分为人工成本控制、材料成本控制、机械成本控制、费用成本控制。

2. 按成本发生时间分

（1）事前施工成本控制（基础）。事前施工成本控制包含施工项目开工前项目管理规划的评审、施工项目成本制度控制及体系的建立等内容。

（2）事中施工成本控制（重点）。即工程成本形成全过程的控制。包括：项目施工中计划成本的分析和控制；项目施工中分部和分层工程的成本控制等内容；项目施工中与计划同步跟踪的费用控制。

（3）事后施工成本控制。即对成本计划的执行情况进行分析，含竣工结算、废旧材料的利用和回收、减少返修费用等。

（三）施工成本控制的依据

施工成本控制的依据包括以下内容。

1. 工程承包合同

施工成本控制要以工程承包合同为依据，围绕降低工程成本这个目标，从预算收入和实际成本两方面，研究节约成本、增加收益的有效途径。以求获得最大的经济效益。

2. 施工成本计划

施工成本计划是根据施工项目的具体情况制定的施工成本控制方案，既包括预定的具体成本控制目标，又包括实现控制目标的措施和规划，是施工成本控制的指导文件。

3. 进度报告

进度报告提供了对应时间节点的工程实际完成量，工程施工成本实际支付情况等重要信息。施工成本控制工作正是通过实际情况与施工成本计划相比较，找出二者之间的差别，分析偏差产生的原因，从面采取措施改进以后的工作。此外，进度报告还有助于管理者及时发现工程实施中存在的隐患，并在可能造成重大损失之前采取有效措施，尽量避免损失。

4. 工程变更

在项目的实施过程中，由于各方面的原因，工程变更是很难避免的。工程变更一般包括设计变更、进度计划变更、施工条件变更、技术规范与标准变更、施工次序变更。工程量变更等。一旦出现变更，工程量、工期、成本都有可能发生变化，从而使得施工成本控制工作变得更加复杂和困难。因此，施工成本管理人员应当通过对变更要求中各类数据的计算、分析，及时掌握变更情况，包括已发生工程量、将要发生工程量、工期是否拖延、支付情况等重要信息，判断变更以及变更可能带来的索赔额度等。

5. 施工组织设计

6. 分包合同等有关文件资料

（四）施工成本的过程控制方法

施工阶段是成本发生的主要阶段，这个阶段的成本控制主要是通过确定成本目标并按计划成本组织施工，合理配置资源，对施工现场发生的各项成本费用进行有效控制，其具体的控制方法如下。

1. 人工费的控制

人工费的控制实行"量价分离"的方法，将作业用工及零星用工按定额工日的一定比例综合确定用工数量与单价，通过劳务合同进行控制。

（1）人工费的影响因素。

1）社会平均工资水平。建筑安装工人的人工单价必须和社会平均工资水平趋同。社会平均工资水平取决于经济发展水平。由于我国改革开放以来经济迅速增长，社会平均工资也有大幅增长，从而导致人工单价的大幅提高。

2）生产消费指数。生产消费指数的提高会导致人工单价的提高，以减少生活水平的下降，维持原来的生活水平。生活消费指数的变动取决于物价的变动，尤其取决于生活消费品物价的变动。

3）劳动力市场供需变化。劳动力市场如果供不应求，人工单价就会提高；供过于求，人工单价就会下降。

4）政府推行的社会保障和福利政策也会影响人工单价的变动。

5）经会审的施工图，施工定额、施工组织设计等决定人工的消耗量。

（2）控制人工费的方法。加强劳动定额管理，提高劳动生产率，降低工程耗用人工工日，是控制人工费支出的主要手段。

1）制定先进合理的企业内部劳动定额，严格执行劳动定额，并将安全生产、文明施工及零星用工下达到作业队进行控制。全面推行全额计件的劳动管理办法和单项工程集体承包的经济管理办法，以不超出施工图预算人工费指标为控制目标，实行工资包干制度。认真执行按劳分配的原则，使职工个人所得与劳动贡献相一致，充分调动广大职工的劳动积极性，以提高劳动力效率。把工程项目的进度、安全、质量等指标与定额管理结合起来，提高劳动者的综合能力，实行奖励制度。

2）提高生产工人的技术水平和作业队的组织管理水平，根据施工进度、技术要求，合理搭配各工种工人的数量，减少和避免无效劳动。不断地改善劳动组织，创造良好的工作环境，改善工人的劳动条件，提高劳动效率。合理调节各工序人数安排情况，安排劳动力时，尽量做到技术工不做普通工的工作，高级工不做低级工的工作，避免技术上的浪费，既要加快工程进度，又要节约人工费用。

3）加强职工的技术培训和多种施工作业技能的培训，不断提高职工的业务技术水平和熟练操作程度，培养一专多能的技术工人，提高作业工效。提倡技术革新和推广新技术，提高技术装备水平和工厂化生产水平，提高企业的劳动生产率。

4）实行弹性需求的劳务管理制度。对施工生产各环节上的业务骨干和基本的施工力量，要保持相对稳定。对短期需要的施工力量，要做好预测，计划管理，通过企业内部的劳务市场及外部协作队伍进行调剂。严格做到项目部的定员随工程进度要求及时进行调整，进行弹性管理。要打破行业、工种界限，提倡一专多能，提高劳动力的利用效率。

2.材料费的控制

材料费控制同样按照"量价分离"原则，控制材料用量和材料价格。

（1）材料用量的控制。在保证符合设计要求和质量标准的前提下，合理使用材料，通过定额控制、指标控制、计量控制、包干控制等手段有效控制物资材料的消耗，具体方法如下。

1）定额控制。对于有消耗定额的材料，以消耗定额为依据，实行限额领料制度。

①限额领料的形式。

按分项工程实行限额领料。按分项工程实行限额领料，就是按照分项工程进行限额，如钢筋绑扎、混凝土浇筑、砌筑、抹灰等，这是以施工班组为对象进行的限额领料。

按工程部位实行限额领料。按工程部位实行限额领料，就是按工程施工工序分为基础工程、结构工程等，这是以施工专业队为对象进行的限额领料。

按单位工程实行限额领料。按单位工程实行限额领料，就是对一个单位工程从开工到竣工全过程的建设工程项目的用料实行的限额领料，这是以项目经理部或分包单位为对象开展的限额领料。

②限额领料的依据。

准确的工程量，这是按工程施工图纸计算的正常施工条件下的数量，是计算限额领料量的基础；现行的施工预算定额或企业内部消耗定额，是制定限额用量的标准；施工组织设计，是计算和调整非实体性消耗材料的基础；施工过程中发包人认可的变更洽商单，这是调整限额量的依据。

③限额领料的实施。

确定限额领料的形式。施工前，根据工程的分包形式，与使用单位确定限额领料的形式。

签发限额领料单。根据双方确定的限额领料形式，根据有关部门编制的施工预算和施工组织设计，将所需材料数量汇总后编制材料限额数量，经双方确认后下发。

限额领料单的应用。限额领料单一式三份，一份交保管员作为控制发料的依据；一份交使用单位，作为领料的依据；一份由签发单位留存，作为考核的依据。

限额量的调整。在限额领料的执行过程中，会有许多因素影响材料的使用，如工程量的变更、设计更改、环境因素的影响等。限额领料的主管部门在限额领料的执行过程中要深入施工现场，了解用料情况，根据实际情况及时调整限额数量，以保证施工生产的顺利进行和限额领料制度的连续性、完整性。

限额领料的核算。根据限额领料形式，工程完工后，双方应及时办理结算手续，检查限额领料的执行情况，对用料情况进行分析，按双方约定的合同，对用料节超进行奖罚兑现。

2）指标控制。对于没有消耗定额的材料，则实行计划管理和按指标控制的办法。

根据以往项目的实际耗用情况，结合具体施工项目的内容和要求，制定领用材料指标，以控制发料。超过指标的材料，必须经过一定的审批手续方可领用。

3）计量控制。准确做好材料物资的收发计量检查和投料计量检查。

4）包干控制。在材料使用过程中，对部分小型及零星材料（如钢钉、钢丝等）根据工程量计算出所需材料量，将其折算成费用，由作业者包干使用。

（2）材料价格的控制。材料价格主要由材料采购部门控制。控制材料价格，主要是通过掌握市场信息，应用招标和询价等方式控制材料，设备的采购价格。

施工项目的材料物资，包括构成工程实体的主要材料和结构件，以及有助于工程实体形成的周转使用材料和低值易耗品。从价值角度看，材料物资的价值约占建筑安装工程造价的 60% 甚至 70% 以上，因此，对材料价格的控制非常重要。由于材料物资的供应渠道和管理方式各不相同，所以控制的内容和所采取的控制方法也将有所不同。

3. 施工机械使用费的控制

合理使用施工机械设备对成本控制具有十分重要的意义，在桥梁工程施工中，据某些工程实例统计，机械费用占 10%~30% 不等。由于不同的起重运输机械各有不同的特点，因此在选择起重机械时，首先应根据工程特点和施工条件确定采取的机械设备的组合方式。在确定采用何种组合方式时，首先应满足施工需要，其次要考虑到费用的高低和综合经济效益。

有效控制施工机械使用费支出主要从台班数量和台班单价两个方面进行控制。

（1）台班数量

1）根据施工方案和现场实际情况，选择适合项目施工特点的施工机械，制订设备需求计划，合理安排施工生产，充分利用现有机械设备。加强内部调配，提高机械设备的利用率。

2）保证施工机械设备的作业时间，安排好生产工序的衔接，尽量避免停工、窝工，尽量减少施工中所消耗的机械台班数量。

3）核定设备台班定额产量，实行超产奖励办法，加快施工生产进度，提高机械设备单位时间的生产效率和利用率。

4）加强设备租赁计划管理，减少不必要的设备闲置和浪费，充分利用社会闲置机械资源。机械设备单位时间的生产效率和利用率。

（2）台班单价

1）加强现场设备的维修，保养工作。降低大修、经常性修理等各项费用的开支，提高机械设备的完好率，最大限度地提高机械设备的利用率，避免因使用不当造成机械设备的停置。

2）加强机械操作人员的培调工作。不断提高操作技能，提高施工机械台。

3）加强配件的管理。建立健全配件领发料制度，严格按油料消耗定额控制油料消耗，做到修理有记录，消耗有定额，统计有报表，损耗有分析。通过经常分析总结，提高修理质量，降低配件消耗，减少修理费用的支出。

4）降低材料成本。做好施工机械配件和工程材料采购计划，降低材料成本。

5）成立设备管理领导小组，负责设备调度、检查、维修、评估等具体事宜。对主要部件及其保养情况建立档案，分清责任，便于尽早发现问题，找到解决问题的办法。

4.施工分包费用的控制

分包工程价格的高低，必然对项目经理部的施工项目成本产生一定的影响。因此，施工项目成本控制的重要工作之一是对分包价格的控制。项目经理部应在确定施工方案的初期就要确定需要分包的工程范围。决定分包范围的因素主要是施工项目的专业性和项目规模。对分包费用的控制，主要是要做好分包工程的询价，订立平等互利的分包合同、建立稳定的分包关系网络、加强施工验收和分包结算等工作。

5.其他费用的控制

对桥梁工程施工项目。由于施工的特点，还应考虑以下的经济控制方法：

（1）周转工具使用费的控制。在项目施工责任成本中，周转工具使用费是根据施工组织设计中的有关施工方案计算确定或按施工图预算的摊销费用总额乘以适当地降低率确定的。目标成本中该项费用是经过对施工组织总设计中的有关施工方案进一步细化确定的。实际发生的周转工具来源包括周转材料租赁和自购材料的领用。

周转工具使用费 =（租用数量 × 租用时间 × 租赁单价）

+ 自购周转材料领用部分的合计金额 × 摊销率

因此，对周转工具使用费应从以下方面进行控制：

在计划阶段通过合理的安排施工进度、采用网络计划技术进行优化、采用先进的施工方案和先进的周转工具；控制周转工具使用费计划数低于目标成本的要求；在施工阶段控制租赁数量和进退场时间，减少租赁数量和时间；选择质优价廉的租赁单位，降低租赁费用。使用阶段通过建立规章制度、建立约束和激励机制，控制周转工具的损坏、修理和丢失。

（2）现场经费的控制。现场经费包括项目经理部管理人员工资、奖金、临时设施费、交通费、业务费等，现场经费内容多，人为因素多，不易控制，超支现象较为严重。控制的方法主要是根据现场经费的收入，实行全面预算管理。对某些不易控制的项目如交通费等可实行包干制，对一些不宜包干的项目如业务费，可通过建立严格的审批手续来进行控制。

第四节　信息管理

一、桥梁信息管理认知

1. 建设工程信息的特点

在建设工程全寿命周期中会产生大量的信息，它们在不同的工程参与者之间，以及在不同的工程阶段之间传递，前一阶段的大量信息会被后一阶段连续使用。建设工程的信息具有数量庞大、类型复杂、来源广泛、存储分散、应用环境复杂等特征，在建设工程全寿命周期中始终处于动态变化之中。

（1）信息量大，内容复杂

建设工程全寿命周期内产生的信息数量巨大、种类繁多，随着工程项目的进展，建设项目信息的数量呈现出几何递增的趋势。据测算，单个普通单体建筑产生的文档数量就达到 10 的 4 次方数量级，一个大型建设项目在项目实施的全过程中所产生的文档纸张重量可达几十吨。在建设工程全寿命周期内，大量的信息被创建和传递，在工程各阶段之间、项目各参与方之间存在数量庞大的信息流。信息涉及技术、经济、管理、法律等方面与建设工程全过程有关的各种信息。

（2）信息类型复杂、格式多样

建设工程项目信息可依据不同的标准进行分类。按照建设项目实施的过程划分，可分为决策阶段信息、设计阶段信息、施工阶段信息和运营管理阶段信息；按照建设工程的目标划分，可分为投资控制信息、质量控制信息和进度控制信息等；按照参与方信息需求划分，可分为建设单位信息、勘察设计信息、施工单位信息等；从计算机辅助信息管理角度，建设工程信息可以分为结构化信息和非结构化信息两类。在全寿命周期内，建设工程项目信息在被创建和管理的过程中存在多种形式与表现方式，如表达建筑产品构造的工程图纸，反映施工项目管理活动的报告，以及体现工程造价的预算表格等，不同格式的信息同时被创建和管理。

（3）信息被多方创建、管理，存储分散

建设项目信息来自建设单位、设计单位、施工单位、监理单位以及其他组织与部门，来自建筑、结构、给排水等不同专业。在全寿命周期内，建设工程各参与方都在工作中创建和管理自身需要的信息，造成信息的分散、重复存储，多个独立的信息中心不能充分地进行信息共享，导致所谓的"信息孤岛"现象的产生，既不利于建设信息的共享及应用，也不利于及时进行决策。

（4）信息变更频繁，始终处于动态变化之中

建设项目的信息始终处于动态变化之中。与其他应用环境中的信息一样，建设项目中的信息都有一个完整的信息生命周期。建设工程持续时间长，在实施过程中存在大量的不确定因素，如建设工程的实施环境存在很大的不确定性，各类突发事件经常出现，因此建设工程信息由于外部条件变化而变更频繁。

（5）信息应用环境复杂

信息通常按照组织结构形式，在组织成员间进行传输。不同的项目参与方对项目信息有不同的应用要求，同一信息面临不同的信息处理和应用要求，因此对建设工程信息进行组织和管理时需充分考虑对信息的应用要求。

2. 桥梁信息的分类

桥梁工程项目的信息量大，构成情况复杂，可以从不同的角度对桥梁工程信息进行分类。

按照项目管理工作对象划分，桥梁工程信息包括工程系统的总体信息、单位工程信息、分部工程信息、分项工程信息等，按照桥梁结构划分，可分为下部结构、上部结构、桥面系和附属结构信息。

按照信息的内容，桥梁工程信息大致可分为技术信息、经济信息、管理信息、法律及其他信息等。根据信息内容属性对信息进行分类和编码，可有效满足项目资料档案收集的需求，实现项目管理各方和各阶段的综合管理。按照工程实施过程中的一些主要工作环节，桥梁工程信息可分为决策阶段信息、设计阶段信息、施工阶段信息和运营管理阶段信息。

按照项目参与方划分，建设工程信息可分为业主方信息、设计方信息、施工方信息等不同主体的信息。

3. 桥梁建养一体化信息管理

桥梁建养一体化信息管理主要从两方面实现桥梁建设目标的整体最优，即建设养护信息管理一体化和参建单位信息管理共享一体化。

（1）建设养护信息管理一体化

建设养护信息管理一体化，是将桥梁建设阶段和运营阶段的信息进行集成管理，将设计、施工到最后运营养护的管理信息经过充分交流和控制集成为一个整体，减少桥梁建设与运营阶段之间的界面信息流失，使项目信息能准确、充分地传递，使桥梁建设各个过程之间以及项目各参与方之间进行有效的沟通与合作，实现数据共享。

（2）参建单位信息管理共享一体化

参与桥梁建设和养护过程的单位包括业主方、设计单位、施工单位、运营方、政府部门、咨询单位和供应商等有关主体，桥梁的建设与养护管理是由各个阶段的参与主体所创建、更新、管理或使用的。在建设阶段，项目各参与主体之间因工作需要而

大量、频繁地交流和共享信息，由于各方主体在纵向管理范围有所不同，参与主体在阶段之间的信息交接也是必不可少的。从这个意义上讲，桥梁建设与养护管理实际上就是一个工程信息的创建、管理信息共享及应用的过程。因此，基于建养一体化的信息管理模式力图对建设过程中项目各参与主体产生的信息进行有效的梳理，实现在桥梁生命周期的各阶段之间、各参与主体之间高效地创建、管理、共享和应用工程信息。基于建养一体化的信息管理共享，一方面要求加强信息（沟通）管理和界面管理，保证界面之间项目各参与主体之间顺利完成信息交接，使工程信息保持准确和完整；另一方面要求加强各参与主体之间彼此合作，强调各参与主体在履行各自传统职责的同时，以配合运营养护为目的将管理工作延伸至工程建设全过程，加强协同工作，实现参建单位信息管理共享一体化。

（3）桥梁建养一体化信息管理作用

桥梁工程项目信息应符合管理的需要，有助于项目的管理和实施，桥梁建养一体化的信息应符合如下要求：符合专业需要，能够满足不同专业、不同项目管理职能人员的信息需求；反映并符合项目实际情况，项目信息保持准确有用不失真；及时提供和反馈信息；信息通俗易懂，便于正确理解。桥梁建养一体化信息管理除具备信息管理的辅助决策，提高管理水平、降低成本和提高工作效率等常见作用外，更强调以下几点。

1）合理组织桥梁管理信息资源，实现信息资源的共享

桥梁从建设到运营的发展过程中，形成了一定的信息沉淀，如果无法有效组织和管理这些信息，则不能发挥信息资源的优势。为了使这些信息真正成为资源，桥梁建养一体化的信息管理通过对桥梁信息的搜集、整理、选择和评价，巧用基于 BIM 技术的数据管理平台实现信息资源的有效整合，通过将分散无序的数据加工为系统有序的信息流，利用信息管理平台实现项目各参与单位的信息资源共享，为桥梁运营养护提供各种工程信息，实现异地协调和控制，并通过各种方式向人们提供信息服务，发挥桥梁信息的作用。

2）信息便于查询与利用

在桥梁运营期间，当通过专业监测系统发现桥梁某技术系统发生故障时，则需要调用设计、施工及变更等所有信息，作为技术人员分析和处理故障的主要信息依据。采用一体化的信息管理方式，通过对桥梁建设和养护信息的合理组织，提供多元化查询支持，不仅提供当前桥梁运营养护管理的信息，同时基于 BIM 模型提供三维可视化界面，直观提供桥梁各工程系统历史的数据资料，便于工程技术人员查阅和决策。

4. 基础理论和方法

（1）建设项目集成管理

集成追求的是优势互补，要求各集成单元能实现优化组合，形成有序和谐的运行

结构，从而使得集成产生的总效益大于各集成单元分效益的累加。PMBOK 中对项目集成管理的定义是：项目集成管理是项目管理的一个子集，项目集成管理是将项目管理的各个方面整合在一起的活动，包括那些确保项目各要素相互协调所需要的过程，它需要在相互矛盾的项目目标和方案之间做出权衡，以满足或超出项目关系人的需求和期望。

（2）集成管理分析方法

对于建设工程项目而言，一个典型而有效的方法就是采用系统工程的方法进行集成管理。其中运用最多并且十分有效的方法是"三维结构体系"，即霍尔模型。它用时间维、逻辑维和知识维的三维空间描述复杂系统分析与设计在不同阶段时所采用的步骤和所涉及的知识，是进行集成化管理系统分析与设计的主要方法。霍尔模型是解决规模较大、结构复杂、影响因素众多的大型复杂工程组织与管理问题的思想方法。

（3）建设工程项目集成管理途径

根据霍尔模型可知，建设工程项目集成管理一般从三个维度进行分析，即组织集成、过程集成、信息集成。建设工程项目作为一个完整的系统，组织集成，过程集成、信息集成分别是从三个不同的侧面对建设工程项目进行集成的途径。

1）组织集成

组织集成是指建设工程项目参与各方的集成。组织集成描述的是建设工程项目集成管理系统的组织形态，即描述建设工程项目各参与单位之间的组织关系。建设项目集成管理中的组织集成是指项目参与各方为了实现共同的目标，按照特定的原则组织设计，从而使相关资源得到有机整合，并以特定结构运行的结合体。组织集成的方法则根据系统论的观点运用组织理论分析建设工程项目采用何种组织结构模式、组织分工及工作流程组织，实现建设工程项目集成化管理。

2）过程集成

过程集成是建设工程项目实施过程的集成，也是建设项目全寿命周期各阶段的集成。过程集成强调不能只将管理的重点放在工程建设的实施阶段，而应从工程项目的全寿命周期角度进行分析。建设工程项目的所有活动是不可分割的，应运用系统的观点统筹考虑。在建设工程项目集成管理模式中，过程集成反映了纵向管理的范围，涉及建设项目不同过程之间的交互和协同工作。建设项目的过程集成是指实现建设工程项目全寿命周期数据、资源的共享和各参与方的协同工作，将原来分隔的建设过程集成为一个协调的系统。

3）信息集成

信息集成主要针对建设工程项目管理过程中大量存在信息孤岛等问题，解决信息准确、高效的共享和交换。信息集成是建设工程项目集成管理首先必须解决的问题。信息集成的主要目的是如何保证建设项目全寿命周期的信息得到合理的定义、组织和管理，使项目整个寿命周期内的信息都能保持最新、一致、共享和安全。建设工程项目的信息集成根据系统论的观点针对工程项目既定的目标或任务，运用信息管理的理论和方法对信息进行组织和管理，使建设项目相关的多元信息有机融合和优化，为建设项目集成管理而服务。

组织集成、过程集成和信息集成是建设工程项目集成管理必不可少的三个方面。信息集成是过程集成和组织集成的基础，过程集成是连接组织集成与信息集成的重要环节，组织集成是在过程集成和信息集成的基础之上进行的，是建设工程项目集成的最高层次。

5. 工程全寿命期管理

在全寿命期管理研究中最早的领域是全寿命期费用管理（Life Cycle Cost，LCC）研究，LCC 概念起源于瑞典铁路系统，关于工程全寿命期管理的定义为：工程全寿命期管理是以工程的前期策划、规划、设计、建设和运营维护、拆除为对象的管理过程。工程全寿命期管理有两个含义。

（1）工程全寿命期管理，主要是指对工程全寿命期内各个阶段的管理工作。

（2）基于工程全寿命期的管理理念、理论和方法。工程全寿命期管理强调工程的任何一个阶段的工作都要立足于工程的全寿命期，不仅注重建设期，更注重工程的运行阶段；工程全寿命期管理以工程全寿命期的整体最优作为管理目标，反映工程全寿命期的整体效益和效率；强调对工程全寿命期进行集成化管理，将工程全寿命期的各个阶段的全过程作为一个整体统一管理，形成具有连续性的、系统的、集成化的管理系统。

建设项目全寿命管理从项目决策阶段开始，直至项目废除，进行总体和全面的策划、协调与控制，使项目符合投资方、运营方和最终用户的要求，使建设的投资目标、质量目标和进度目标尽可能实现，并使项目得到尽可能大的投资的有形和无形的回报。

全寿命管理的理念要求工程项目的建设和管理应在考虑工程项目全寿命过程的基础上进行，在工程全寿命期内综合考虑工程建设的各种情况，使工程项目的总体目标达到最优。全寿命期管理有助于项目管理者在工程建设过程中统筹考虑工程项目全寿命期目标的实现并最终提升工程的价值。

二、桥梁信息管理过程解析

随着 BIM 技术的发展，BLM 理念的提出为建设项目全生命周期信息管理提供了理论和技术上的支持。BLM 通过支持协作性的创建、管理、共享和使用项目相关信息，以全寿命周期集成化管理的思想将项目设计和相关信息进行有机集成，为项目增值服务。先分析桥梁工程建设与养护阶段的信息管理过程，包括信息创建、信息加工与存储、信息共享和信息再利用四个环节。然后通过建养一体化信息流程分析，明确基于BIM模型的建养一体化信息流动过程，为桥梁建设和养护管理决策服务。

1. 基于BLM理念的建设工程信息管理

建设工程生命周期信息管理以BIM为技术核心来推动建设工程设计、施工和运营管理工作中的数字化，从而提高信息在工程参与各方之间共享的程度。

桥梁建养一体化信息管理的对象是桥梁建设项目各阶段的信息，即寻求最佳方式组织、跟踪、访问和管理桥梁项目的设计、建造与运行维护等各阶段内的所有数据及信息，它需要解决目前桥梁信息的创建、管理、共享和使用中存在的问题。基于BLM理念的桥梁建养一体化信息管理不仅仅是信息管理，相对于传统的信息管理侧重于信息传输的合理组织和控制，其更密切结合面向桥梁项目的协同工作、流程改进和知识管理。桥梁建养一体化信息管理过程涉及桥梁工程信息的创建、管理、共享和使用整个过程，需要解决以下问题。

（1）信息的创建阶段

基于BLM理念的建养一体化信息管理需要解决桥梁巧计方案以及相关的信息集成问题，包括结构空间规划、成本、物料清单等资源和工程结构关系等，以及这些信息的参数化处理和相互关联处理，目前建筑信息模型（BIM）是解决此问题的重要途径。

（2）信息的管理和共享阶段

在这一阶段需要解决信息的分类、文档的产生、桥梁数据的更新以及信息的安全管理、分发和交流等，以使项目各参与方协同工作。

（3）信息的使用阶段

信息的使用阶段需要解决所创建信息的再利用问题，即应具备强大的索引和搜索功能，从信息的最终用户需求角度出发获取信息，将传统的"推"式转向"拉"式，提升信息使用层次，将信息转化为知识，为桥梁项目增值提供服务。

2. 桥梁建养一体化信息管理的实施

信息管理角度来看，桥梁建设与养护管理实际上就是工程信息的创建，以及管理信息共享及应用的过程。桥梁建养一体化信息管理的实施可用五个基本过程进行描述，即信息需求的识别、信息创建（获取）、信息加工和存储、信息共享和信息再利用。现在以BLM理念为指导，重点分析桥梁工程建设与养护的信息创建、信息加工和存储、信息共享和信息再利用过程。

（1）建设阶段信息管理过程

桥梁建设阶段信息管理过程主要从信息创建、信息加工与存储，以及信息共享三个环节进行分析。

1）信息创建（收集）

桥梁工程项目在整个建设过程中产生大量的信息，对这些工程信息进行管理的第一步就是信息的创建和收集。BIM 设计工具创建了参数化设计数据，为桥梁工程全寿命期的信息管理提供了可行的技术基础，实现全寿命期各阶段的信息管理和共享。基于 BIM 模型的信息创建主要包括 BIM 核心、信息的创建以及技术信息、经济和资源信息、管理和其他信息等附属信息的创建。

桥梁工程 BIM 核心、信息的创建主要由专业软件系统实现，在设计阶段主要是参数化三维建模，建立结构细化模型，不仅包括桥梁图形信息、设计信息和材料信息等 BIM 模型创建桥梁工程结构信息等核心信息，还包括通过与 BIM 模型相结合的信息平台集成创建的相关附属信息（如技术信息、经济和资源信息、进度信息等），是 BLM 各阶段信息共享和协调工作的基础。

2）信息加工与存储

原始信息创建（收集）后并不宜直接存储和使用，信息存储之前需要对信息加工和处理，即对与建设项目相关的信息根据不同需要及要求进行选择、核对、分类和汇总，在此基础上生成不同形式的信息。基于 BLM 理念的信息加工与处理，在强调信息集中管理的同时，主要通过判断、分类整理以及编辑与归档保存三方面的工作，获得可供利用和存储的真实可靠的信息资料。

①判断。除了判断创建信息的真实性与准确性外，BIM 信息的判断主要包括两方面：一是工程建设需要的信息，宜由业主方牵头组织，设计、施工方负责实施；二是从运营养护管理角度出发，由运营方负责判断信息的归档和参考类型。

②分类整理。桥梁建设项目参与方众多，从各方面收集到的信息分散而杂乱，采用基于 EBS 的信息模型能够以统一的标准对其进行分类整理。拓展的编码信息则用于将创建的初始信息按一定的标准，如时间、业务性质等将其分门别类进行整理。

③编辑与归档保存。信息的编辑与归档保存主要是为后期的调用提供便利。基于 BIM 的信息模型能够通过三维可视化让使用者直观了解桥梁状况，采用统一的编码体系则有助于信息归档的电子化和规范化，以实现数据库对信息的集中管理。

3）信息共享

传统的信息传递主要依赖人工的方式进行，如专人负责信息的传递，将纸质文件在规定时间内传达到指定方，通过通信方式（如信函、电话、传真等方式）及会议形式进行信息传递。BIM 作为一项基于三维的面向对象的工程数据库技术，BIM 数据库包含设计意图、设计管理数据、项目资料和建造信息等可视化信息，因此满足了构建信息交换平台的最基本要求。基于 BLM 的信息共享强调在桥梁工程生命周期内，使工程各参与方能够在线交流信息与协同工作，项目信息门户（PIP）为此提供了技术方面的支持。项目信息门户在对工程各参与方产生的信息进行集中管理的基础上，在互联网平台上为各参与方提供个性化建设工程信息的单一入口，项目所有参与方可以通过这一单一入口访问他们所需要的信息，从而使项目信息从传统低效、点对点的沟通

方式转变为集中共享，不仅大大提高了信息沟通的效率，项目信息也得以稳定、

准确和及时传递，为工程各参与方提供一个高效的信息交流和共同协作的环境。设计阶段 PIP 为设计方基于 BIM 的协同工作提供支撑，各专业工程师改变传统点对点的沟通方式，采用在 PIP 平台上实现基于 BIM 的信息集中共享。PIP 还为业主方决策提供信息支撑，决策人员通过 PIP 能够实时掌握工程进展和工程方案实施情况。施工阶段 PIP 除实现信息共享、协同工作和文档管理等功能外，基于 PIP 平台集成相关项目管理信息系统，能够在 PIP 平台上进行成本管理、进度管理、合同管理等项目管理工作。另外，BIM 中心、数据库的信息内容也可以通过 PIP 平台进行共享和发布，并通过 PIP 平台接收各参与方的信息指令。基于 BIM 数据库和 PIP 信息平台的信息传递与管理模式，使建设项目信息在规划、设计、建造和运营维护全过程充分共享、无损传递，可以使建设项目的所有参与方在项目从概念产生到完全拆除的整个生命周期内都能够在模型中操作信息和在信息中操作模型，进行协同工作，从根本上改变过去依靠文字符号形式表达的蓝图进行项目建设和运营管理的工作方式。

（2）养护阶段信息管理过程

桥梁养护是一项系统工程，涉及的信息量多面广，针对桥梁养护信息过于抽象、分散的特点，将桥梁养护信息进行科学加工与集成共享具有重要意义。桥梁养护信息过程管理也可以从信息创建、信息加工与存储，以及信息共享的角度进行分析。

1）信息收集（创建）

桥梁养护信息可以分为构件信息和业务信息两类。运营阶段桥梁的产品数据模型由构件数据模型和业务数据模型组成，构件数据模型是在移交的 BIM 模型基础上形成的，主要描述桥梁构件的状态，构件数据模型信息包括桥梁下部结构、上部结构、桥面系统、附属结构信息，以及档案信息和图形信息等基本信息。业务数据模型则用于描述桥梁检测、桥梁状况和评估等动态信息。

构件数据模型信息由在桥梁维护过程中所需和积累的设计与施工信息构成。因此，构件数据模型创建的信息包括结构类型和构件在维护计划、退化诊断、维修与加固阶段的信息。

业务数据模型信息由运营阶段桥梁养护工作产生的信息构成，业务数据模型创建的信息包括：桥梁检查检测产生的数据，桥梁检查检测专业数据信息是桥梁状态评估和养护决策的主要专业数据来源，包括经常性检查、定期检查和特殊检查专业数据和健康监测系统采集的数据；根据桥梁检查数据生成的桥梁评定结果的数据；桥梁养护决策信息以及维修加固计划的制订；进行桥梁维修与加固产生的数据；等等。

2）信息加工与存储

桥梁管理系统的数据库子系统为桥梁养护信息的加工和存储提供了技术支持，一般桥梁管理系统数据库包括桥梁基本数据（桥梁结构、设计数据、施工数据）、检查数据、

维修改建历史数据、技术状况数据、费用数据和交通环境数据等。采用基于 BIM 的数据库技术，在实现传统桥梁管理系统数据库功能的基础上，通过面向对象的、智能化和参数化特点的数字化表示，支持桥梁养护过程中动态信息创建、更新和管理，实现信息可视化表达，为桥梁养护信息加工与存储提供集成化平台。基于 BLM 的桥梁产品数据模型也可根据判断、分类整理、编辑归档三方面工作进行信息的加工与处理。

①判断。除判断创建信息的真实性与准确性外，桥梁养护信息判断主要包括两方面：一是工程后期维护需要的信息；二是为桥梁设计、施工提供技术参考的信息。由运营方负责判断信息的归档和参考类型，并且与设计、施工方保持长期合作关系。

②分类整理。桥梁养护信息的整理采用动态数据与静态数据的相互转化进行分类整理，对于构件数据模型的信息，主要桥梁构件指将对应的基本数据、检查数据、维修数据、技术状况等数据一归类整理。

③编辑和归档保存。桥梁养护信息的编辑归档是一个不断更新的过程，其中构件数据模型的信息经归类后即可累积存储，业务数据模型的信息在信息输入和输出的过程中将相关技术信息归类保存，便于本工程后期运营参考和其他类似工程设计、施工的借鉴。

3）信息共享

相对于桥梁养护管理，桥梁建设阶段参与方多、信息量大，基于 BIM 的 PIP 为不同参与方之间的交流和信息共享构建了面向桥梁建设全生命周期信息管理的协作平台。桥梁运营方在建设阶段基于 BIM 的 PIP 平台上实现桥梁建设信息共享之外，桥梁养护信息的共享则由基于 BIM 数据库的产品数据模型实现。不同于传统的桥梁管理系统，基于 BIM 数据库的桥梁 3D 产品数据模型最大的特点是提供一个可视化直观界面，作为进入海量桥梁信息库的窗口，具备强大的索引和搜索功能，为相关方信息查阅提供支持。

传统桥梁养护管理从运营阶段开始，相关养护信息也是在运营阶段开始创建和管理。基于 BIM 数据库的产品数据模型在整合桥梁维护过程中所需和积累的设计与施工信息基础上，不断更新桥梁构件在维护计划、退化诊断、维修和加固阶段的信息，其面向桥梁工程对象的设计、施工、养护一体化信息，实现桥梁全生命周期的信息传递，特别是桥梁运营期间的检测评估后的信息共享，为相关设计、施工与养护等部门提供反馈信息，实现桥梁建设与养护之间的信息共享。

产品数据模型中的业务数据模型可以有效与传统的桥梁管理系统相结合，实现业务间的信息共享；产品数据模型与健康监测系统相结合，在产品数据模型上结合桥梁健康监测布局，实现桥梁基本数据信息、业务数据信息、健康监测信息一体化，实现 BIM 数据库、桥梁管理系统和健康监测系统间的信息共享。

（3）信息再利用

对于建养一体化的桥梁而言，信息的价值在全生命周期各个阶段的体现也有所不同。在决策阶段，信息的价值在于明确定义一个项目，并为后续阶段提供决策信息；在设计阶段，信息的价值在于为招投标、施工和运营阶段提供准确而完整的项目信息；在施工阶段，信息的价值在于根据项目目标进行各项管理活动并指导施工，避免因信息的错误导致不必要的浪费；在运营阶段，信息的价值在于辅助运营管理及资产的保值增值。

1）信息管理平台的应用能够减小数据手工输入造成的错误。采用信息管理平台实现了信息再利用的"一次录入，多次使用"，这就避免了传统信息在过程界面或组织界面都需要重复手工录入的情况，从而减少了手工录入造成的信息错误。

2）基于EBS的编码体系减少信息冗余。信息再利用是根据需求对信息的多次使用，由于EBS编码体系的固定性，只需对录入的一套信息进行维护就可以满足多方的需求，这不仅减少了信息总量，也降低了信息搜索与维护的成本。

3）提高信息准确性，准确反映桥梁状态。传统桥梁各阶段都是利用本阶段录入的信息，在桥梁生命周期内存在多种表达同一构件的信息，当信息变更时，无法及时反映给其他相邻阶段，造成信息时效性和准确性下降，无法准确反映桥梁状态。

3.桥梁建养一体化信息流程

信息流程是记录业务流程中管理工作形成的数据流，建设项目信息流程主要反映建设项目的建设过程和信息处理过程。桥梁建养一体化信息流程包括项目管理流程和信息流分析两方面。采用IDEFO方法对桥梁建养一体化过程建立模型，通过分析项目各个过程之间的联系，梳理项目管理流程，是信息流程分析的基础。项目建设的不同阶段均存在信息流动过程，建养一体化信息流通过分析基于BIM信息模型的数据流，实现桥梁设计、施工和养护管理各个阶段的过程数据与结果数据的整合及再利用，服务于桥梁建设和养护管理决策。

（1）建养一体化工程模型建立

工程建设项目的过程是指为完成建设项目目标而进行的一系列逻辑相关的跨越时间的活动的有序集合。工程建设项目的所有活动是不可分割的，需要用系统的观点统筹考虑，桥梁建养一体化过程涉及不同过程之间的交互和协同工作，运用过程建模技术对桥梁建养一体化过程建立模型，分析项目各个过程之间的联系，也有利于实现桥梁建设各过程的信息集成与管理。采用IDEFO方法可以清晰而有序地描述各层次的过程以及相互关系，IDEFO的基本元素包括输入、活动、输出、机制和控制。

工程建设过程从不同参与方的视角出发具有不同的输入、输出和控制机制，业主方作为整个项目的组织者与集成者，桥梁建养一体化的过程模型是基于业主视角的模型。由于桥梁工程建设过程涉及内容广泛，人们主要就桥梁工程生命周期过程及其部分关键过程给予建模，着重体现建模的思路和方法。建养一体化过程总体模型可分为建养一体化信息管理、前期策划、设计、施工和运行及维护五个子过程，具体包括以下内容。

1）建养一体化信息管理活动。建养一体化信息管理主要集中在将资源转化为项目参与团队、文档或合同等控制条件，建养一体化信息管理受控于两个要素，即整个项目的状况信息和优化项目内部子过程的信息。

2）项目前期策划活动。通过明确和定义业主需求与实现方法，将建设想法转化为设计要求，受控于项目参与者、管理计划、合同和优化信息，输出包括活动下游的设计要求文件和项目前期策划信息。

3）设计活动。基于策划报告和设计文件的要求，将执行方案转化为 BIM 模型、工程文档和运行维护文档。另外，后续活动的设计可施工性以及运营养护管理信息也是设计所需的控制信息，以使工程满足业主的需求。基于 BIM 的设计过程可分为如下几个子过程：理解项目需求和要求；项目定义和概念设计；初步模型建立；模型改进和深化；模型的测试与模拟；模型的维护和设计文档的输出。

4）施工活动。基于 BIM 模型、工程文档、合同、标准和现场计划等控制条件，施工活动的主要任务是将与设计有关的资源转化为一个完整的工程实体。

（2）建养一体化项目管理工程分析

基于建养一体化的项目管理流程更多地考虑工程技术的定位、工程建设组织协调管理和运营维护，包含许多职能型的计划和管理控制，使桥梁工程在建设期和运营期都能很好地发挥作用，实现建设目标。项目管理流程可分为建设管理流程和养护管理流程两部分。

1）基于建养一体化的桥梁建设项目管理流程

建养一体化桥梁建设项目管理应以运营养护为导向，从提高信息再利用、降低桥梁寿命周期成本和提高运营效率的功能角度出发，在满足当前目标的基础上，以建养一体化为目标，形成一体化的管理流程，为桥梁养护决策提供必要的条件。在桥梁建设阶段，项目管理流程主要反映项目管理要素之间的关系。

2）基于建养一体化的桥梁养护管理流程

在养护管理工作中，基于 BIM 模型的数据库包含桥梁基本数据（即产品数据模型中包含的桥梁设计、施工数据），它是进行检测、评估、计划和决策的基础。在桥梁检查检测和健康监测系统数据基础上进行结构状态评估，评估结果为维护计划和决策的制定提供数据基础。根据评估的结果制订维修加固计划，最后将维修加固实施的结果也录入数据库保存。

（3）建养一体化信息流分析

从全寿命周期的角度来分析，建设项目在某一阶段产生的一些信息不会立刻消失或失效，往往会继续进入下一个阶段使用、更改。在信息产生、转化、消亡的过程中，项目建设的不同阶段均存在信息的流动过程。桥梁工程项目从产生开始经历了决策、设计、施工和运营等多个阶段，各阶段之间的管理过程是紧密联系的，前一阶段的信息输出会成为后一阶段的信息输入。建养一体化信息流即用来分析相关的信息流动过程是如何为桥梁建设和养护管理服务的。

1）桥梁建养一体化总体信息流

桥梁建养一体化信息平台不同于一般的桥梁管理系统，桥梁信息平台利用 BIM 技术，通过对全桥进行结构分解、参数化编码，将每个构件在设计阶段、施工阶段以及运营阶段检测、维修养护的各类数据信息输入，实现桥梁生命周期数据的流通，形成建养一体化的信息流，其信息资料的完整性也符合全寿命周期理念的要求。

2）桥梁建设一体化养护管理信息流

BIM 作为桥梁建养一体化信息管理的核心，在工程生命周期不同阶段的模型信息是一致、连贯的，同一信息无须重复输入，故建设—养护管理信息流分析以 BIM 模型信息流分析为主。BIM 模型信息流以完善 BIM 数据库的信息为目标，BIM 数据库相当于提供了一个信息存储平台，不同阶段不同参与方可以根据需求提取相关信息，扩展和输入相应的信息，随着 BIM 数据库信息的不断完善，为相关参与方进行项目决策提供技术支持。

从以养护为导向的桥梁建养一体化角度出发，桥梁运营阶段的产品数据模型信息由在桥梁维护过程中所需与积累的设计和施工信息构成。因此，运营阶段信息流关注构件的结构类型及其在设计、施工、运营维护计划、退化诊断、维修和加固阶段的信息积累，并将这些信息有效归类于桥梁上部结构、下部结构、桥面系和附属设施中。其中，CAD、设计分析和工程量计量结果等信息作为运营阶段产品数据模型的基础数据，应能体现一定的架构并提供原数据的链接。

①桥梁建设阶段的信息流，通过设计和施工各功能模块信息的完善最终流向 BIM 数据库。桥梁 BIM 功能模型的建立是在数据的基础上进行的，可以从相关模型软件中抽取提炼出可识别的信息，通过 BIM 数据集成平台（BIM 数据库）实现共享和扩展。例如，设计阶段的信息模型主要包括桥梁 3D 模型、材料属性、地质环境、水文资料、基础造价等信息；施工信息模型对其进行扩展，包含桥梁施工模拟数据、施工基本信息、安全管理方案。由于后续信息模型在建立时可以从中提取所需的信息，减少不必要的信息输入，提高了信息的重复利用率。

②桥梁运营阶段的信息流，桥梁运营阶段的 BIM 信息流以桥梁设计和施工模型积累的信息为基础，对最终施工信息模型进行进一步扩展，增加桥梁检测采集信息、桥梁状况评估产生的关于桥梁构件的结构特征信息，以及后期桥梁维修加固的相关信息，更新到 BIM 数据库中。一方面为桥梁后期养护管理提供技术基础，提高信息再利用；另一方面对其他桥梁工程的设计、施工提供参考信息。

结　语

随着各级交通基础设施建设力度的不断加大，从公路到铁路，从铁路到航空，交通基础设施建设不断得到加强。作为公路交通重要组成部分的道路桥梁在工程中的地位十分突出，有些甚至是控制性工程，因此，必须要高度重视道路桥梁的设计与施工，提高桥梁设计标准，确保桥梁施工质量，不断提升公路交通的建设质量和水平。

我国城市建设的快速发展，对城市交通基础设施建设提出了更高要求。由于市政道路范围内有多种管线和地下设施需同时施工，城市交通的需要又不允许工期过长。同时，城市道路的地下、地面及空中，由于管线、路面、过街地下通道或过街人行天桥的立体分布，各种城市公用设施、交通设施与道路建设同步建设，又加大了工程的复杂性。桥梁是城市道路交通的咽喉，在城市道路交通系统中具有重要作用。近年来，道路桥梁在其服役过程中，由于环境载荷作用、疲劳效应、腐蚀效应和材料老化等不利因素对设施的长期影响，桥梁结构将不可避免地产生自然老化、损伤积累，甚至导致突发事故，在社会上造成了一定的不良影响。

对此，必须构建全过程的项目管理体系，加强质量、安全、造价管理，在保证工程质量的基础上降低造价，缩减工期，在运营阶段加强维护管理，延缓市政道路和桥梁的老化，延长使用寿命。市政道路和桥梁施工质量直接影响到城市经济的发展，必须做好质量管理工作，制定全过程的质量管理体系，在确保工程质量的基础上做好造价控制、进度管理等工作。

参考文献

[1] 陈敏，任红伟编著 . 桥梁加固施工及质量控制 [M]. 北京：人民交通出版社 .2020.

[2] 道路桥梁工程施工与管理 [M]. 长春：吉林科学技术出版社 .2020.

[3] 道路桥梁工程施工管理 [M]. 长春：吉林科学技术出版社 .2020.

[4] 公路工程项目施工与造价管理 [M]. 天津：天津科学技术出版社 .2020.

[5] 道路桥梁施工技术与管理 [M]. 长春：吉林科学技术出版社 .2020.

[6] 吴继峰主编 . 公路工程管理 [M]. 北京：人民交通出版社 .2019.

[7] 丁雪英，陈强，白炳发著 . 公路桥梁建设与工程项目管理 [M]. 长春：吉林科学技术出版社 .2019.

[8] 陈方晔 . 公路勘测设计 第 4 版 [M]. 北京：人民交通出版社 .2018.

[9] 道路与桥梁工程技术 [M]. 哈尔滨：东北林业大学出版社 .2018.

[10] 聂琦波，申玲编著 . 城市建设工程管理 [M]. 北京：化学工业出版社 .2018.

[11] 陈永兴主编 . 道路桥梁施工技术与管理研究 [M]. 北京：中国建材工业出版社 .2018.

[12] 仲玉侠，李晶，张明，殷志锋，廖明军，杨旭姣主编 . 城市道路设计 [M]. 中国质检出版社 .2018.

[13] 张哲，潘盛山主编 . 现代桥梁施工技术与管理 [M]. 北京：科学出版社 .2018.

[14] 徐晖，张南，胡毅著 . 公路桥梁施工管理与市政建设 [M]. 哈尔滨：哈尔滨地图出版社 .2018.

[15] 石玥茹，杨娜，宋荣方主编 . 道路桥梁与建筑工程施工 [M]. 哈尔滨：哈尔滨工程大学出版社 .2018.

[16] 李珍贵，张亮，王绍兵主编 . 道路桥梁工程 [M]. 天津：天津科学技术出版社 .2017.

[17] 陈武林，徐晖，周小俊主编 . 道路与桥梁工程 [M]. 天津：天津科学技术出版社 .2017.

[18] 周成龙，徐文，阚红霞主编 . 道路桥梁与公路交通 [M]. 天津：天津科学技术出版社 .2017.

[19] 杨守臻，刘华栋，张原主编 . 道路桥梁与隧道工程 [M]. 天津：天津科学技术

出版社 .2017.

[20] 道路桥梁工程施工与管理 [M]. 长春：吉林科学技术出版社 .2020.

[21] 李伟主编；杨佳，赵中华，李赢副主编 . 道路工程施工项目管理与技术创新 [M]. 北京：清华大学出版社 .2018.

[22] 武太峰，苗振旭，王光耀编著 . 道路桥梁工程与路基路面 [M]. 天津：天津科学技术出版社 .2018.

[23] 王峰主编 . 路桥规划设计与项目管理 [M]. 天津：天津科学技术出版社 .2018.

[24] 城市桥梁与道路工程 [M]. 天津：天津科学技术出版社 .2018.

[25] 吴留星，王卫，涂远明主编 . 公路桥梁与维修养护 [M]. 北京：中国纺织出版社 .2017.

[26] 赵希强，孙金，刘同海主编 . 公路桥梁与土木工程 [M]. 长春：吉林科学技术出版社 .2017.

[27] 汪至刚，姜金斌，姜群主编 . 道路交通工程 [M]. 天津：天津科学技术出版社 .2017.

[28] 道路桥梁工程施工管理 [M]. 长春：吉林科学技术出版社 .2020.

[29] 道路与桥梁工程 [M]. 天津：天津科学技术出版社 .2020.

[30] 江斗，刘成，熊文斌主编 . 道路桥梁和工程建设 [M]. 北京：中国石化出版社 .2020.

[31] 道路桥梁施工技术与管理 [M]. 长春：吉林科学技术出版社 .2020.